Das Handbuch

HEIMWERKEN FÜR DEN GARTEN

Das Handbuch

HEIMWERKEN FÜR DEN GARTEN

Peter Bishop • Jenny Hendy

Parragon

Bath • New York • Singapore • Hong Kong • Cologne • Delhi
Melbourne • Amsterdam • Johannesburg • Auckland • Shenzhen

Konzept und Realisation: Focus Publishing, Sevenoaks, Kent
Projektleitung: Guy Croton; Caroline Watson
Art Directors: Neil Adams; Heather McMillan
Lektoren: Guy Croton; Vicky Hales-Dutton

Queen Street House
4 Queen Street
Bath BA1 1HE, UK

Realisation der deutschen Ausgabe:
trans texas publishing, Köln
Übersetzung: Wiebke Krabbe, Damlos
Redaktion und Satz: Lesezeichen Verlagsdienste, Köln

ISBN 978-1-4454-0579-7
Printed in China

Inhalt

Ein Garten wird mein Garten

Die wenigsten Leute haben das Glück, einen Garten zu übernehmen, der ihren genauen Vorstellungen entspricht. Das Stück Land am Haus könnte ein herrliches Zimmer im Grünen werden, aber wahrscheinlich sieht es noch nicht so aus, wie Sie es gern hätten. Ob Sie den Garten von Grund auf neu anlegen oder einen bestehenden Garten umgestalten – für Menschen mit praktischem Geschick gibt es viele Möglichkeiten.

Ehe Sie aber Entscheidungen über Pflanzen, Gebäude oder Flächengestaltung fällen, wenden Sie sich praktischen Fragen zu: dem Budget, der Zeit, die Sie in Gestaltung und Pflege des Gartens investieren wollen, und wie der Garten genutzt werden soll.

Bestandsaufnahme

Ob Sie gerade in ein neues Haus gezogen sind oder einen bestehenden Garten übernehmen: Bevor Sie über Pflanzen und Gestaltung nachdenken, sollten Sie das Vorhandene genau betrachten. Etwas Detektivarbeit hilft, teure Fehler zu vermeiden, und manche Vorzüge oder Problemzonen des Gartens erkennt man erst auf den zweiten Blick.

Es wird oft empfohlen, den Garten ein Jahr lang zu beobachten, ehe man Veränderungen vornimmt. Aber in unserer schnelllebigen Zeit hat kaum jemand so viel Geduld. Mähen Sie weiter den Rasen und halten Sie die Beete sauber, bis Sie sicher entscheiden können, was geändert werden soll. Um sich durch einen verwilderten Garten zu arbeiten, muss man mehr Zeit und Kraft mitbringen.

Bauunternehmen bieten manchmal auch die Anlage des Gartens mit an. Das bedeutet, dass sie Mutterboden verteilen, ein paar Platten verlegen und vielleicht einen Zaun aufstellen. Die ordentliche Fassade kann aber allerlei Probleme verstecken, etwa schlechte Dränage durch verdichtetes Erdreich, Bauschutt im Boden oder eine zu dünne Erdschicht.

UNTEN: *Auf den ersten Blick sieht ein verwilderter Garten unschön aus und man möchte alles ausreißen. Aber Vorsicht, man kann ja nie wissen, welche Schätze im Dickicht verborgen wachsen.*

Sonne und Schatten

Die Zahl der Sonnenstunden im Garten hängt von der geografischen Lage ab, außerdem steht die Sonne im Sommer höher am Himmel als im Winter. Wenn sie tagsüber von Osten nach Westen zieht, liegen Teile des Gartens im Schatten von Gebäuden, Mauern, Zäunen und Bäumen. Nordwände bekommen kaum direktes Licht. Beobachten Sie die Veränderungen der Lichtverhältnisse im Lauf des Tages, um für Terrassen und Sitzplätze den optimalen Standort zu finden. Ein Garten in Südostlage bekommt tagsüber recht viel Sonne, ist wärmer und hat einen trockeneren Boden als ein Garten, der überwiegend im Schatten liegt. In sonnigen Gärten gedeiht eine größere Pflanzenvielfalt, weil selbst in kühleren Lagen die Winter weniger kalt ausfallen, und weil die Mehrzahl der Pflanzen reichlich Licht braucht.

UNTEN: *Hohe Iris und Königskerzen gedeihen an dem warmen Platz vor der weißen Mauer, die das Sonnenlicht reflektiert und den Wind abhält.*

LINKS: *Wer Rhododendren oder andere Kalkflieher pflanzen will, muss zuerst prüfen, ob der Boden sauer genug ist.*

Boden und Feuchtigkeit

Bevor Sie etwas in den Garten pflanzen, sollten Sie den Boden kennenlernen. Gibt es Stellen mit sehr nassem Boden, vor allem im Winter? Graben Sie ein paar Löcher, um die Dicke der Humusschicht zu prüfen. Diese fruchtbare Erde, in der die Pflanzen gedeihen, ist dunkler und hat eine andere Konsistenz als der tiefere, magere Unterboden. Steinige oder sandige Böden mit einer dünnen Humusschicht lassen Wasser schnell versickern und enthalten meist wenig Nährstoffe und Feuchtigkeit. Tonige Böden sind fruchtbar, aber schlecht durchlässig und bei Nässe kaum zu bearbeiten. Im Winter sind sie schwer und klebrig, und wenn sie wenig organische Substanz wie Kompost oder Stallmist enthalten, werden sie im Sommer trocken und hart. Zum Glück gibt es einige Pflanzen, die selbst mit solchen extremen Böden zurechtkommen.

Viele Pflanzen bevorzugen alkalischen Boden, manche vertragen aber nur sauren. Darum sollten Sie den pH-Wert des Bodens messen. Die pH-Skala reicht von 1 (stark alkalisch) bis 14 (stark sauer), der Neutralwert liegt bei 7. Die meisten Böden haben einen annähernd neutralen pH-Wert. Kalkflieher wie Heidekraut, Rhododendron, Kamelien oder Lavendelheide brauchen einen pH-Wert von 7 oder weniger, denn sie gedeihen nur auf saurem Boden und vertragen keinen Kalk.

Wind

Starker Wind kann Pflanzen schädigen, die Blätter austrocknen und verhindern, dass Insekten Obst- und Gemüseblüten bestäuben. Weil man in windigen Gärten auch nicht angenehm sitzt, ist ein Windschutz sinnvoll. Gärten in höheren Lagen können viel kälter sein und eine kürzere Wachstumssaison haben als Gärten im Tal oder auf Höhe des Meeresspiegels. Befragen Sie die Mitarbeiter einer örtlichen Gärtnerei nach den Windverhältnissen vor Ort. Selbst in einem rauen Klima lässt sich mit gutem Schutz vor kaltem Wind in einem nach Süden oder Westen liegenden Garten ein milderes Mikroklima schaffen. An der Küste ist wegen der Wärme des Meeres die Frostgefahr geringer. Auch Stadtgärten sind durch die Wärmeabstrahlung der Gebäude wärmer.

UNTEN: *Windige Gärten haben allerlei Nachteile. Diese Gartenbesitzer haben aus der Not eine Tugend gemacht und viele kunterbunte Windmühlen ins Beet gesteckt.*

Wie soll

Ihr Garten aussehen?

Gründliche Planung

Nachdem Sie sich mit Bodentyp, Sonne und Schatten, Durchlässigkeit des Bodens, Wind und Kälte beschäftigt haben, können Sie entscheiden, ob Sie den Garten komplett neu anlegen wollen oder bestehende Elemente erhalten. Wägen Sie Vor- und Nachteile ab. Vielleicht hat der Garten eine schöne Aussicht, die betont werden soll. Vielleicht möchten Sie auch einen Nachbarsschuppen verstecken. Abschüssige Gärten mögen schwierig erscheinen, wirken aber durch Stufen und Terrassen abwechslungsreich und bieten gute Möglichkeiten für schöne Wasserspiele. In dicht bebauten Gebieten sollte man überlegen, um den Essplatz oder Ruheplatz im Garten einen Sichtschutz zu errichten.

Ältere Bäume werfen viel Schatten, und an ihrem Fuß gedeihen andere Pflanzen nur schwer. Trotzdem sollte man sie nicht unbedacht fällen, denn sie verleihen dem Garten Charakter. Die Dicke des Stamms ist maßgeblich für die Frage, ob für die Fällung eines Baums eine Genehmigung nötig ist. Auskunft dazu erteilen die örtlichen Behörden.

Was soll bleiben?

Sind bereits Elemente wie Rasen, Terrasse, Teich oder Gartengebäude vorhanden, überlegen Sie, ob sie erhalten bleiben, umgebaut oder beseitigt werden sollen. Familien mit Kindern möchten vielleicht den Teich zuschütten, Haustierbesitzer könnten die Gartenbegrenzung befestigen. Ziegel, Platten, Holz und andere Materialien, die bei Abbrucharbeiten anfallen, können eventuell anderweitig noch verwendet werden. Das reduziert Kosten und ist umweltfreundlicher als Kauf und Transport neuer Baustoffe. Alte, verwilderte Sträucher, Kletterpflanzen und Hecken lassen sich oft mit einem radikalen Rückschnitt verjüngen. Dadurch sieht der Garten gleich offener und gepflegter aus. Im Herbst oder Frühling kann man viele Stauden teilen. Dabei setzt man sie gleich an einen neuen Platz, der den eigenen Gestaltungswünschen besser entspricht.

RECHTS: *Für diesen großen Hanggarten bieten sich verschiedene Gestaltungsideen an. Man könnte den Hang mit Stufen strukturieren und in die recht langweilige Rasenfläche eine Terrasse einbetten. Auch ein kräftiger Rückschnitt der vielen alten Bäume und Sträucher könnte nicht schaden.*

OBEN: *Wer Haustiere hat, muss bei der Garten-planung an sie denken. Sichere Grenzen verhindern, dass sie ausreißen. Vielleicht sind auch – wie hier – andere Maßnahmen nötig.*

Praktisch denken

Notieren Sie alles, was Sie und Ihre Familie sich vom Garten wünschen und wie Sie ihn nutzen wollen. Überlegen Sie auch, wie viel Zeit Sie für den Garten haben. Das gilt besonders, wenn Sie Projekte wie einen Gemüsegarten im Sinn haben, die mehr Arbeit nach sich ziehen können, als Sie aufwenden möchten.

Ein Garten ist mehr als eine Fläche, auf der Blumen wachsen. Die Kinder können an der frischen Luft spielen, man kann dort Wäsche trocknen, sich Bewegung verschaffen und sogar arbeiten. Im Garten kann man große Gegenstände und Werkzeuge lagern, Kompost herstellen und die Mülltonnen abstellen. Arbeiten wie das Reinigen des Mountainbikes oder das Bürsten des Hundes können draußen erledigt werden. Der Garten kann Teil des Reviers Ihrer Katze sein, dort könnten sogar Stallkaninchen leben oder Hühner scharren und Eier legen. Immer mehr Leute pflanzen auch Obst, Gemüse und Kräuter an, und sei es nur in ein paar Kübeln auf der Terrasse. Zum Vermehren und Überwintern von Pflanzen kann ein Gewächshaus praktisch sein, und steigende Wasserkosten sind ein guter Grund, Regentonnen aufzustellen.

All diese Überlegungen müssen bei der Gartenplanung einbezogen werden.

Das grüne Zimmer

Heute wird der Garten oft als Erweiterung des Wohnraums genutzt, hauptsächlich als Essplatz und Kochgelegenheit, teils mit fest installiertem Grill oder Feuerkorb. Natürlich spielen die Pflanzen meist die Hauptrolle, aber gleich danach kommen Entspannung und Geselligkeit. Es gibt viele Elemente, die den »Wohnwert« des Gartens erhöhen, zum Beispiel Dächer, Pergolen und Rankbögen, Sichtschutzgitter und Zäune, Bodenbeläge, Möbel, Kissen, Decken, Beleuchtung und Deko. Bei der Auswahl spielt der persönliche Geschmack eine Rolle, vielleicht auch die Gestaltung der Wohnräume und auch Aussehen und Atmosphäre von Grundstück und Umgebung.

UNTEN: *Viele Leute gestalten ihren Garten bewusst als Zimmer im Grünen, das den Wohnraum erweitert. Diese pflegeleichte Lösung mit wenigen Pflanzen und ganz ohne Rasen lässt sich leicht in Ordnung halten. Die überdachte Terrasse wirkt wie ein Wohnzimmer unter freiem Himmel.*

Gartenstile

Die meisten Menschen haben eine Vorstellung von ihrem Traumgarten, auch wenn sie ihn nur recht vage beschreiben können: farbenfroh und exotisch, kühl und ruhig, modern oder traditionell. Bei der konkreten Planung einer Neuanlage oder Umgestaltung kann es hilfreich sein, einen Wunschzettel zu schreiben und Bilder aus Zeitschriften, Zeichnungen und Farbmustern zusammenzustellen. Es mag schwierig sein, den Traum von einem großen Landhausgarten auf einem kleinen Grundstück zu verwirklichen, aber mit typischen Pflanzen wie Rosen, Buchsbaumhecken und Lavendel, Dekorationselementen wie einer verschnörkelten Steinvase, einem Rankobelisken oder einer Laubenbank lässt sich die gewünschte Atmosphäre immerhin andeuten.

Schwierige Gärten

Nicht nur die Größe kann Probleme bereiten, sondern auch eine ungünstige Form oder ein Gefälle. Lange, schmale Grundstücke wirken kompakter, wenn man sie in mehrere Gartenräume unterteilt. Zwangloser wirkt ein Weg, der in Schlangenlinien durch den Garten verläuft und neugierig darauf macht, was sich wohl hinter der nächsten Ecke oder dem nächsten Strauch verbirgt.

Breite, kurze Gärten sehen am besten aus, wenn man die Achse schräg anlegt oder Rasen oder Terrasse als breiten Bogen oder Halbkreis gestaltet. So wird der Blick von der nahen Grenze abgelenkt, folgt stattdessen dem längeren Weg durch den Garten und das Grundstück wirkt größer, als es ist. Ideal wäre es, am Ende der Diagonalen noch einen schönen Blickfang einzuplanen.

Ist ein Garten sehr klein oder ungünstig geformt, kann es helfen, die Beete am Rand zu verbreitern und dicht und üppig zu bepflanzen, sodass sie den mittleren Bereich – etwa einen runden Rasen, Teich oder Hofplatz – einrahmen. Dreieckige, schmal zulaufende Gärten könnte man ebenso gestalten oder eine Reihe runder Rasen- oder Kiesflächen anlegen, die zur Spitze hin immer kleiner werden.

Abgewinkelte Grundstücke teilt man am besten in mehrere klar definierte, aber ineinander übergehende Bereiche auf. Würde der Garten dadurch zu kleinteilig wirken, könnte man über die Diagonale eine lange Sichtachse anlegen, etwa in Form einer Pergola oder eines geraden, von Obelisken oder Formschnittfiguren flankierten Weges. Eine Bank oder Laube am Ende ist ein schöner Blickfang, und wer dort sitzt, hat ebenfalls einen guten Blick über den ganzen Garten.

OBEN: *Liebevoll ausgesuchte Dekoelemente und Statuen geben dem Garten Charakter. Damit der Stil harmonisch wirkt, sollten die Pflanzen auf die Dekoration abgestimmt sein.*

LINKS: *Der schmale Garten wirkt nicht wie ein langweiliger Gang, weil er geschickt in mehrere Bereiche gegliedert ist. Auf dem Holzdeck kann man bequem sitzen und das sonnige Kiesbeet bewundern. Auf halber Strecke unterteilt ein Spalier das Grundstück.*

UNTEN: *Die Terrassen dieses abschüssigen Gartens sind mit breiten Mauern abgestützt, im Vordergrund wurde ein Wasserspiel integriert. Eine benutzerfreundliche, schöne Lösung.*

Gefälle

Wenn der Garten zum Haus hin abfällt, verhindern eine Stützmauer und eine Dränageleitung Feuchtigkeitsschäden am Mauerwerk. Dabei lässt sich leicht eine Terrasse am Haus einplanen, die groß genug für bequeme Möbel ist. Die Stufen zum Garten hinauf sollten flach und breit sein, damit die Stützmauer nicht wie eine Barriere wirkt. Gefälle und Stufen bieten sich auch an, um eine Kaskade oder einen Brunnen einzubauen. Schwache Gefälle sind

günstig für zwanglose Gärten mit sich schlängelnden Wegen, Rasenstreifen und einigen Inselbeeten.

Steile Gefälle müssen meist terrassiert werden. Zum Abstützen eignen sich Bahnschwellen, spezielle Böschungssteine oder Leichtbetonsteine mit einer Verblendung aus Ziegeln oder Naturstein. Wer die Terrassen selbst anlegen will, sollte sich vorher fachmännisch zur Rückhaltekraft der Stützmauern beraten lassen. Immerhin ist es nicht ungefährlich, wenn eine Wand später einbricht. Beim Anlegen der Terrassen könnte man auch gleich glatte Terrassenplatten oder geschliffene Bohlen auf den Mauern verlegen, sodass man bequem darauf sitzen kann.

Bitte recht einfach

Unabhängig vom Gartenstil sollte die Grundaufteilung möglichst schlicht sein. Zierrat mag auf Papier gut aussehen, erschwert aber die Pflege. Wege – vor allem im Vorgarten – sollten direkt zum Ziel führen, sonst nehmen die Benutzer bald Abkürzungen über den Rasen oder durch die Beete. Die Tiefe der Beete sollte zumindest stellenweise ungefähr der Höhe von Zaun oder Hecke entsprechen, damit die Proportionen stimmen. Rasen lässt sich leichter pflegen, wenn seine Kontur in weiten Bögen verläuft, um die man in einem Zug mit dem Mäher fahren kann. Und wer einmal Kantensteine verlegt, kann sich das mühselige Abstechen der Rasenkanten künftig sparen. Terrassen und Wege sollten so groß sein, dass sie reichlich Bewegungsfreiheit bieten. Selbst wenn sich der Hauptsitzplatz woanders befindet, bildet eine ebene, gepflasterte Fläche zwischen Haus und Garten eine angenehme optische Verbindung zwischen den Mauern und der Horizontalen des Gartens und sorgt dafür, dass die Proportionen ausgewogen wirken. Blumenbeete am Haus und rings um die Terrasse verwischen die Konturen.

RECHTS: *Dieser Garten ist klein, wirkt aber durch die raffinierte Aufteilung geräumig. Die Bepflanzung ist üppig, außerdem ist genug Sitzplatz und Stauraum vorhanden.*

Welcher Stil darf es sein?

OBEN: *Ein formaler Garten muss nicht altmodisch aussehen. Das beweist diese zeitgemäße Anlage mit klaren Linien, minimalistischen Formen, modernen Materialien und einer schnörkellosen Bepflanzung.*

Typ oder Bauepoche des Hauses können Einfluss auf den Gartenstil haben, aber im Grunde haben wir heute bei der Raum- und Gartengestaltung viel mehr Freiheit als früher, Elemente verschiedenen Stils und Ursprungs zu mischen. Es spricht zum Beispiel nichts dagegen, rings um ein modernes Ziegelsteinhaus einen Bauerngarten anzulegen. Wichtig ist nur, die Aufteilung schlicht zu halten und moderne Materialien für Zäune und gepflasterte Flächen zu verwenden, um einen Bezug zu Stil und Material des Hauses zu schaffen.

Vor allem vor der Gestaltung des Vorgartens sollten Sie sich die Nachbargärten ansehen. Vielleicht gibt es ortstypische Materialien oder Gestaltungselemente, die Sie übernehmen oder variieren können und sollten, damit das Straßenbild harmonisch wirkt. Die meisten Menschen entscheiden sich entweder für einen formalen oder für einen naturnahen Garten. Wer ein bestimmtes Thema im Sinn hat, sollte es konsequent durchhalten – von den Pflastermaterialien über Zäune, Hecken und Zierpflanzen, Möbel und Gartengebäude bis zu Kübeln und Dekoration.

Ehrgeizige Projekte müssen manchmal aus Kostengründen abgespeckt werden. Wer manche Bau- und Pflasterarbeiten selbst erledigt, kann jedoch viel sparen, zum Beispiel für besondere Pflanzen oder schöne Kübel.

Familiengärten müssen gelegentlich umgestaltet werden. Wenn die Kinder größer werden, können Sandkiste und Klettergerüst vielleicht durch ein Wasserbecken und ein Gemüsebeet ersetzt werden. Dann ist eine klare Abgrenzung sinnvoll, damit die Kinder in einem Bereich toben können, ohne die Blumenbeete zu ruinieren. Später kann der Spielgarten in einen edleren Blumengarten oder eine pflegeleichte Kies- oder Pflasterfläche umgewandelt werden.

Formale Gärten

Das typische Merkmal eines formalen Gartens ist seine symmetrische Anlage und die Aufteilung in geometrische Elemente, etwa Rechtecke, Kreise oder Ellipsen. Häufig sieht man auch rechteckige Rasenflächen, breite Wege mit dekorativem Pflaster oder kanalähnliche Wasserbecken mit einem Blickfang am Ende. Hochstammhecken, Reihen gestutzter Eiben *(Taxus baccata)* oder eine Pergola mit einem Blauregen *(Wisteria)* eignen sich, um die Linienführung zu betonen. Am Ende der Sichtachse könnte man ein Gartenhaus, eine Skulptur, eine Formschnittfigur, eine Bank oder eine schlichte Urne auf einem Sockel platzieren.

Formale Gärten assoziiert man mit historischen Gebäuden, doch sie können auch zu modernen Häusern gut aussehen, zumal die geometrische Aufteilung das Raumgefühl verstärkt und minimalistische Schlichtheit ausstrahlt. Mit strengen, modernen Materialien wie quadratischen, diagonal verlegten Betonplatten, Holzdecks und verzinkten Kübeln wirken sie völlig anders als die traditionelle Version mit Backsteinpflaster, italienischem Terrakotta, viktorianischen Gusseisenbänken und verspielten Springbrunnen. Mit etwas Fantasie lässt sich eine Menge machen.

Natürlich und lässig

Naturnahe Gärten wirken insgesamt lässiger und zwangloser als formale, dennoch ist die Grundaufteilung für die Gesamtwirkung sehr wichtig. Faktoren wie Größe und Proportionen kommen hier ebenso zum Tragen, auch wenn das nicht so offensichtlich ist wie in einem formalen Garten. Die Gestaltung orientiert sich eher an der natürlichen Landschaft. Die Ränder gepflasterter Flächen verlaufen nicht geradlinig, sondern ragen teilweise geschwungen in Rasen und Beete hinein. Stützmauern, Beete und Rasenflächen können bogen- oder wellenförmige Konturen haben, Wege verlaufen in Schlangenlinien statt schnurgerade. Auch Wasserspiele sind oft der Natur nachempfunden. Kleine Bachläufe oder Teiche mit Kieseln an den Ufern passen gut zu diesem Stil. Letztlich ist es Ihre Entscheidung, welche Elemente Ihnen gefallen und wie Sie sie in den Garten integrieren.

LINKS: *Dieser naturnahe Garten wirkt zwanglos, beinahe verwildert. Trotzdem erkennt man die Sorgfalt bei der Gestaltung der Proportionen und der Pflanzenkombination.*

Souvenirs, Souvenirs

Viele Menschen bewundern auf Auslandsreisen Gärten, lernen andere Gestaltungsstile kennen und bringen vielleicht Pflanzen mit. Auf dieser Terrasse im mexikanischen Stil gedeihen Agaven und andere Exoten in Terrakottatöpfen.

LINKS: *Ein traditioneller, formaler Garten mit symmetrisch angeordneten Formschnittsträuchern in riesigen Terrakottakübeln auf einer sauber geharkten Oberfläche aus Kies.*

ganz einfach

Der grüne Teppich

Bei Rasen denkt man zuerst an Gras, dabei eignen sich auch andere Pflanzen für einen weichen »Bodenbelag« im Garten. Auch die Form der Grünfläche hat beträchtlichen Einfluss auf die Gesamtwirkung. Schon kleine Veränderungen können Erstaunliches bewirken.

Der Rasen vermittelt ein Gefühl von Weite. Seine Farbe und Oberfläche bilden einen interessanten Kontrast zu anderen Oberflächen, und wenn sich im Winter die meisten Pflanzen zurückgezogen haben, wirkt sein frisches Grün umso erfreulicher. Der Rasen kann als Hintergrund für die Pflanzen und Dekorationen des Gartens dienen, aber auch ein eigenständiges Gestaltungselement darstellen.

OBEN: *Rasenflächen können den Blick durch den Garten leiten. Hier betonen Trittsteine das grüne Band, das unter dem Rosenbogen hindurch in einen Bereich führt, der zu entdecken ist.*

UNTEN: *Durch die Einfassung mit Backsteinen wird der kreisrunde Rasen betont und von der Kiesfläche abgegrenzt. Die Steinbank greift das Bogenthema auf.*

Rasenflächen verändern

Manchmal genügt schon eine Veränderung von Form und Aufteilung der Rasenflächen, um dem Garten ein anderes Gesicht zu verleihen. Wer beispielsweise einen langweiligen Handtuchrasen mit geraden Beeten an den Rändern hat, könnte seine Form so ändern, dass zwei oder drei sich überlappende oder sich tangierende Kreise entstehen. Die runden Konturen wirken durch Kantensteine, die knapp unterhalb der Schnitthöhe des Rasenmähers gesetzt werden, noch auffälliger. Ein halbkreis- oder bogenförmiger Rasen wirkt interessanter als ein Quadrat und vergrößert den Garten optisch, weil der Blick seiner Kontur in einem ruhigen Bogen folgt. Runde Rasenflächen sind auch für unregelmäßig geformte oder dreieckige Gärten empfehlenswert. Wenn die Beete bepflanzt sind, nimmt man die Gartengrenzen kaum noch wahr und die attraktive Form des Rasens wird zum Blickfang.

Rasen kann auch genutzt werden, um Benutzer subtil auf dem Weg durch den Garten zu führen, den sie benutzen sollen. Wie von selbst folgt man einem langen, gewundenen Rasenweg, um einen Blick in verborgene Ecken zu werfen. Gerade in einem langen, schmalen Garten ergeben sich mit einem schlangenlinienförmigen Weg viele Gestaltungsmöglichkeiten. Aber denken Sie daran: Kreise und weite Bögen vermitteln Ruhe, enge Kurven wirken nervös.

Muss es Gras sein?

In einem gut gestalteten Garten sorgen Elemente in unterschiedlichen Höhen für Abwechslung. Weite Rasenflächen können recht langweilig sein, aber zusätzliche Inselbeete erfordern auch mehr Pflegeaufwand. In einem kleinen Garten kann ein Rasen unpraktisch sein, vor allem, wenn er mit dem Mäher kaum zu pflegen ist. Trotzdem wünschen Sie sich vielleicht eine Fläche mit niedrigem Bewuchs als Kontrast zu gepflasterten Bereichen und höheren Blumen. In diesem Fall sind niedrige Bodendecker wie einige Strauchveronikaarten *(Hebe)* oder Immergrün *(Vinca minor)* eine gute Wahl für kleine Flächen. Für größere Bereiche eignen sich kriechende Koniferen, etwa Wacholder, die den Boden schnell abdecken und einen hübschen, immergrünen Teppich in Blau, Grün, Grau und Gold bilden. Wegen ähnlicher Ansprüche an den Boden wird Wacholder gern mit Heidekraut kombiniert. Es kann sehr hübsch aussehen, wenn man Lücken in einer gemischten Pflanzung aus Heide und Wacholder mit Kieseln und einzelnen Findlingen füllt oder höhere, schroffe Natursteine als aufrechte Gruppe arrangiert, um zwischen den niedrigen Pflanzen den Blick in die Höhe zu lenken.

Wenn die Pflanzen erst einmal herangewachsen sind, brauchen solche Beete nur wenig Pflege. Wer sich noch mehr Arbeit sparen will, legt vor der Pflanzung ein Vlies aus, das Unkrautwuchs unterdrückt, und bedeckt es mit Mulch oder Kies.

OBEN: *Ein Thymianrasen passt perfekt in einen Gartenbereich mit essbaren Pflanzen. Am besten verschiedene kriechende Arten in lockerer Anordnung pflanzen. Alle brauchen viel Sonne und einen durchlässigen Boden.*

Mustergültig

Wer einen sehr großen Garten (und einen ausgeprägten Spieltrieb) hat, kann dekorative Schnörkel oder andere Muster mähen, indem er die Schnitthöhe des Rasenmähers variiert.

Ausprobieren

- Die Form des Rasens ändern, damit der Garten ansprechender wirkt.
- Eine schlichte Form mit geraden Konturen oder weichen Bögen wählen.
- Die Kontur mit dekorativen Kantensteinen, Ziegeln oder Natursteinen betonen.
- Auf ungünstig geschnittenen Grundstücken runde Rasenflächen anlegen.
- Rasen- und andere Flächen sorgen für Kontraste zu allen Jahreszeiten.

Lieber lassen

- Rasen nicht im Schatten oder an schwer zugänglichen Stellen anlegen. Das erschwert Mähen und Pflege.
- Kies darf nicht auf den Rasen gelangen. Die Steinchen ruinieren die Messer des Mähers.
- In formalen Gärten mit klar geometrischen Rasenflächen die Kanten regelmäßig abstechen.
- Kein Gras unter Bäumen oder im Schatten von Gebäuden säen.
- Keine zu wuchsfreudigen Bodendecker pflanzen.

Gestaltungselemente und

Selbstbauprojekte

Welche Elemente Sie für Ihren Garten wählen, hängt teilweise davon ab, ob Sie kleine Kinder haben oder wie viel Zeit Sie in die Gartenpflege investieren wollen. Außerdem müssen Sie überlegen, wie Sie den Garten nutzen möchten: zum Entspannen und Essen, als Spielbereich für die Kinder, zum Kultivieren von Blumen, Obst und Gemüse oder einfach, um der Natur näher zu sein. Dann ist zu entscheiden, welche Projekte die verschiedenen Gartenbereiche aufwerten könnten oder ihren Nutzen verbessern würden – Kochen, Essen, Entspannen, Spielen, Sport treiben. Brauchen Sie Stauraum, Platz für Mülltonnen, oder möchten Sie Lebensraum für Tiere schaffen? Schließlich stellt sich die Frage, wie sich durch die Neuerungen die Freude der ganzen Familie am Garten steigern lässt. Viele Elemente für den Garten kann man selbst bauen. Das ist preiswerter, als einen Handwerker zu engagieren oder sie fertig zu kaufen. Spielgeräte für Kinder beispielsweise sind teuer. Und wenn man bedenkt, wie schnell der Nachwuchs zu groß für eine Sandkiste oder ein Spielhaus wird, lohnt sich der Selbstbau umso mehr. Wer das Projekt selbst in die Hand nimmt, kann sich hochwertige Materialien leisten und darauf achten, dass die Arbeit gut und sicher ausgeführt wird.

UNTEN: *Um eine ungenutzte Gartenecke aufzulockern, genügt schon ein kleines Gemüsebeet.*

OBEN: *Ein Baumhaus ist ein zauberhafter Blickfang. Aber die Kinder werden es nicht sehr lange nutzen, und es braucht Pflege, damit es nicht unansehnlich oder baufällig wird. Überlegen Sie genau, ob so ein großes Projekt sich wohl lohnt.*

Die Rahmenbedingungen

Die Größe des Gartens oder eines Bereichs hat direkten Einfluss darauf, welche Projekte realistisch sind. In einem kleinen Hof ist meist nicht genug Platz für einen Gartenschuppen oder einen mehrteiligen Komposter. Viele der Projekte in diesem Buch lassen sich aber problemlos verkleinern oder vergrößern, um sie den jeweiligen Bedingungen anzupassen.

Kleinen Bereichen tut eine Komplettüberholung oft gut. Triste Ecken kann man mit einem schönen Pflanzkübel aufwerten, vielleicht auch mit einem Element, das dekorativ und zweckmäßig ist, etwa einem Vogelhaus, einer Sonnenuhr oder einem Mosaikmotiv auf dem Boden.

Wenn Sie von Grund auf neu gestalten, haben Sie natürlich weitaus mehr Freiheit, neue Projekte zu integrieren, als wenn Sie Vorhandenes verändern und anpassen wollen. Aber auch im zweiten Fall gibt es reichlich Möglichkeiten, neue Elemente hinzuzufügen. Eventuell müssen dafür alte, marode Schuppen oder

Zäune abgerissen werden, oder Sie könnten Form und Größe vorhandener Rasenflächen, Beete und Terrassen verändern. Schadhafte, verfärbte und abgetretene Pflastersteine lassen den ganzen Garten verwahrlost aussehen. In den folgenden Kapiteln finden Sie viele praktische Vorschläge, die Ihnen helfen, Ihren Garten zu renovieren.

OBEN: *Dieser charmante Dachgarten ist winzig, aber voller origineller Ideen, die viel über den Stil und Geschmack seines Besitzers erzählen.*

Stilfragen

Nicht alle Projekte in diesem Buch werden zum Stil Ihres Hauses, der Nachbarschaft oder zu Ihrem Gartenthema passen, dafür werden andere umso besser geeignet sein. Wer in einem modernen Stadthaus lebt und auch den Garten zeitgemäß angelegt hat, wird sich vermutlich nicht für eine rustikale Bank oder einen Zaun aus Naturzweigen entscheiden. Aber vielleicht gefällt Ihnen ein geradliniges Holzdeck oder ein Kiesgarten im mediterranen Stil, dem Trockenheit nichts ausmacht. Möglicherweise möchten Sie Ihr Gartenwohnzimmer auch mit einem festen Grill oder einem Kiesbecken ausstatten. Die Wände könnten aus Spalieren bestehen, und als Dach kann eine Pergola mit Kletterpflanzen dienen.

Zu einem Haus in ländlicher Umgebung passt ein Staketenzaun, eine Baumbank oder ein rustikaler Rosenbogen. Wer einen naturnahen Garten hat und sich für Tiere interessiert, hat vielleicht Freude an einem Sumpfbeet oder einem Teich. Ein Vogelbad dagegen passt in nahezu jeden Garten.

RECHTS: *Die üppige, farbenfrohe Bepflanzung im Vordergrund passt perfekt zu Farbe und Stil des alten Hauses im Hintergrund.*

Gestaltungselemente und Selbstbauprojekte

OBEN: *Ein kleines Projekt wie dieser hübsch bepflanzte Kübel braucht weder viel Planung noch besondere handwerkliche Fähigkeiten.*

Große und kleine Projekte

Für manche der Vorhaben in den folgenden Kapiteln brauchen Sie mehrere Tage Zeit, handwerkliche Grundkenntnisse und etwas Körperkraft. Diese Projekte müssen sorgfältig geplant werden, und bei einigen – etwa einem Holzdeck – muss auch dafür gesorgt sein, dass Material und Gerätschaften problemlos an die Baustelle geschafft werden können. Auch das Budget spielt eine Rolle. Andere Projekte kosten nicht viel und sind, wenn alle Materialien zur Hand sind, in wenigen Stunden fertig. Für Vorhaben wie das Verlegen eines Kieselmosaiks, das Bepflanzen eines Blumenkastens oder das Anbringen einer Hängematte braucht man keine besonderen Kenntnisse.

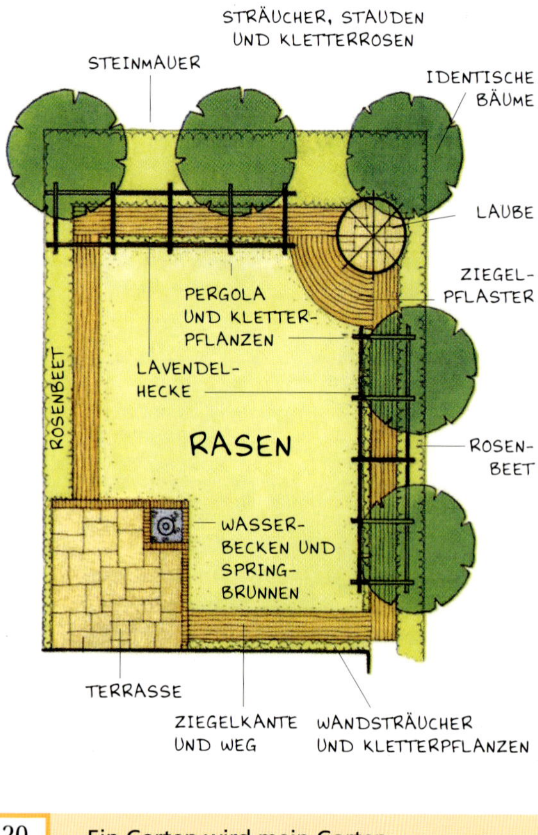

GANZ LINKS: *Wer den Garten komplett umgestalten oder größere, auffallende Elemente hinzufügen möchte, sollte zuerst eine maßstabsgetreue Skizze zeichnen.*

Kleine Projekte lassen sich ohne viel Planung leicht in jeden Garten integrieren. Bei größeren sollte man genauer nachdenken, denn sie können Auswirkungen auf andere Gartenbereiche haben, die man vielleicht nicht gleich bedacht hat. Versuchen Sie darum unbedingt, sich die Neuerungen und ihre Wirkung im Garten bildlich vorzustellen. Fertigen Sie eine Skizze an.

Der Arbeitsplan

Zeichnen Sie einen maßstabsgetreuen Grundriss Ihres Gartens und fotokopieren Sie ihn mehrmals, um Ideen zuerst einmal mit Bleistift auszuprobieren. Eine genaue Zeichnung, in die man neue Wege, Terrassen, Sitzplätze oder Spielgeräte einzeichnen kann, erleichtert es erheblich, Größe und Proportionen der Vorhaben zu ermitteln und den Materialbedarf zu berechnen. Zeichnen Sie den Grundriss möglichst detailliert auf Kästchen- oder Millimeterpapier. Für kleinere Gärten ist eine Skizze im Format A2 mit einem Maßstab von 4 cm pro Meter ideal. Bei mittelgroßen bis großen Gärten können es auch 2 cm pro Meter sein.

Klare Vorstellungen

Wer gut zeichnen kann, möchte vielleicht auch eine dreidimensionale Ansicht des Gartens, um noch ein klareres Bild der Neuerungen zu entwickeln. Es gibt auch eine Reihe von Gartengestaltungsprogrammen für den Computer, die dem Benutzer diese Arbeit abnehmen und sogar Funktionen wie einen virtuellen Rundgang anbieten. Wenn Ihnen das zu kompliziert ist, machen Sie einfach einige Fotos vom Garten, drucken Sie sie möglichst groß aus und zeichnen Sie Ihre Ideen mit Filzstift ein. Sie werden staunen, wie sehr diese Vorgehensweise es erleichtert, sich neue Elemente wie einen Grill, einen Teich, eine Treppe oder einen Schuppen an ihrem vorgesehenen Platz konkret vorzustellen.

LINKS: *Um sich die Wirkung von Neuerungen im Garten besser vorstellen zu können, ist es sinnvoll, die Konturen zunächst mit Pflöcken und Schnur, Sand oder einem sonnenwarmen, geschmeidigen Gartenschlauch zu markieren.*

UNTEN: *Hier wurde auf beiden Seiten des Steinwegs reichlich Platz gelassen, damit sich die Pflanzen entwickeln und ausbreiten können.*

Attrappen bauen

Manchmal ist es schwierig, sich große Elemente wie eine Terrasse, eine Pergola oder eine Spalierwand vorzustellen. Dann kann es helfen, den »Grundriss« mit Zeltheringen, langen Nägeln oder Holzpflöcken und Schnur oder mit weißer Markierfarbe aus der Sprühdose auf dem Boden anzuzeichnen. Ein Gartenschlauch eignet sich gut, um die Kontur eines Teichs oder den Bogen eines Rasens auszulegen. Solche Markierungen an Ort und Stelle haben den Vorteil, dass man um sie herumgehen kann, um ein besseres Gefühl für ihre Proportionen und ihre Wirkung in der Gesamtanlage zu bekommen. Schauen Sie auch einmal aus der ersten Etage hin! Dreidimensionale Attrappen kann man aus Zeltstangen oder langen Bambusstäben bauen, die man zum Verlängern auch zusammenbinden kann. Kartons oder sogar Mülltonnen können als Platzhalter für mittelgroße Elemente wie Sträucher, Kübel oder Obelisken dienen.

Bei Bepflanzungen sollten Sie sich informieren, wie stark die jeweiligen Arten wachsen oder sich ausbreiten. Triebe können über Pflasterflächen ragen, sich von Wänden und Spalieren vorrecken oder von einer Pergola herabhängen. Planen Sie genug Platz ein, damit die Pflanzen sich mit den Jahren weitgehend natürlich entwickeln können. Neu angelegte Wege wirken anfangs oft übermäßig breit. Bald jedoch werden die Pflanzen von rechts und links überhängen, und Sie werden froh sein, dass Sie ihnen von Anfang an etwas Raum gegeben haben.

Grundsätzliches zur

Bepflanzung

Auswahl und Anordnung der Pflanzen haben erheblichen Einfluss auf die Wirkung eines Gartens. In modernen Anlagen sieht man oft Gewächse in interessanten Formen, etwa Neuseeländer Flachs oder Ziergräser, kombiniert mit einigen wenigen blühenden Pflanzen. Traditionelle Bauerngärten haben normalerweise eine formale Aufteilung in Beete mit einem regelmäßigen Raster aus geraden Ziegelwegen, aber durch die üppige Fülle der Pflanzen – Kräuter, traditionelle Blumenarten, Obst und Gemüse – fällt die strenge Struktur kaum auf und diese Gärten wirken eher wild-romantisch und nostalgisch.

Unabhängig vom Stil sollte man für jeden Garten Pflanzen aussuchen, denen die Standortbedingungen auf Anhieb zusagen und die nicht mehr Pflege verlangen, als Sie aufbringen können. Wer sich zuerst gut informiert und gründlich nachdenkt, spart sich später Mühe mit Gewächsen, die nicht gedeihen. Schließlich ist es traurig, wenn Pflanzen trotz aller liebevollen Mühe schwächeln oder gar eingehen.

UNTEN: *Ziergräser, kombiniert mit großen Gruppen von Blühpflanzen in leuchtenden Farben, passen in einen modernen Garten.*

Großeinkauf

Alle Pflanzen wirken eindrucksvoller, wenn man sie in größeren Gruppen pflanzt. Wer es sich nicht leisten kann, von den verschiedenen Stauden und Blattgewächsen drei, fünf oder mehr Exemplare zu kaufen, schafft im Frühling nur eine Pflanze jeder Art an, pflegt sie im Sommer sorgfältig und teilt sie im Frühherbst, damit sie sich schneller ausbreitet. Bartfaden, Fuchsien, manche Kräuter und verschiedene andere Arten lassen sich nicht teilen, man kann sie aber im Sommer durch Stecklinge vermehren. Viele winterharte Stauden lassen sich auch aus Samen heranziehen. Und wenn man sie zeitig im Frühling sät, blühen sie oft schon im ersten Standjahr.

Die Qual der Wahl

Das große Angebot in einem Gartencenter kann recht verwirrend sein, weil Pflanzen mit verschiedenen Ansprüchen an Sonne, Feuchtigkeit und Bodentyp oft nebeneinander stehen. Wer seinen Garten studiert hat und die verschiedenen Standortbedingungen kennt – etwa feucht und schattig oder trocken und sonnig – kann eine ausgeklügelte Einkaufsliste zusammenstellen. Wenn Ihnen eine Pflanze spontan gefällt, erkundigen Sie sich, ob ihr der vorgesehene Platz in Ihrem Garten zusagt. Die Angaben auf den Etiketten sind oft spärlich, darum sollten Sie sich vorher informieren und möglichst auch ein kleines Nachschlagewerk zum Einkauf mitnehmen.

Manche Pflanzen blühen einige Wochen lang herrlich, sehen aber während des restlichen Jahres fad aus. Wenn Ihr Garten groß ist, findet sich auch für solche ein Platz. Für einen kleinen Garten empfehlen sich robuste Arten, die über längere Zeit blühen oder andere Vorzüge haben, etwa interessante Samenstände oder Früchte, eine schöne Herbstfärbung, eine attraktive Wuchsform oder farbige Triebe, die im Winter ins Auge fallen.

OBEN: *Funkien fühlen sich im Schatten wohl. Es gibt viele Sorten mit schön gezeichneten Blättern.*

RECHTS (IM UHRZEIGERSINN VON OBEN LINKS): *Schneeglanz; Spindelstrauch; Narzisse; Herbstanemone.*

Schattige Winkel

Liegt Ihr Garten überwiegend im Schatten? Kein Problem: Es gibt viele schöne Pflanzen, die sich im Schatten wohlfühlen. Auf sonnigen Süd- oder Westgrundstücken ist ein schattiges Plätzchen sogar oft wünschenswert, weil es für Abwechslung sorgt und weil man im Hochsommer gern einmal aus der Hitze fliehen mag. Ein schattiger Bereich bietet sich für Pflanzenarten wie Farne, Funkien und Hortensien an, die grelle Sonne nicht vertragen. Auch andere Arten mit großen Blättern fühlen sich im Schatten wohler. Auf Schattenplätzen mit relativ feuchtem Boden gedeihen viele Arten, vor allem wenn der Boden neutral bis schwach sauer ist (pH 7 und darunter). Viele Waldpflanzen sind auf sauren, humusreichen Böden beheimatet und vertragen Kalk schlecht. Zu ihnen gehören Rhododendron, Azalee, Skimmie, Lavendelheide und Traubenheide.

Trockener Schatten ist problematischer. Solche Bedingungen findet man oft im Regenschatten von Mauern oder unter alten Bäumen, wo der Boden ausgelaugt und von Wurzeln durchzogen ist. Am besten verteilt man im Spätwinter, wenn der Boden feucht ist, reichlich verrotteten Stallmist, Hackschnitzel oder Gartenkompost und pflanzt im Frühling und Frühsommer auf diese Schicht.

Pflanzen für trockenen Schatten

Die folgenden Bodendecker, Farne, Stauden, Sträucher und Zwiebelgewächse vertragen trockenen Schatten. Der Boden sollte aber mit Kompost verbessert und gut gemulcht sein. Die Pflanzen im ersten Sommer regelmäßig gießen.

- *Anemone* x *hybrida* (Herbstanemone)
- *Bergenia cordifolia* (Bergenie)
- *Carex pendula* (Hänge-Segge)
- *Chionodoxa luciliae* (Schneeglanz)
- *Cyclamen hederifolium* und *C. coum* (Gartenalpenveilchen)
- *Dryopteris filix-mas* (Wurmfarn)
- *Epimedium*, Arten und Sorten (Elfenblume)
- *Euonymus fortunei* (Spindelstrauch)
- *Euphorbia amygdaloides* var. *robbiae* (Mandelblättrige Wolfsmilch)
- *Galanthus nivalis* (Schneeglöckchen)
- *Geranium nodosum* (Knotiger Storchschnabel)
- *Geranium phaeum* 'Album' (Weißer Storchschnabel)
- *Hedera helix*, Sorten (Efeu – weiß panaschierte Sorten bevorzugen. Gelb gezeichnete revertieren leicht.)
- *Iris foetidissima* und *I. f.* 'Variegata' (Schwertlilie)
- *Lamium galeobdolon* (Echte Goldnessel)
- *Luzula sylvatica* 'Aurea' (Wald-Hainsimse)
- *Mahonia aquifolium* (Mahonie)
- *Narcissus cyclamineus*, Sorten (Alpenveilchen-Narzisse)
- *Pachysandra terminalis* und *P. t.* 'Variegata' (Schattengrün)
- *Saxifraga* x *urbium* (Steinbrech)
- *Vinca minor* (Kleines Immergrün)

Bepflanzung

OBEN: *Heiligenkraut* (Santolina chamaecyparissus) *verträgt einen vollsonnigen Standort und verbreitet Mittelmeerflair – vor allem in einem Beet mit leicht rosafarbenen Kieseln.*

RECHTS: *Doppelte Anspielung auf die Mittelmeerküche: eine Ampel mit Rucola, aufgehängt an einem alten Olivenbaum.*

Pralle Sonne

Gartenbereiche, die in der prallen Sonne liegen, sind fast so problematisch wie trockener Schatten. Sandiger oder steiniger Boden trocknet im Sommer schnell aus. Besonders schwierig sind Beete am Fuß von vollsonnigen Mauern oder nach Süden gerichteten Hecken, Hochbeete und feste Pflanzkästen. Zum Glück vertragen viele Kräuter und Duftpflanzen aus dem Mittelmeerraum Trockenheit gut. Auch Sukkulenten und Pflanzen mit silbrigen, grauen oder bläulichen Blättern eignen sich für solche Plätze.

Am besten wendet man die mediterrane Pflanzmethode an. Im Frühling Jungpflanzen und Pflanzloch gründlich durchfeuchten. Nach dem Pflanzen Erde einfüllen und als Mulch Kiesel oder flache Steine auflegen. Sie reflektieren das Sonnenlicht, halten so den Boden kühl und verringern die Verdunstung. Außerdem passt der Mulch optisch gut zu den Pflanzen. Um das mediterrane Thema fortzusetzen, könnte man schlanke Zypressen oder Wacholdersträucher auf der Diagonalen pflanzen, um den Garten durch die perspektivische Täuschung größer wirken zu lassen. In Italien werden diese Sträucher beschnitten, damit sie schön kompakt wachsen. Wer es ebenso halten will, darf aber nur die grünen Spitzen kappen. Zweige, die bis ins alte Holz gekürzt werden, treiben nicht mehr aus.

Weniger hoch, aber ebenso passend für einen mediterranen Garten, sind Hecken aus Lavendel, der sehr sonnenhungrig ist, hübsche Blüten trägt und außerdem – je nach Sorte – herrlich duftet. Nach der Blüte sollten die Sträucher zurückgeschnitten werden, damit sie dicht und kompakt bleiben. Auch Rosmarin eignet sich für niedrige Hecken. Vielleicht gefällt Ihnen auch ein Wein? Er ist nahezu unverwüstlich und eignet sich gut, um eine Pergola zu begrünen und so einen Schattenplatz zu schaffen.

LINKS (IM UHRZEIGERSINN VON OBEN LINKS): *Blaustrahl-Wiesenhafer, Thymian, Schwarznessel, Zistrose.*

Pflanzen für heiße, trockene Plätze

Viele Pflanzen auf dieser Liste eignen sich zum Begrünen von Pflasterfugen, als Bodendecker und Rasenalternative oder für Kübel, die wenig Mühe machen sollen. Kombinieren Sie breit- und schmalblättrige Arten, um Abwechslung zu schaffen. Im ersten Standjahr und bei Trockenheit unbedingt gießen.

- *Artemisia* (Beifuß – strauchige und krautige Arten)
- *Ballota* (Schwarznessel)
- *Carex buchananii* (Fuchsrote Segge)
- *Cistus* (Zistrose – winterharte Arten und Sorten)
- *Convolvulus cneorum* (Prunkwinde)
- *Erigeron karvinskianus* (Berufkraut)
- *Festuca glauca* (Blauschwingel)
- *Gaillardia* (Kokardenblume)
- *Gaura* (Prachtkerze)
- *Helianthemum nummularium* (Sonnenröschen)
- *Helictotrichon sempervirens* (Blaustrahl-Wiesenhafer)
- *Heliopsis helianthoides* (Sonnenauge)
- *Jovibarba* (Fransenhauswurz)
- *Lavandula* (Lavendel)
- *Oenothera* (Nachtkerze, alpine Arten und Sorten)
- *Ophiopogon planiscapus* 'Nigrescens' (Schlangenbart)
- *Origanum* (Oregano, Blüh- und Blattformen, auch als Kräuter)
- *Perovskia atriplicifolia* 'Blue Spire' (Silber-Perowskie)
- *Rosmarinus* (Rosmarin)
- *Salvia* (Salbei, Kräuter, auch blühende Arten und Sorten *S.* x *sylvestris* 'Mainacht')
- *Sedum* (Fetthenne)
- *Sempervivum* (Hauswurz)
- *Stachys byzantina* 'Silver Carpet' (Wollziest)
- *Stipa gigantea* (Riesenfedergras)
- *Thymus* (Thymian)
- *Yucca*

Zeitspartipps für den Garten

• **Standfest**
Kompakte Pflanzen müssen nicht gestützt werden. Ziergräser, Argentinisches Eisenkraut *(Verbena bonariensis)* und einige andere hohe Pflanzen stehen von selbst aufrecht und sorgen für Kontrast zwischen niedrigeren Gewächsen.

• **Schneckenfrei**
Auf feuchten, tonigen Böden und vor begrünten Mauern empfehlen sich Arten, die Schnecken nicht schmecken. Pflanzen mit pelzigen, behaarten, borstigen oder stark duftenden Blättern sowie Berberitze, Fingerkraut und andere Arten mit harten Blättern werden von den Schleimern meist in Ruhe gelassen.

• **Wenig Durst**
Trockenheitsverträgliche Pflanzen sparen Wasser und Zeit. Staunässe vertragen sie aber nicht.

• **Magere Diät**
Meiden Sie Pflanzen, die oft gedüngt werden müssen. Für Kübel sind Granulate oder Hornspäne, die ihre Nährstoffe langsam abgeben, praktisch.

• **Rund ums Jahr**
Ideal sind Pflanzen, die zu allen Jahreszeiten gut aussehen und deren welke Blüten man nicht abzupfen muss. Um sie muss man sich nur einmal im Frühling kümmern.

• **Gute Manieren**
Manche Pflanzen breiten sich schnell aus oder verstreuen massenhaft Samen. Beschreibungen wie »schneller Bodendecker« oder »wüchsiger Kletterer« sollten Sie als Warnung, nicht als Vorzug verstehen. Solche Pflanzen müssen oft geteilt oder beschnitten werden, damit sie reichlich blühen, aber nicht ausufern.

Clevere

Bewässerung

Wasser sparen und recyceln

Da die Weltbevölkerung stetig wächst und die Erde sich allmählich erwärmt, ist Wasser in manchen Gebieten bereits ein wertvolles Gut. Darum sollte jeder über Möglichkeiten nachdenken, Wasser zu sparen. Gärtner haben in dieser Hinsicht eine besondere Verantwortung, denn selbst in einem kleinen Garten wird eine Menge Gießwasser benötigt.

Viele Pflanzen stellen hinsichtlich der Qualität des Gießwassers keine hohen Ansprüche. Neben gesammeltem Regenwasser kann man auch anderes Wasser, das im Haushalt anfällt, auffangen und für den Garten verwenden.

OBEN RECHTS: *Diese Regentonne ist nicht nur ein Auffangbehältnis, sondern ein winziges Feuchtbiotop. Eine pfiffige »Froschleiter« hängt über dem Rand und reicht bis zum Boden hinab.*

Wasser auffangen

Regenwasser mögen Pflanzen besonders gern, darum ist es sinnvoll, möglichst viel davon aufzufangen. Regentonnen aus Kunststoff bekommt man für wenig Geld im Gartencenter oder Baumarkt. Es wirkt sich spürbar auf die Wasser- und Abwasserkosten aus, wenn man im Garten ausschließlich Regenwasser verwendet. Stellt man die Tonne auf einen Sockel und montiert einen Ablaufhahn, lassen sich Gießkannen bequemer füllen. Sehr praktisch sind Regenwassersammler, die man ins Fallrohr der Dachrinne einsetzt. Das Wasser wird direkt in die Regentonne geleitet, bis sie voll ist. Dann fließt es das Fallrohr hinab. Natürlich muss es keine Regentonne im engeren Sinn sein, jedes andere Behältnis von ausreichender Größe tut es ebenso.

RECHTS: *So eine Tonne mit Direktanschluss ans Fallrohr ist sehr praktisch. Durch den Regenwassersammler wird sie bei Regen automatisch nachgefüllt, kann aber nicht überlaufen. Unter dem Hahn werden Gießkannen gefüllt, mit denen man das Wasser dorthin bringen kann, wo es benötigt wird.*

Wasser recyceln

Wenn Sie das nächste Mal abwaschen, lassen Sie das Wasser nicht durch den Abfluss laufen, sondern geben Sie es den Pflanzen. Jeden Tag verschwinden große Mengen Wasser in der Kanalisation, die wir als schmutzig betrachten. Den Pflanzen tut das Wasser bei Trockenheit aber gut, und etwas Seifenschaum oder aufgelöste Saucenreste macht ihnen gar nichts aus. Diese Rückstände versickern schnell im Boden und hinterlassen auch keine Spuren auf Ihren Beeten. Es lohnt sich, einmal darauf zu achten, wo überall im Haushalt Wasser anfällt, das man für den Garten noch verwenden könnte.

Rasensprenger

Sprenger sind praktisch und bequem, um größere Beetflächen und Rasen zu bewässern. Sie sind leicht, tragbar und im Handumdrehen dort aufgestellt, wo sie benötigt werden. Allerdings verbrauchen sie sehr viel Wasser und brauchen, um zu funktionieren, den Druck einer Wasserleitung. In manchen Gegenden ist in den trockenen Sommermonaten der Einsatz von Sprengern verboten, darum sind sie als alleinige Bewässerungsmethode nicht empfehlenswert. Es gibt spezielle Pumpen, um Sprenger mit Regenwasser aus Tonnen zu betreiben, doch sie sind recht teuer und die Handhabung ist umständlich.

Tropfschläuche

Diese Gummi- oder Kunststoffschläuche haben unzählige winzige Löcher auf ihrer ganzen Länge. Legt man sie so aus, dass die Löcher nach oben zeigen, spritzt das Wasser als feiner Sprühnebel heraus. Dreht man sie mit den Löchern nach unten, sickert das Wasser heraus und durchfeuchtet den Boden langsam. Die Schläuche können unauffällig auf Beeten verlegt werden, um Zierpflanzen und Gemüse ohne großen Aufwand zu bewässern. Tropfschläuche eignen sich zur langsamen, relativ gezielten, gleichmäßigen und effizienten Bewässerung.

Sickerschläuche und unterirdische Systeme

Ein Sickerschlauch ist eine Variante des Tropfschlauches. Die porösen Schläuche sind netzartig verbunden und eignen sich gut zur kontrollierten Bewässerung ohne Verdunstung. Sie verbrauchen etwa 70 Prozent weniger Wasser als konventionelle Bewässerungsmethoden. Wenn sich der Schlauch mit Wasser füllt, entsteht Druck, die Poren weiten sich, und Wasser sickert ganz langsam heraus. Die Schläuche können auf der Erde oder 10–15 cm unter der Oberfläche verlegt werden. Ideal für Obst und Gemüse.

OBEN: *Eine Tropfbewässerungsanlage befördert mithilfe von Schläuchen das Wasser exakt dorthin, wo es benötigt wird.*

UNTEN: *Sprenger sind praktisch, verbrauchen aber viel Wasser und funktionieren nur mit ausreichendem Wasserdruck.*

im Garten

OBEN: *Strahler gibt es in verschiedenen Formen und Größen für viele Zwecke. Wichtig ist, sie immer korrekt und sicher anzuschließen.*

Elektrizität im Garten

Elektrizität im Außenbereich ist ein Thema, das aus Sicherheitsgründen mit äußerster Vorsicht zu behandeln ist. Im Freien können Kabel leichter beschädigt werden als im Haus, wo sie geschützt in Wänden oder Böden und Decken verlaufen. Im Garten kommt es leicht zu Unfällen, wenn ein Kabel mit dem Rasenmäher oder Trimmer durchschnitten oder – wenn es unterirdisch liegt – mit einem Spaten durchstochen wird. Gerade in Verbindung mit Wasser, das nicht nur an Teichen und Wasserbecken, sondern durch Bodenfeuchtigkeit überall im Garten vorhanden ist, kann Elektrizität lebensgefährlich sein. Darum ist es ratsam, alle Installationen einem Elektriker zu überlassen.

UNTEN: *Im farbigen Licht sehen diese spitzen Blätter eindrucksvoll aus. Bodenstrahler am Haus betonen die raue Oberfläche des Mauerwerks.*

FI-Schalter

Elektrizität ist im Freien deshalb so gefährlich, weil der Mensch, der ein Kabel berührt, eine perfekte Erdung bietet – vor allem, wenn er auf feuchtem Boden steht. Der Strom, der dann durch den Körper fließt, kann tödlich sein. Diese Gefahr lässt sich mit einem Fehlerstromschutzschalter (FI-Schalter) bannen. Der Schalter überwacht den Strom und unterbricht sofort die Stromzufuhr, wenn er Unregelmäßigkeiten feststellt – zum Beispiel, weil elektrische Energie nicht durch das Kabel, sondern durch ein Lebewesen fließt. Fehlerstromschutzschalter haben bereits zahllosen Menschen, die beispielsweise das Kabel ihres Elektromähers durchgeschnitten haben, das

OBEN: *Kleine Einbaustrahler im Holzdeck führen Gäste im Dunkeln zum Tisch.*

Leben gerettet. Aus diesem Grund sollten ALLE elektrischen Installationen im Freien mit solchen Sicherheitsvorkehrungen ausgestattet sein. Lassen Sie im Zweifelsfall Ihre Installation von einem Fachmann prüfen.

Leitungen und Sicherungen

Sicherungen sind zum Schutz der Leitungen da – nicht zum Schutz der Benutzer. Sie sollen verhindern, dass Kabel sich überhitzen und einen Brand verursachen. Die Hauptsicherung schützt das Haus mit allen Stromkreisen. Jeder Stromkreis ist zusätzlich mit einer separaten Sicherung ausgestattet. Manche Verlängerungskabel verfügen über eine Sicherung als Überlastungsschutz, und in einige Elektrogeräte sind Sicherungen zum Schutz der internen Verkabelung eingebaut.

Licht für Garten und Teich

Licht erweckt den Garten bei Dunkelheit zum Leben und sorgt an warmen Sommerabenden für eine romantische Stimmung. Kerzen und Fackeln können schon genügen, aber ein stärkerer Strahler, der die Wassertropfen eines Springbrunnens oder Wasserfalls zum Glitzern bringt, ist einfach unschlagbar.

Wasserfälle, Kaskaden oder aufwärts gerichtete Fontänen sehen mit farbiger Beleuchtung noch interessanter aus. Einfache Komplett-Sets, oft mit Vorsatzlinsen in verschiedenen Farben, kann man zu moderaten Preisen in vielen Gartencentern kaufen.

Idealerweise sollte die Lichtquelle selbst nicht zu sehen sein, und das Leuchtmittel darf nicht blenden. Viele Gartenleuchten sind schwarz, damit sie im Beet nicht auffallen.

OBEN: *Die Aluminiumleuchten passen mit ihrem sachlich-zweckmäßigen Aussehen gut in diesen modernen, minimalistisch gestalteten Garten.*

OBEN LINKS: *Ein Springbrunnen, der mit Unterwasserstrahlern beleuchtet ist, sieht hinreißend aus. Vom Profi installieren lassen!*

Stromversorgung für Garten und Teich

Wer keine Leuchten mit Solarzellen benutzen möchte, braucht für die Gartenbeleuchtung oder die Pumpe im Gartenteich eine Stromversorgung. Für solche Installationen gelten strenge gesetzliche Sicherheitsvorschriften. Darum ist es in jedem Fall ratsam, einen Fachmann mit den Arbeiten zu beauftragen. Wer die Installation selbst vornimmt, muss dieselben Vorschriften einhalten. Tut man es nicht, muss man damit rechnen, dass bei einem Unfall jede Versicherung die Leistung verweigert.

RECHTS: *Außensteckdosen müssen immer eine Abdeckklappe haben.*

in Einklang bringen

Feste Elemente wie Einfahrt, Wege und Treppen, Terrasse oder Holzdeck machen einen beträchtlichen Teil des Gartens aus. Sie verbinden die verschiedenen Bereiche und Funktionen innerhalb der Grundstücksgrenzen. Achten Sie beim Zeichnen der Grundstücksskizze auf einen sinnvollen Verlauf der Wege, damit Terrassen und andere Sitzplätze nicht abgeschnitten werden. Rasenflächen schlagen nicht nur optisch Brücken zwischen Terrasse, Beeten, Teich und anderen Elementen, sondern können im Sommer auch als Wege genutzt werden.

OBEN RECHTS: *Dieser Gartenweg ist geschickt angelegt. Er führt den Besucher an Beeten vorbei zu einem Sitzplatz am hinteren Ende des Gartens.*

UNTEN: *Hier schlagen die Farben visuelle Brücken. Grün verbindet die Tür und die Pflanzen, Rot die Hauswände und das Terrassenpflaster.*

Haus und Garten verbinden

Gartendesigner wissen, wie man einen engen Bezug zwischen Haus und Garten einerseits und den verschiedenen Gartenbereichen andererseits herstellt. Eine breite Terrasse direkt am Haus, gepflastert, mit Kiesbelag oder mit Holzboden, bildet ein Gegengewicht zur Senkrechten der Hauswand. Ähnlich wirkt eine begrünte Pergola an der Hausfassade. Setzt man Pflanzen mit ausdrucksvoller Form oder interessanten Blättern rings um die Terrasse, werden deren strenge Konturen verwischt und es entsteht ein weicherer Übergang zum eigentlichen Garten. Denselben Effekt hat es, wenn die Terrassenkonturen stufenförmig oder im Bogen verlaufen.

Beim Entwurf von Gebäuden empfehlen Architekten, bestimmte Abmessungen zu wiederholen, um einen visuellen Rhythmus und ansprechende Proportionen zu erhalten. Manche dieser Linien könnten als Orientierung zur Gliederung des Gartens und zur Platzierung anderer Bauten verlängert werden. So könnten beispielsweise Position und Breite einer Terrassentür zwei rechtwinklige Linien oder die Seiten eines Quadrats vorgeben. Vervollständigen Sie das Quadrat und wiederholen Sie seine Form – ausgehend von einer Gartenseite – auf der ganzen Fläche. Dreht man das Raster um 45°, wirkt es dynamischer. Beim Einzeichnen von Rasen, Wegen, Spielflächen oder Beeten können Sie die Rasterfelder weiter unterteilen,

zu größeren Quadraten, L-Formen oder Rechtecken zusammenfügen oder Kreise und Bögen daraus entwickeln.

Immer schön einfach

Damit der Garten nicht zu unruhig wirkt, sollten Sie nicht zu viele verschiedene Materialien verwenden. Soll eine gepflasterte Terrasse vergrößert werden, suchen Sie entweder genau passende Platten oder verwenden Sie ein kontrastierendes Material, das dann aber deutlich abgegrenzt werden sollte. Klare Kontraste sind im Zweifelsfall geschickter als halbherzige Lösungen vom Typ »knapp daneben ist auch vorbei«.

Es sieht gut aus, wenn dieselben Materialien an verschiedenen Stellen verwendet werden. Wenn Sie beispielsweise die Hauptterrasse mit Natursteinplatten und Ziegeln gepflastert haben, verwenden Sie diese Materialien – einzeln oder kombiniert – auch für Wege und weitere Sitzplätze im Garten. Kies oder Splitt eignet sich ebenfalls, um Bereiche visuell zu verbinden und die Fugen zwischen unregelmäßigen Pflastersteinen aufzufüllen. Auch bei Zäunen und Spalieren sollten Sie sich für einen Typ entscheiden. Wenn Sie Spaliere als Windschutz für den Sitzplatz und als Sichtschutz für die Kompostecke benutzen, könnte an der Grundstücksgrenze ein Flechtzaun gut aussehen, dessen oberer Bereich spalierartig durchbrochen ist. Denkbar wäre auch, Spalierfelder an einer Pergola oder Laube zu montieren. Wichtig ist nur, konsequent bei einem Typ zu bleiben.

OBEN: *Wie interessant wiederholte Formen aussehen können, zeigt dieser Garten. Terrasse und Beet, Strauch und Kiesel sind eckig.*

UNTEN LINKS: *Bank und Agave korrespondieren farblich.*

Farbe verbindet

Kleine Bäume, Kletterpflanzen, Immergrüne, Sträucher und Stauden bilden das »Kleid« des Gartens. Ihre Höhe und Form verwischt die geraden Konturen von Gebäuden. Die Farben tragen dazu bei, dass der Garten harmonisch wirkt. Damit sind nicht nur die Farben der Blüten und Blätter gemeint, sondern auch Lacke und Lasuren, die es in vielen Nuancen von auffällig bis gedämpft gibt. Um optische Verbindungen zu schaffen, könnten Sie mit einer ausgewählten Farbe, vielleicht Kornblumenblau oder Salbeigrün, Details an Gebäuden hervorheben. Einige Holzelemente, etwa Terrassenbelag oder Hochbeeteinfassungen, sollten aber ihre natürliche Optik behalten, damit der Garten nicht angemalt aussieht.

Wege, Höfe und Terrassen

Kaum ein Garten kommt ohne Gestaltungselemente wie Wege, Terrassen und andere befestigte Flächen aus. Sie kennzeichnen die verschiedenen Nutzungsbereiche und erleichtern den Zugang, sie stellen optische Verbindungen her oder dienen als fester Untergrund für Pflanzkübel und weitere Gartenelemente.

Wege, Terrassen und Höfe können ganz unterschiedliche Formen haben und aus einer Vielzahl von Materialien gebaut sein. Die Gestaltungsmöglichkeiten sind umfassend, viele sind einfach umzusetzen und kosten nicht viel Geld. In diesem Kapitel finden Sie zahlreiche Vorschläge für Wege und andere befestigte Flächen, die Sie leicht verwirklichen und nach eigenen Bedürfnissen abwandeln können. Sie brauchen dazu nur handwerkliche Grundkenntnisse und etwas Begeisterung.

Gestaltungstipps für

Wege, Höfe und Terrassen

Ein Weg führt nicht nur von A nach B, und eine Terrasse ist mehr als ein Platz, auf dem man sitzt, isst und plaudert. Sie sind auch Gestaltungselemente, die man bewusst einsetzen sollte, um die Gesamtwirkung des Gartens und die Aussicht aus dem Haus – vor allem im Winter – zu beeinflussen.

RECHTS: *Im Winter, wenn der Garten wenig zu bieten hat, kann ein schön gepflasterter Weg ein dekorativer Blickfang sein.*

Anpassung

Auswahl und Verwendung der Baumaterialien haben erheblichen Einfluss auf Aussehen und Atmosphäre des Gartens. Jedes Material hat seine speziellen Vorzüge, moderne Betonplatten ebenso wie Natursteinplatten, Ziegel, Betonpflastersteine, Holzdecks oder Kies. Beim Einkauf des Materials für einen Weg oder eine Terrasse sollte man sich an den Baumaterialien des Hauses und, falls vorhanden, der Grenzmauern orientieren. Zu einem grauen Steinhaus könnte dunkles Schieferpflaster attraktiv aussehen, während die verputzten, weiß gestrichenen Mauern eines Landhäuschens einen schönen Hintergrund für Ziegel und Kies, Naturstein oder Platten mit Steineffekt abgeben. Zu einem modernen, verklinkerten Haus könnte man eine Kiesfläche wählen, vielleicht auch Rasenkantensteine in der Farbe der Fassade oder des Dachs.

Ein Blick über Nachbarzäune lohnt sich oft, denn ortstypische Materialien haben den Vorteil, dass neue Gebäude und Gärten sich leicht und wie selbstverständlich in die Umgebung einfügen. Außerdem reduziert es Transportkosten, wenn man Material aus einem Steinbruch in der Nähe kauft.

UNTEN: *Das ungewöhnliche, farbige Pflaster schlängelt sich durch den Garten bis zur Laube im Hintergrund. So dekorativ kann ein Hauptverkehrsweg sein.*

Gerade oder kurvig?

Gerade Wege lenken den Blick auf wichtige Teile des Gartens oder auf einen dekorativen Blickfang, vielleicht eine Laube oder einen Brunnen. Meist findet man solche Wege in Gärten mit symmetrischer oder formaler Gestaltung, und vielfach bilden sie die Mittelachse. Moderner sieht eine asymmetrische Anordnung aus abgewinkelten Wegen aus, die eckige Rasenflächen, Teiche, Wasserbecken oder gepflasterte Terrassen einrahmen. Ein Weg, der in sanften Schlangenlinien verläuft, wirkt zwanglos und natürlich. Außerdem vermittelt er den Eindruck, dass es hinter jeder Kurve etwas Neues zu entdecken gibt.

LINKS: *Natürlich erfüllt diese imposante Treppe einen praktischen Zweck als Übergang zwischen den Ebenen, aber sie sieht auch toll aus. Je breiter und ausladender die Stufen, desto eleganter wirken sie.*

Höhenunterschiede

Ein Grundstück mit Gefälle bietet viele Möglichkeiten zur Anlage von Treppen. Stufen, die breiter und tiefer sind, als es eigentlich nötig wäre, aber eine geringe Höhe haben, wirken herrlich theatralisch. Flankiert von identischen Kübeln mit Formschnittsträuchern kommen sie sehr symmetrisch daher.

Schmale, steile Treppen sind nicht sehr benutzerfreundlich, aber aus Natursteinen oder Baumstämmen gebaut passen sie gut in einen naturnahen oder wild-romantischen Garten. Auf einem felsigen Grundstück sieht es sehr natürlich aus, wenn man vorhandene Felsen als Stufen nutzt. Breite, versetzte Terrassen verkürzen ein langes Gefälle optisch und könnten sogar als zusätzlicher Sitzplatz dienen. Zum Abstützen eignen sich Böschungssteine, auch in Kombination mit Natursteinen. Man könnte auch Stufen mit Steinkanten anlegen und die Trittflächen mit Kies oder Splitt auffüllen.

Muster und Struktur

Ein Garten mit einer großen, gepflasterten Fläche aus einheitlichem Material wirkt leicht wie ein reizloser öffentlicher Platz und nicht wie ein privates, gemütliches Freiluftzimmer. Wer viel Fläche befestigt, um sich problemlos bewegen zu können oder den Pflegeaufwand gering zu halten, sollte sie durch Beete, Hecken und Wasserbecken auflockern und im Pflaster ein Muster integrieren.

Größere Flächen mit einheitlicher Pflasterung könnte man in Bereiche gliedern, von denen jeder eine andere Funktion hat, mit Trennlinien aus kontrastfarbigen Beton- oder Granit-Pflastersteinen. Auf weiten Kies- oder Splittflächen könnte man Wege aus Naturstein- oder Betonplatten anlegen. Auch Katzenköpfe sehen hübsch aus.

Für ein unregelmäßiges Pflaster sollte man quadratische und rechteckige Platten in mindestens vier verschiedenen Größen verarbeiten und versuchen, kleine Gruppen von Ziegeln oder Pflastersteinen einzubauen. Versuchen Sie sich an einem Kieselmosaik (siehe Seite 82–85).

UNTEN: *Die große, gepflasterte Fläche wird durch die verschiedenfarbigen Platten und die ungewöhnliche, geschwungene Mauer an einer Seite aufgelockert.*

Wege, Höfe und Terrassen

Praktische Überlegungen

Um die Fläche, Form und Lage für Höfe und Terrassen festzulegen, überlegen Sie, wie Sie sie nutzen wollen. Wie groß soll der Tisch sein? Wie viele Stühle und/oder Liegestühle brauchen Sie für Familie und Besucher? Wollen Sie einen Feuerkorb, einen Grill oder mehrere Kübel und Kästen aufstellen? Planen Sie eine Beleuchtung oder einen Springbrunnen, dann lassen Sie zuerst die Kabel verlegen, die unter der zukünftigen Terrasse verlaufen sollen.

Manche Wege dienen rein praktischen Zwecken. Schauen Sie, wie etwa der ideale Weg zum Komposthaufen verlaufen muss. Es ist schwierig, mit einer vollen Schubkarre enge Kurven zu fahren. Überlegen Sie auch genau, welche Pflanzen Sie an die Wegränder setzen. Schließlich wollen Sie sie nicht dauernd zurückschneiden oder anbinden.

UNTEN: *Die Terrasse mit dem Esstisch und vielen Pflanzkübeln ist vom Haus und vom Wintergarten aus bequem zugänglich.*

Betonplatten

Betonplatten gibt es in vielen Arten und Qualitäten, vom bescheidenen, preiswerten Grau bis zu teuren Designerplatten und Natursteinimitationen. Erstaunlich edel sehen Betonpflastersteine aus. Sie werden auch in verschiedenen Sonderformaten angeboten, mit denen man mit farbigen Kontrasten problemlos Kurven oder sogar ovale Terrassen gestalten kann.

Zu runden Dekorelementen bekommt man oft auch spezielle Passstücke, mit denen sie sich in eckige Designs integrieren lassen. Kreisflächen, die von Kies umgeben sind, bilden einen kippelfesten Untergrund für Gartenmöbel. Wer möchte, setzt in die Mitte stattdessen ein Wasserspiel oder ein Mosaik.

Betonplatten in Natursteinoptik sehen ihren Vorbildern wie Schiefer oder Sandstein erstaunlich ähnlich. Sie haben aber eine einheitliche Stärke und ein geringeres Gewicht als echter Stein, darum lassen sie sich leichter transportieren und verlegen. Betonplatten, deren Oberfläche aussieht wie handgestrichene Ziegel oder Schiefer eignen sich gut für nahtlose Übergänge zwischen Wohnbereich und Terrasse. Bei Schlagschäden an der Oberfläche kommt allerdings das unansehnliche Innere zum Vorschein. Und manche Platten müssen versiegelt werden, weil sonst die Farben verblassen.

Zeichnen Sie sich einen genauen Verlegeplan mit maßstabsgetreuen Plattenformaten auf Karopapier, damit Sie nicht zu viel schneiden müssen. Manche Hersteller bieten Verlegepläne als Download an, andere erstellen als Service Verlegepläne für die individuellen Terrassenmaße der Kunden.

Naturstein

Sandstein und Schiefer aus Indien und China werden zu relativ günstigen Preisen angeboten. Man sollte aber darauf achten, nur Produkte aus fairer, menschenwürdiger Produktion zu kaufen.

Bei Natursteinplatten ist das Angebot an Formaten größer als bei Betonimitationen. Formate von mehr als 45 cm x 45 cm sind allerdings sehr schwer. Und wegen der unregelmäßigen Stärke ist auch das Verlegen kompliziert. Schauen Sie sich Naturstein vor dem Kauf in trockenem und nassem Zustand an.

LINKS: *Zu einer glatten Pflasterung passen akkurat beschnittene Pflanzen wie diese Buchsbaumkugeln am besten.*

Ziegel und Pflastersteine

Ziegel und Pflastersteine aus Beton oder Naturstein sind ideal für Wege, Einfahrten und kleinere Flächen, aber auch zum Auflockern von großen Flächen. Das geringe Format der Steine gibt viel gestalterischen Spielraum. Man kann sie in Kurven und Kreisen verlegen, aber auch in traditionellen Mustern wie dem Fischgrät- oder dem Flechtverband.

Alte, recycelte Ziegel sind für alte Häuser und Gärten im Cottage-Stil besonders schön. Sie müssen aber frostbeständig sein. Betonpflastersteine gibt es in vielen Ausführungen, darunter auch im Antik-Look, was gut zu Sandstein und anderem Naturstein passt. Kanalklinker sind robust und haben eine glatte Oberfläche, die fast wie glasiert aussieht. Sie eignen sich gut zur Einfassung von Kiesflächen und als Mähkanten.

OBEN: *Eine Mischung aus antiken Ziegeln, verschiedenfarbigen Pflastersteinen und Katzenköpfen kann in einem kleinen Gartenhof hübsch aussehen.*

Dränage

Beim Bau neuer Terrassen, Einfahrten und Wege sollte man sich gegen heftige Regengüsse oder tagelangen Dauerregen wappnen. Größere, gepflasterte Flächen in einem Mörtelbett können schnell unter Wasser stehen. Sie müssen darum stets mit Gefälle zu Beeten und Rasen hin – immer von Gebäuden weg – angelegt werden. Auf Pflastersteinen im Sandbett fließt Regenwasser relativ schnell ab. Etwas langsamer versickert es in den Fugen größerer Platten, wenn sie auf Sand verlegt und nur mit einigen Betonklecksen fixiert wurden.

LINKS: *Pflanzen in der Pflasterfläche verbessern die Dränage.*

Projekt

Einen Kiesweg anlegen

Tipps, Werkzeuge, Material

Schwierigkeitsgrad

- Das Projekt ist einfach. Handwerkliche Grundkenntnisse schaden aber nicht.

Der richtige Zeitpunkt

- Ein Kiesweg kann jederzeit angelegt werden, wenn der Boden trocken und nicht gefroren ist. Dauerfeuchte Bereiche mit schlechter Dränage meiden.

Werkzeug

- Gartenwalze (praktisch, aber es geht auch ohne), Harke oder Laubrechen, Schaufel, Fäustel, Hammer, Säge.

Material

- Holzpflöcke, imprägnierte Bretter für die Kanten, verzinkte Nägel, Unkrautvlies, Kies oder Splitt.

Zeitaufwand

- Je nach Breite und Länge des Weges sind ein bis zwei Arbeitstage nötig.

Ein Kiesweg passt in fast jeden Garten, eignet sich aber vor allem als Kontrast zu unifarbigem Pflastermaterial und niedrigen Pflanzen. Kleine, runde Kiesel gibt es in verschiedenen Grau- und Brauntönen, die auch in feuchtem Zustand attraktiv sind. Splitt ist scharfkantiger und in vielen Farben von Weiß über Rot bis Grün, Grau und Schwarz erhältlich. Sowohl Kies als auch Splitt sehen gut aus, sind nicht sehr teuer und recht leicht zu verlegen. Sie haben aber auch einige praktische Nachteile. Erstens muss eine stabile Kante vorhanden sein, damit die Steinchen nicht nach und nach in Beeten und Rasen verschwinden. Zweitens muss man häufig jäten oder vor dem Verteilen des Belags sorgfältig ein unkrautdichtes Vlies verlegen. Sehr feiner Kies ist ungünstig, weil er im Schuhprofil hängen bleibt und unerwünschten Besuch von Katzen zur Folge haben kann.

1 Über den gesamten Verlauf des geplanten Weges die Mutterbodenschicht ausheben. An den Kanten das Weges die imprägnierten Bretter senkrecht stellen.

2 Holzpflöcke einschlagen, um die Kantenbretter zu fixieren.

LINKS: *Wer nicht gern Kies mag, kann auch Splitt in Rot oder einer anderen passenden Farbe kaufen.*

3 Die Bretter mit verzinkten Nägeln an die Pflöcke nageln. Weitere Pflöcke auf der ganzen Weglänge in Abständen von etwa 1 Meter einschlagen und an den Brettern fixieren.

4 Den Boden glatt harken und kräftig feststampfen. Zur zusätzlichen Stabilisierung eine 50 mm dicke Schicht Schotter auf dem verdichteten Boden verteilen.

5 Damit kein Unkraut auf dem Weg wächst, wird jetzt ein Vlies verlegt, das Wasser durchlässt, aber Unkrautwuchs unterdrückt. Das Vlies an den Kantenbrettern nach unten umschlagen.

6 Den Kies auf das Vlies schütten. Je nach Beanspruchung des Weges sollte die Schicht mindestens 50 mm dick sein, eventuell dicker.

7 Den Kies mit Harke oder Rechen grob verteilen. Mithilfe eines geraden Bretts die Oberfläche glatt ziehen, dann nochmals harken. Zum Schluss mit einer Walze (falls vorhanden) verdichten.

Variationen

Kies passt zu fast allen Gartenstilen, aber er ist nicht sonderlich stabil und wird leicht unabsichtlich im Garten verteilt. Dass er an schlammigen Gummistiefeln festklebt, wird Gärtner ärgern, die die Wege auch bei schlechtem Wetter benutzen müssen. Größere Steinchen bleiben zuverlässiger an ihrem Platz liegen.

OBEN: *Splitt aus walisischem Schiefer ist eine reizvolle Alternative zu handelsüblichem Kies. Das Blaugrau des Schiefers bildet einen schönen Kontrast zum Rasen, durch den der Weg mäandert. Die Schieferstückchen sind größer als Kiesel und liegen relativ stabil.*

Projekt

Weg mit Flieseneinlage

Für diese »Einlegearbeit« braucht man kein künstlerisches Talent. Selbst simple Muster können reizvoll aussehen und einen Weg aufwerten. Am besten kombiniert man einfarbige oder gemusterte Fliesen mit Ziegeln oder Betonpflastersteinen. Sie können den Weg ganz neu anlegen oder aus einem vorhandenen Weg einfach einige Steine entfernen und durch Fliesen, Katzenköpfe oder größere Kiesel ersetzen. Im Grunde eignet sich fast jedes trittfeste Material, das Ihnen gefällt. Manchmal genügen schon Streifen aus Ziegeln in einer Kontrastfarbe, oder ein Wechsel der Laufrichtung von Fliesen oder Kieseln. Fangen Sie mit kleinen Mustern an. Wenn Sie etwas Übung haben, können Sie sich an komplexere Muster wagen. Wählen Sie zunächst ein einfaches Muster und zeichnen Sie es zur Planung auf Karopapier vor.

Tipps, Werkzeuge, Material

Schwierigkeitsgrad

- Handwerkliche Grundkenntnisse sind hilfreich, aber nicht unbedingt erforderlich.

Der richtige Zeitpunkt

- Jederzeit, wenn das Wetter es zulässt und keine Frostgefahr besteht.

Werkzeug

- Plattenheber (falls nötig), Maurerkelle und/oder Fugenkelle, je nach Größe der Fliesenflächen, Fliesenschneider (bei Bedarf), Gummiwischer.

Material

- Feiner Sand, Fertigzement, frostbeständige Fliesen für den Außenbereich (z.B. für Außenschwimmbecken), Fliesenkleber und Fugenmasse für den Außenbereich.

Zeitaufwand

- Mindestens 1 Tag, je nach Ausmaß.

1 Wird der Weg neu angelegt, den Boden einebnen und auf dem zu pflasternden Bereich feinen Sand verteilen. Den ersten Pflasterstein auf den Sand setzen.

2 Die Pflastersteine fest in den Sand eindrücken. Die Fliesen mit der Oberseite nach unten (damit sie nicht verkratzen) an ihre Positionen legen und die Fläche markieren, die sie einnehmen.

3 Wenn alle Positionen der Fliesen markiert sind, werden sie entfernt. Die Höhe der Pflastersteine mit einer Wasserwaage kontrollieren.

4 Die Pflastersteine mit einem Gummihammer festklopfen und nochmals die Höhe kontrollieren. Vertiefungen oder vorstehende Kanten vermeiden.

5 Die Vertiefungen für die Fliesen mit extrafeinem Sand auffüllen, damit die Fliesen später auf gleicher Höhe mit den Pflastersteinen liegen.

6 Den Sand glatt streichen. Fertigzement daraufstreuen und mit einer Kelle in den Sand einarbeiten. Sand und Zement mit Wasser aus der Gießkanne anfeuchten.

7 Die Fliesen auf den feuchten Mörtel legen.

8 Beim Einlegen der letzten Fliese auf gleichmäßige Fugen achten. Eine Mischung aus feinem Sand und trockenem Zement mit einem Handfeger in die Fugen füllen.

OBEN: *Zum Schluss die Fliesen feucht abwischen, um Reste von Zement und Sand zu entfernen. Kräftig mit einem Gummiwischer über die Fliesen streichen, bis sie sauber sind. Unglasierte Fliesen könnten Sie nun klar lackieren, damit sie schön glänzen. Dadurch verbessert sich auch ihre Haltbarkeit, denn selbst frostbeständige Fliesen für den Außenbereich nutzen sich mit der Zeit durch Gebrauch und Witterung ab. Gerissene Fliesen sollten Sie gelegentlich ersetzen.*

Projekt

Trittsteine und Stufen aus Holz

Tipps, Werkzeuge, Material

Schwierigkeitsgrad

- Handwerkliche Grundkenntnisse sollten Sie mitbringen. Das Sägen erfordert etwas Kraft – abhängig von Härte und Dicke des Holzes.

Der richtige Zeitpunkt

- Sie können jederzeit ans Werk gehen, wenn der Boden nicht zu nass oder gefroren ist.

Werkzeug

- Wasserwaage, Säge, Spaten, Fäustel oder schwerer Hammer, Schraubzwingen.

Material

- Stammscheiben oder Rundhölzer, Nägel.

Zeitaufwand

- Ein Wochenende sollten Sie einplanen, je nach Anzahl der Trittsteine oder Stufen auch mehr.

Baumstammscheiben als Trittsteine oder Rundhölzer als Stufenkanten an einer Böschung sind leicht zu verlegen und sehen gut aus. Auf ebenen oder leicht abschüssigen Grundstücken kann man große Scheiben von Baumstämmen in den Boden einlassen. Solche Scheiben bekommt man bei manchen Holz- und Baustoffhändlern. Auch in einem Sägewerk oder in einer Försterei lohnt sich die Nachfrage. Und natürlich kann man sie auch selbst zusägen. Für stärkere Bodengefälle ist eine etwas andere Konstruktion nötig. Man kann die Stufen aus zugesägten, einander überlappend montierten Rundhölzern bauen. Sehr große Stammscheiben könnte man auch wie Stufen überlappend in die Böschung einsenken. Wer kein imprägniertes Holz verwendet, sollte keinesfalls am Holzschutzmittel sparen.

1 Runde Stammscheiben kann man wie Trittsteine auf ebenem Gelände und bei leichten Steigungen verlegen. Zuerst werden sie lose auf die Fläche gelegt. Gehen Sie zur Probe darüber, um zu prüfen, ob sie in bequemen Schrittabständen liegen.

2 Wenn die Anordnung stimmt, mit einem Spaten (am besten einem schmalen) die Konturen der Stammscheiben nachstechen.

3 Grasnarbe für die erste Scheibe ausheben – aber nicht tiefer, als die Scheibe dick ist.

4 Die Scheibe einlegen, um die Höhe zu prüfen. Bei Bedarf noch etwas Erde ausheben oder nachfüllen. Die Scheibe soll rundum bündig mit dem Boden abschließen, damit Sie mit dem Rasenmäher darüberfahren können.

5 Wenn es passt, die Scheibe mit einem Fäustel festklopfen. Lücken am Rand mit Erde füllen und festdrücken, damit die Scheibe nicht verrutscht. Falls nötig, die Scheibe nochmals anheben und ihre Lage korrigieren.

Variationen: Verschiedene Trittflächen und Kanten

Diese beiden Projekte lassen sich auf vielerlei Weise abwandeln. In einem naturnahen Garten kann man Rundhölzer mit großen, flachen Steinen auf den Trittflächen kombinieren (unten rechts). Etwas ordentlicher sehen Stufenkanten aus geraden Brettern und Trittflächen aus Kies (rechts) aus.

RECHTS: *Rustikale Rundhölzer passen nicht zu jedem Gartenstil. Vielleicht gefallen Ihnen gerade Bretter und rosafarbener Kies besser?*

1 Für steilere Böschungen eignen sich Stufen aus halben Rundhölzern. Zuerst zwei kurze Pflöcke in den Boden einschlagen, dann das obere Querholz anbringen.

2 Falls nötig, vorn ein weiteres Querholz befestigen. Kürzere Holzstücke als Seitenstützen verwenden. Auf den Grund der Trittfläche Unkrautvlies legen, dann Rindenmulch, Splitt oder Kies einfüllen.

OBEN: *Rundholz kann unregelmäßig angeordnet oder mit Fremdmaterial kombiniert werden.*

PROJEKT

Pflastern auf Sand

Tipps, Werkzeuge, Material

Schwierigkeitsgrad

- Handwerkliche Grundkenntnisse sollten Sie mitbringen. Das Heben großer Platten erfordert außerdem etwas Kraft.

Der richtige Zeitpunkt

- Jederzeit, wenn der Boden nicht zu nass oder gefroren ist.

Werkzeug

- Wasserwaage, Fäustel oder schwerer Hammer, Gummihammer, Harke, Spaten oder Schaufel, Besen oder Handfeger.

Material

- Quadratische Terrassenplatten aus Beton, Schotter, Maurersand und feiner Sand, gerade Holzlatte, Distanzkeile, Schnur.

Zeitaufwand

- Je nach Größe der Fläche sollten Sie mindestens ein Wochenende einkalkulieren.

In den meisten Gärten ist eine größere befestigte Fläche wünschenswert, um Tisch und Stühle oder bequeme Liegen aufzustellen, oder auch nur, um ebenen Untergrund für Kübel und Kästen zur Verfügung zu haben. Betonplatten sind relativ preiswert, überall zu haben und in verschiedenen »natürlichen« Farbtönen erhältlich. Manche Varianten haben eine strukturierte Oberfläche, die weniger streng aussieht und vor allem für kleine Gärten vorteilhaft ist. Die einfachste Methode besteht darin, die Platten in einem Bett aus Sand zu verlegen. Mörtel ist nicht nötig, besondere Fähigkeiten ebenso wenig. Und wenn später einmal eine Platte angehoben werden muss, ist das auch kein Problem. Platten im Format 50 cm x 50 cm haben ein Gewicht, das eine Person normalerweise bewältigen kann.

1 Die Fläche umgraben und mit einer Harke glätten. Dabei alle Erdklumpen zerkleinern. Danach die Fläche vorläufig einebnen.

2 Eine Schicht Schotter auf der Fläche verteilen, wieder sorgfältig einebnen und verdichten.

3 Die Pflöcke zum Spannen der Schnur einschlagen.

4 Die Schnur am ersten Pflock festbinden.

5 Die Pflöcke müssen gleich hoch aus der Erde ragen, damit die Schnur später exakt auf Höhe der Terrassenplatten verläuft. Die Schnur von Pflock zu Pflock spannen. Sie dient als Orientierung für die Ausrichtung und Verlegehöhe der Platten.

6 Den feinen Sand auf dem verdichteten Schotter verteilen und glatt harken. Die Sandschicht soll etwa 25–50 mm dick sein.

7 Den Sand mit der Holzlatte glatt ziehen. Seine Oberkante soll eine Plattenstärke unter der gespannten Schnur liegen.

8 Die erste Platte auflegen. Die Fläche muss ein leichtes Gefälle haben (immer von Gebäuden weg), damit Regenwasser ablaufen kann. Das Gefälle mit Latte und Wasserwaage kontrollieren.

9 Vier Platten in einer Ecke der Fläche verlegen. Dazwischen Distanzkeile stecken, damit die Fugen gleichmäßig breit ausfallen. Sobald eine Platte rundum von weiteren umgeben ist, können die Keile entfernt werden.

10 Die Latte auf die Platten legen und die Richtung des Gefälles prüfen – immer weg von Gebäuden. Falls nötig, die Platten mit dem Fäustelstiel etwas tiefer in das Sandbett klopfen.

11 Beim Verlegen weiterer Platten auf ein langes Brett knien, um das Sandbett nicht durch das Körpergewicht zu verändern. Zum Schluss die letzten Distanzkeile entfernen, feinen Sand auf die Fläche streuen und in die Fugen fegen. Überschüssigen Sand von der Fläche entfernen.

Tipp

Um vor allem an den Rändern der Fläche nicht zu viele Platten zurechtschneiden zu müssen, zeichnen Sie vorher einen maßstabsgetreuen Verlegeplan, besonders, wenn Sie verschiedene Plattenformate verarbeiten wollen. Manche Hersteller bieten Verlegepläne zum Download an, andere erstellen solche Pläne anhand von Maßen, die ihnen der Kunde nennt.

PROJEKT

Stark strapazierte Flächen pflastern

Tipps, Werkzeuge, Material

Schwierigkeitsgrad

- Etwas handwerkliche Erfahrung ist für dieses Projekt wünschenswert.

Der richtige Zeitpunkt

- Jederzeit während einer trockenen, frostfreien Periode, aber möglichst nicht im Hochsommer.

Werkzeug

- Fäustel, Wasserwaage, Maurerkelle, Fugenkelle, Schaufel, für große Flächen ein Zementmischer.

Material

- Fertigbeton, Plastikplane oder -säcke, Schalbretter, Bretter für Dehnungsfugen, kunststoffvergüteter Zement, Wasser, Distanzkeile.

Zeitaufwand

- Je nach Größe der Fläche sollten Sie mindestens zwei Wochenenden bzw. vier Arbeitstage einplanen.

Wenn eine gepflasterte Fläche viel Gewicht tragen muss, sollte man die Terrassenplatten im Betonbett verlegen. Zuerst muss die Fläche etwa 150 mm tief ausgehoben werden, bei weichem Untergrund noch tiefer. Dann wird eine mindestens 10 cm dicke Betonschicht aufgetragen. Sie können dafür Fertigbeton verwenden oder ihn selbst mischen – aus einem Teil Zement und fünf Teilen einer Mischung aus Maurersand und Kies (Körnung bis 20 mm). Den Rand der ausgehobenen Grube mit Schalbrettern auskleiden, den Beton einfüllen, dann die Oberfläche mit einer Latte, die auf dem Rand der Schalbretter aufliegt, glatt ziehen. Die Fläche sollte ein leichtes Gefälle haben. Alle 3 Meter müssen Dehnungsfugen eingeplant werden. Den Beton mit Plastikplane vor Regen oder Frost schützen, bei heißem Wetter mit feuchtem Sackleinen drei Tage abdecken.

1

3

2

4

1 Damit die Platten gut halten, entlang der Kanten und in der Mitte jeder Platte etwas Mörtel auf das Betonbett geben.

2 Je eine Platte vorsichtig ins Mörtelbett legen und andrücken.

3 Die Platte mit dem Gummihammer oder dem Fäustelstiel festklopfen. Dabei wird der Mörtel verteilt. Gleichmäßig auf der ganzen Fläche klopfen, damit keine Ecke hochsteht.

4 Mit einer Wasserwaage prüfen, ob die Platten gerade liegen. Unebenheiten mit dem Gummihammer ausgleichen.

5 Nach dem Verlegen der Platte das Gefälle prüfen. Distanzkeile zwischen die Platten stecken, damit die Fugen gleichmäßig ausfallen.

6 Mit der Spitze der Fugenkelle den Mörtel in die Fugen drücken, tief nach unten drücken und gut verdichten.

7 Überschüssigen Mörtel mit einer Bürste oder von größeren Flächen mit einem Besen abfegen.

8 Um Flecken auf den Platten zu vermeiden, Mörtelreste mit Wasser und Bürste entfernen, bevor sie antrocknen.

RECHTS: *Die Fugen müssen gleichmäßig und sauber gearbeitet sein. Die Pflasterung hält länger, wenn Sie sich dabei Mühe geben.*

PROJEKT

Terrasse mit Betonpflastersteinen

Tipps, Werkzeuge, Material

Schwierigkeitsgrad

- Etwas Handwerkserfahrung ist für dieses Projekt erforderlich.

Der richtige Zeitpunkt

- Jederzeit, wenn der Boden nicht gefroren oder zu nass ist.

Werkzeug

- Wasserwaage, Hammer, Gummihammer oder Fäustelstiel, Harke, Schaufel, Handfeger.

Material

- Kantenbretter mit Pflöcken, Kantensteine, Schotter bei weichem Untergrund, ein Stück Zaunpfahl zum Verdichten von Unterboden oder Schotter, Maurersand und feiner Sand, Betonpflastersteine.

Zeitaufwand

- Ein Wochenende oder zwei Arbeitstage sind notwendig, bei größeren Flächen auch mehr.

Betonpflastersteine sind noch recht neu auf dem Markt, haben sich aber schnell durchgesetzt, weil die kleinen Steine sich leicht verarbeiten lassen. Sie werden trocken im Sandbett verlegt und müssen nicht verfugt werden. Im Gegensatz zu anderen trocken verlegten Materialien vertragen sie sogar große Gewichtsbelastung, etwa auf Garageneinfahrten. Aus diesem Grund eignen sie sich für alle gepflasterten Flächen im Garten und rings ums Haus. Auf großen Flächen muss das Sandbett aber eine durchgehende Kanteneinfassung haben, damit die Ränder stabil bleiben. Der Sand für den Untergrund sollte etwas gröber sein. Falls viele Steine geschnitten werden müssen, sollten Sie sich ein hydraulisches Gerät für diesen Zweck leihen. Man kann sie auch mit Breitmeißel und Fäustel teilen, aber dabei brechen sie nicht immer genau dort, wo sie sollen.

1 Alle Kanten der zu pflasternden Fläche mit Kantenbrettern oder Kantensteinen befestigen.

2 Mit einer Wasserwaage prüfen, ob alle Kanten auf gleicher Höhe liegen.

3 Sand auf die Fläche schütten. Damit die Steine bündig mit den Kanten abschließen, die Höhe eines Steins abmessen und die Sandfläche auf diese Höhe stampfen. Dabei auf ein leichtes Gefälle achten.

4 Vor dem Verlegen der Steine nochmals prüfen, ob die ganze Sandfläche vollkommen glatt ist.

5 Mit dem vorgesehenen Verlegemuster an einer Ecke des Sandbetts anfangen.

6 Die Pflastersteine mit einem Gummihammer festklopfen.

7 Von der Ecke ausgehend weitere Pflastersteine anlegen.

8 Wenn eine Teilfläche fertig ist, die Oberfläche kontrollieren und hochstehende Steine nochmals festklopfen. Steine, die zu tief liegen, mit etwas Sand unterfüttern und so anheben.

9 Auf die fertige Fläche feinen Sand streuen und in die Fugen fegen. Überschüssigen Sand entfernen. Wenn die Fläche stark strapaziert werden soll, leihen Sie sich zum Verdichten eine Rüttelplatte.

RECHTS: *Auch bei Betonpflastersteinen ist es wichtig, auf saubere, gleichmäßige Fugen zu achten.*

PROJEKT

Terrasse mit Bruchsteinplatten

Bruchsteinplatten oder Polygonalplatten sind unregelmäßig geformt und müssen beim Verlegen ähnlich wie Puzzleteile zusammengefügt werden. Die Zwischenräume werden mit Mörtel verfugt. Bruchsteinpflaster kann sehr attraktiv aussehen, wenn es sorgfältig verlegt und verfugt ist. Eine alte Betonfläche wäre ein idealer Untergrund für eine Garageneinfahrt oder einen Autostellplatz. Für geringer belastete Flächen wie eine Terrasse oder einen Gartenweg genügt Schotter als Untergrund. Zuerst werden an den Rändern Steine mit einer (relativ) geraden Kante verlegt. Zwischendurch prüfen Sie mit einer langen Latte, ob die Fläche eben ist und ein ausreichendes Gefälle hat, damit Regenwasser ablaufen kann. Immer nur eine kleine Fläche mit Mörtel bedecken, sonst kann er antrocknen, bevor passende Platten gefunden und verlegt sind.

Tipps, Werkzeuge, Material

Schwierigkeitsgrad

- Etwas Handwerkserfahrung ist für dieses Projekt wünschenswert.

Der richtige Zeitpunkt

- Jederzeit, wenn das Wetter trocken ist und kein Frost droht. Der Hochsommer ist für solche Vorhaben eher ungünstig.

Werkzeug

- Fäustel, Wasserwaage, Latte, Maurerkelle, Fugenkelle, Schaufel, bei größeren Flächen ein Zementmischer.

Material

- Bruchstein- oder Polygonalplatten, Fertigzement oder Sand und Zement.

Zeitaufwand

- Mindestens ein Wochenende bzw. zwei Arbeitstage, bei größeren Flächen auch mehr.

1 Um eine Platte durchzubrechen oder ihre Passform zu verbessern, klemmen Sie sie zwischen zwei flache Steine und schlagen fest mit dem Hammer dagegen. Am besten zuerst mit einigen nicht so schönen Stücken üben.

2 Für dieses Pflaster ist eine solide Unterlage notwendig. Etwas Mörtel auf dem Beton verteilen und mit einer Maurerkelle glatt streichen.

Farbkontraste und strengere Muster

Wer Bruchsteinpflaster zu unruhig findet, sollte sich einmal industriell hergestelltes Polygonalpflaster ansehen. Diese Platten lassen sich exakter zusammenfügen, sodass gleichmäßige Fugen und grafische Muster entstehen. Sie werden in verschiedenen Farben angeboten, die man auch zu fantasievollen Mustern kombinieren kann.

RECHTS: *Industriell gefertigte Polygonalplatten sehen geordneter aus als Bruchsteinplatten (siehe unten rechts).*

3 Beim Verlegen die Formen und Größen so aussuchen, dass die Steine harmonisch zusammenpassen und die Fugen gleichmäßig ausfallen und einen attraktiven Verlauf nehmen. Steine mit teils geraden Kanten möglichst für den Rand der Fläche verwenden.

4 Jeweils auf den Grund, auf den die nächste Platte gelegt werden soll, etwas frischen Mörtel geben und verstreichen. Sofort die Platte auflegen und andrücken. So haftet die Platte gut, und der Mörtel kann nicht antrocknen.

5 Falls Sie zu viel Mörtel verwendet haben und die Platte zu hoch liegt, heben Sie sie wieder an und entfernen etwas Mörtel.

5

6

6 Die Platten mit dem Gummihammer festklopfen. Die Platten brechen leicht, darum ist es wichtig, vorsichtig und zunächst behutsam über die ganze Fläche verteilt zu klopfen.

7 Zwischendurch mit der Wasserwaage prüfen, ob die Fläche eben ist und ein leichtes Gefälle aufweist. Falls nötig, einzelne Platten anheben und etwas Mörtel entfernen oder zusätzlichen darunter verteilen.

7

8 Die Platten weiterhin in einem sorgfältigen Muster verlegen. Im Verlauf immer wieder die Wasserwaage auf eine lange Latte legen, um zu prüfen, ob alles eben ist. Vergessen Sie das Gefälle nicht!

9 Den Mörtel über Nacht abbinden lassen, erst dann die Lücken zwischen den Platten verfugen. Dazu verwenden Sie Mörtel und eine Fugenkelle. Damit Wasser gut abfließen kann, drücken Sie den Mörtel leicht V-förmig in die Fugen ein.

10 Den überschüssigen Mörtel abfegen, damit er keine Verfärbungen oder Flecken auf den Platten verursacht.

Bruchsteinplatten und Bepflanzung

Zur Auflockerung von Terrassen oder Treppen mit Bruchsteinplatten empfehlen sich Bodendecker, die direkt an die Pflasterkanten gesetzt werden können. Sie passen sich gut in die Gestaltung ein und verbessern zudem den Abfluss von Regenwasser. Sehr schön kann es auch aussehen, hier und da eine Platte auszulassen und stattdessen Kies oder Splitt einzufüllen, unter den Blumenzwiebeln gepflanzt werden. Im Frühling entstehen dann blühende Inseln inmitten der gepflasterten Fläche. Zuerst im ausgesparten Bereich etwas Erde ausheben, die Blumenzwiebeln verteilen und mit einer drehenden Bewegung andrücken, damit keine Lufteinschlüsse entstehen. Erde bis knapp unter das Niveau der Platten auffüllen und mit einer Schicht Splitt abdecken. Wenn die Zwiebelblumen verblüht sind, lockern die kleinen Splittflächen die Pflasterung optisch auf.

RECHTE SEITE: *Planen Sie bei Bruchsteinplatten die Pflanzen von Anfang ein. Sie „verwischen" die Konturen und kontrastieren mit der harten Oberfläche.*

Rasen, Decks und dekorative Flächen

In diesem Kapitel geht es um Alternativen zu gepflasterten Flächen. Der Schwerpunkt liegt dabei auf »weichen«, natürlichen Materialien – vom konventionellen Rasen über Pflanzenvarianten zur Flächendeckung bis hin zu Holzdecks.

Um Kontraste zwischen verschiedenen Gartenbereichen zu schaffen, kann es schon genügen, verschiedene Flächeneffekte zu wählen. Rasen wirkt ästhetischer, wenn er eine ansprechende Form hat, die durch eine Kanteneinfassung noch betont werden kann. Ein Holzdeck ist nicht nur praktisch, sondern kann unschönen Untergrund verstecken.

für dekorative Flächen

Rasengestaltung

Abwechslung und Dynamik entsteht durch den Kontrast zwischen vertikalen Elementen wie hohen Beetpflanzen, Bäumen und Kübelpflanzen einerseits und horizontalen Flächen wie Pflasterungen, Terrassen, Teichen und Rasen andererseits. Rasenflächen werden meist in der Mitte des Gartens angelegt, um ein Gefühl von Weite zu erzeugen. Das gelingt am besten mit schlichten geometrischen Formen. Enge Kurven dagegen sehen unruhig aus und lassen sich schlecht mähen. Ein großer Rasen lässt sich aufwerten, indem man ihm eine klare Form gibt, vielleicht überlappende Kreise oder Rechtecke, die mit Kantensteinen eingefasst werden. Um »Laufstraßen« zu vermeiden, sollte er ausreichend breit sein. Alternativ können Trittsteine mitten über die Fläche oder am Rand verlegt werden, um ihn bei jedem Wetter begehen zu können.

OBEN RECHTS: *Dieser kleine Steingarten mit exotischen Sukkulenten sieht interessant aus und ist eine schöne Alternative zu Bodendeckern.*

UNTEN: *Statt Golfrasen eine blühende Wildblumenwiese mit Langgräsern – warum nicht?*

Rasensorten

Es gibt verschiedene Saatmischungen für Rasen, darunter schattenverträgliche Sorten, besonders strapazierfähige für den Familiengarten und sogar trockenheitstolerante.

Tolerieren Sie in einem viel benutzten Rasen ruhig heimische Wildpflanzen (sogenannte Unkräuter), denn sie verhindern, dass er bei Trockenheit schnell gelb wird. Wer Mäharbeit sparen will, lässt auf einer Teilfläche das Gras höher wachsen und pflanzt dazwischen Zwiebelblumen. Saatmischungen für Wildblumenwiesen locken viele nützliche Insekten an.

Kiesgärten

In einem kleinen Garten ist Kies, auf einem Unkrautvlies verteilt, eine pflegeleichte Alternative zu Rasen. Splitt wirkt etwas härter, weil er kantig und spitz ist. Für die meisten Gärten empfehlen sich Kiesel in gedämpften Braun- und Grautönen, während goldbrauner Kies oder Flintstein besonders gut zu Anlagen im mediterranen Stil passt. Die Korngröße sollte etwa 19 mm betragen, damit der Kies gut liegt und nicht durch den Garten »wandert«.

Wie ein Rasen eignet sich auch eine Kies- oder Splittfläche, um eine ebene, freie Fläche im Herzen des Gartens anzulegen, die einen Kontrast zu den unregelmäßigen Formen der Pflanzen bildet. In japanischen Trockengärten wird sehr feiner Kies als Ersatz für Wasser eingesetzt. Die Oberfläche kann zu einem Wellenmuster geharkt werden, als Begrenzung dienen größere Steine oder eine Kante aus kurzen Bambusstücken. Besonders schön wirkt so ein japanischer »Teich« an einem schattigen Platz inmitten von immergrünen Farnen, Bergenien, Bambus und panaschierten Seggen.

In sonnigen Kiesgärten gedeihen bodendeckende alpine Pflanzen, größere Sträucher aus dem Mittelmeerraum sowie große Gewächse wie Ziergräser und Neuseeländer Flachs. Auf ebenem Gelände könnte man auch Gruppen größerer Findlinge integrieren oder eine oder zwei riesige Vasen aufstellen. Die Pflanzen ordnet man am besten zu inselartigen Gruppen aus wenigen Arten an, beispielsweise niedrige Bodendecker wie Thymian in Kombination mit Polster bildenden Kapkörbchen *(Osteospermum)* oder *Rhodantemum*. Um den Blick nach oben zu lenken, empfehlen sich mittelhohe Gräser wie Blaustrahl-Wiesenhafer *(Helictotrichon sempervirens)* oder die kupferfarbige Bronze-Segge *(Carex flagellifera)*. Als Blickfang genügt dann eine ausgefallene Pflanze wie eine Keulenlilie *(Cordyline australis)* oder ein Neuseeländer Flachs *(Phormium)*. Frauenmantel *(Alchemilla mollis)* und andere Arten, die sich reichlich selbst aussäen und auch im Kies keimen, sollten Sie aber meiden. Der Kies kann geschwungene Wege zwischen den Pflanzeninseln bilden.

Alternativen zu Gras

Im Schatten unter Bäumen und Sträuchern gedeiht Gras schlecht. Auch Bereiche, die sehr trocken oder mit dem Mäher schlecht erreichbar sind, eignen sich nicht gut für Rasen. Und für sehr kleine Flächen lohnt sich oft der Pflegeaufwand nicht. Wie wäre es stattdessen mit einem Kräuterrasen?

Schatten

- *Cotoneaster adpressus* (Kriechende Zwergmispel)
- *Cotoneaster dammeri* (Teppich-Zwergmispel)
- *Hedera helix* (Efeu)
- *Mentha pulegium* (Polei-Minze)
- *Mentha requienii* (Korsische Minze)
- *Ophiopogon planiscapus* (Schlangenbart)
- *Soleirolia soeirolii* (Bubikopf) (wenn frostgeschützt)

Sonne und durchlässiger Boden

- *Acaena microphylla* (Braunblättriges Stachelnüsschen)
- *Chamaemelum nobile* 'Treneague' (Rasenkamille)
- *Festuca glauca* (Blauschwingel)
- *Juniperus squamata* 'Blue Carpet' (Schuppen-Wacholder)
- *Sedum spurium* (Kaukasus-Fetthenne) und andere
- *Sempervivum* Arten und Sorten (Dachwurz)
- *Thymus serpyllum* 'Pink Chintz' (Sand-Thymian)

OBEN, IM UHRZEIGERSINN VON OBEN LINKS: *Polei-Minze, Dachwurz, Kaukasische Fetthenne, Kleines Immergrün*

LINKS: *Ein Garten im japanischen Stil mit einem »Fluss« aus geharktem Kies, in dem große Findlinge eine Insel bilden.*

für dekorative Flächen

Flusskiesel und Katzenköpfe

Wie viele Arten von Natursteinpflaster werden auch Kiesel und Katzenköpfe bei Nässe dunkler, ihre Farben und Strukturen treten deutlicher hervor. Ihre runde Form wirkt sehr ansprechend und bildet einen interessanten Kontrast zu anderen Oberflächenmaterialien wie Kies, Natursteinplatten oder Holz, aber auch zu glatten Betonplatten, modernem Metall oder glasierter Keramik.

Woher nehmen?

Flusskiesel sind teuer, und es ist an vielen Küsten verboten, sie zu sammeln. Holen Sie am besten bei mehreren Händlern Angebote ein. Gewöhnliche graue und braune Kiesel passen zu fast allen Gartenstilen und wirken sehr natürlich, fast wie ein Strand. Es gibt auch dekorative Kiesel und Steine in glänzendem Schwarz, strahlendem Weiß oder geschecktem Granitgrau. Sie eignen sich am besten für moderne oder asiatische Gärten, aber auch für interessante Muster und Mosaiken.

Verschiedene Effekte

Kiesel könnte man einfach in den Ecken einer Kiesterrasse aufschütten, als habe das Wasser sie dort wie am Meer angespült und zurückgelassen. Interessant sieht auch ein flacher Folienteich aus, in dem die Kiesel sichtbar unter Wasser liegen. Größere, rundliche Steine eignen sich gut, um den Deckel eines unterirdischen Reservoirs für ein Wasserspiel zu verdecken. Man kann sie als »Mulch« auf Hochbeeten verteilen oder einfach als optische Abwechslung zur glatten Fläche eines Holzdecks oder einer Fläche mit Platten einsetzen. Um Unkrautwuchs einzudämmen, verteilt man sie am besten auf einem wasserdurchlässigen Vlies oder auf einer trockenen Mörtelmischung. Auf losen Kieseln kann man nicht gut gehen, Trittsteine oder ein »Weg« aus Eisenbahnschwellen schaffen Abhilfe.
Ein leicht erhöhter Holzweg über den Kieseln verbreitet maritime Stimmung und eignet sich gut als Verbindung zwischen einem Holzdeck und anderen Gartenbereichen.

LINKS: *Kiesel sind ein attraktiver und vielseitiger Bodenbelag. Man kann sie lose verteilen, mit trockenem Mörtel leicht fixieren oder dekorative Muster und Motive gestalten, die im Mörtelbett verlegt und anschließend verfugt werden.*

UNTEN: *Wenn Kiesel und größere Katzenköpfe feucht sind, treten ihre Farben und Strukturen deutlicher hervor, darum sehen sie im Wassergarten so hübsch aus.*

Kieselmosaik

Mit einer einfachen Technik (Seite 82–85) können Sie eindrucksvolle Muster auf Wegen und Terrassen gestalten. Mosaiken mit figürlichen Motiven wie einer Blume, einer Sonne oder einem Stern passen zu ländlichen und mediterranen Gärten, aber auch zu älteren Häusern. In einem modernen Garten sehen abstrakte oder geometrische Muster aus schwarzen und weißen Kieseln stimmig aus. Man kann Mosaiken als rechteckige oder quadratische Felder in Wege und Terrassen einfügen, aber auch als »Rahmen« für Dekoelemente wie eine Sonnenuhr, einen Springbrunnen oder sogar eine Laube gestalten.

Holzdecks

Holzdecks sind eine gute Möglichkeit, zusätzliche Stellfläche zu gewinnen und in einem völlig ebenen Garten durch den entstehenden Niveauunterschied für Abwechslung zu sorgen. Ein Deck, das sich direkt an eine Außentür anschließt, schafft einen fließenden Übergang zwischen Haus und Außenbereich. Und ragt das Deck über den Teichrand, entsteht die Illusion, über einem Fluss zu sitzen.

Veränderungen in der Verlegerichtung der Bretter wirken lebendig. Ein quadratisches oder rechteckiges Deck ist am einfachsten zu bauen, aber interessanter sieht es aus, wenn man Formen verbindet oder das Deck auf zwei Ebenen anlegt. Eine Anleitung zum Bau eines Holzdecks finden Sie auf den Seiten 70–73. Sie sollten es nicht im Schatten errichten, denn dort siedeln sich schnell Algen an, die das Holz gefährlich rutschig werden lassen.

UNTEN: *Material und Bauweise dieses Decks sind einfach, aber die runde Form ist ungewöhnlich. Betont wird die Form durch die gekrümmte Wand im Hintergrund und den Wasserkanal vorn.*

Pflanzen und Kiesel

Rundliche Katzenköpfe passen zu Pflanzen mit schmalen oder lanzettförmigen Blättern. Laub abwerfende Pflanzen sind ungünstig, weil abgefallene Blätter zeitnah aufgelesen werden müssen.

OBEN: *Farne, große Kiesel und Wasser vermitteln Waldatmosphäre: elegant und dabei sehr natürlich.*

- *Agapanthus* (Schmucklilie)
- *Astelia chathamica*
- *Calamagrostis* x *acutiflora* 'Overdam' (Moor-Reitgras)
- *Carex buchananii* (Fuchsrote Segge)
- *Fargesia murielae* (Schirm-Bambus)
- *Iris* (Bartiris und Sibirische Iris)
- *Libertia grandiflora* (Andeniris)
- *Miscanthus sinensis* (Chinaschilf)
- *Pennisetum alopecuroides* und Sorten (Japanisches Federborstengras)
- *Phormium* (Neuseeländer Flachs)
- *Phyllostachys*, Arten und Sorten (Bambus)
- *Stipa gigantea* (Riesenfedergras)

Projekt

Rollrasen verlegen und in Form bringen

Tipps, Werkzeuge, Material

Schwierigkeitsgrad
- Für dieses einfache Projekt brauchen Sie keine besonderen Kenntnisse.

Der richtige Zeitpunkt
- Gehen Sie bei schönem Wetter an die Arbeit, wenn der Untergrund für den Rollrasen trocken und leicht zu bearbeiten ist.

Werkzeug
- Harke, scharfer Spaten oder Halbmondspaten, Holzlatte, Wasserwaage, langes Holzbrett als Trittfläche, Besen oder Handfeger.

Material
- Rollrasen – messen Sie die Fläche genau aus und erfragen Sie beim Händler, wie viele Rollen Sie benötigen.

Zeitaufwand
- Je nach Größe der Fläche benötigen Sie 1–2 Tage bzw. ein Wochenende.

Rollrasen hat den Vorteil, dass man das Ergebnis seiner Arbeit sofort sieht. Man kann ihn gleich behutsam betreten, aber wirklich benutzen sollte man ihn erst nach einigen Wochen, wenn er richtig angewachsen ist. Das Verlegen ist einfach. Mehr Zeit nimmt die sorgfältige Vorbereitung in Anspruch, die aber unbedingt notwendig ist, damit der Rasen gedeiht und lange hält. Der große Vorzug von Rollrasen ist, dass man nicht warten muss, bis die Samen keimen. Natürlich hat so ein grüner, lebender Teppich von der Rolle seinen Preis, aber dafür kann man mit ihm ein braunes Stück Erde im Handumdrehen in einen leuchtend grünen Rasen verwandeln. Mit sauber geformten, vielleicht im Bogen verlaufenden Kanten sieht der Rasen gleich noch schöner aus – und auch das lässt sich mit wenig Werkzeug und etwas Geduld leicht bewerkstelligen.

1 Den Boden zuerst mit Spaten oder Grabgabel und Harke sorgfältig einebnen. Die Oberfläche festtreten. Es ist wichtig, diese Vorarbeiten gewissenhaft und sorgfältig auszuführen.

2 Die erste Rolle am Rand der Fläche ausrollen, im Idealfall entlang einer geraden Wegkante. Alternativ können Sie eine Schnur spannen. An der Kante möglichst wenig schneiden oder stückeln.

3 Die Ansätze der Rollen sollten von Reihe zu Reihe versetzt liegen, damit die Fläche schnell dicht wird.

4 Beim Ansetzen einer neuen Rolle keinen Zwischenraum lassen. In solchen Lücken können sich sonst leicht Unkräuter ansiedeln.

5 Buckel in der Rasenfläche mit einer Grabgabel herunterdrücken. Dadurch wird die Fläche ebener und vor allem braucht der Rollrasen dichten Kontakt mit dem darunter liegenden Erdreich.

6 Falls Lücken entstehen, streuen Sie Erde hinein und drücken Sie sie mit einem Besen fest zwischen die Rollrasenbahnen.

7 Die Kanten mit einem Halbmondspaten in der gewünschten Form abstechen.

8 Wenn alle Rollen verlegt und die Kanten abgestochen sind, wird die ganze Fläche durchdringend mit einer Gießkanne oder einem Schlauch durchfeuchtet.

5

7

6

8

PROJEKT

Trittsteine im Rasen verlegen

Tipps, Werkzeuge, Material

SCHWIERIGKEITSGRAD

- Sie brauchen keine besonderen Kenntnisse, aber etwas Kraft zum Heben der Platten.

DER RICHTIGE ZEITPUNKT

- Am besten bei schönem Wetter, wenn der Boden trocken ist. Nass und matschig sollte der Boden nicht sein, sonst wird die Arbeit mühsam und schmutzig.

WERKZEUG

- Scharfer Spaten, Besen oder Handfeger (je nach Größe der Platten).

MATERIAL

- Feiner Sand oder Kies zum Niveauausgleich, kleine Terrassenplatten oder flache Natursteinplatten, feine Gartenerde (trocken), etwas Grassamen für die Lücken.

ZEITAUFWAND

- Je nach Anzahl der Trittsteine 1–2 Tage.

Manche Rasenflächen sehen makellos aus – wahrscheinlich, weil ihre Besitzer sich viel Zeit für die Pflege nehmen und das Gras nur selten betreten. Die meisten Gärtner laufen aber regelmäßig über ihren Rasen, sodass sich mit der Zeit unansehnliche, abgenutzte Stellen bilden. Auf kleinen Rasenflächen ist der Anteil solcher Gebrauchsspuren normalerweise höher und auffälliger als auf großen, denn hier hat man gar keine andere Wahl, als quer über den Rasen zu gehen, wenn man zum Schuppen oder zur Wäscheleine will. Im Winter werden abgenutzte Stellen im Rasen schlammig – und den Schlamm trägt man ins Haus. Im Sommer kann das strapazierte Gras nicht schnell genug nachwachsen. Dann siedeln sich auf den dünnen Stellen Moos und Unkräuter an, und der Rasen sieht ungepflegt aus. Und was kann man da tun? Trittsteine verlegen!

1

3

2

4

1 Um eine »Laufstraße« auf einem kleinen Rasen zu vermeiden, werden Trittsteine ins Gras eingebettet. Die Platten auf den Rasen legen und die Konturen mit dem Spaten abstechen.

2 Die Platte anheben und die Grasnarbe sauber abheben. (Das ist einfacher, wenn die Platte einige Tage auf dem Rasen liegen bleibt, weil dann das Gras darunter gelb wird.)

3 Die Platte probeweise einlegen. Steht sie zu hoch, muss noch etwas Erde ausgehoben werden – möglichst gerade und gleichmäßig. Liegt sie zu tief, etwas Kies einstreuen. Die Platte sollte ganz knapp unterhalb des Bodenniveaus liegen, damit man problemlos mit dem Rasenmäher darüberfahren kann.

4 Die Platte gut andrücken. Wenn die Kanten sauber und gerade abgestochen wurden, kann sie nicht verrutschen. Falls nötig, die Platte mit dem Fuß fest andrücken.

5 In die Lücken zwischen Platte und Rasen Erde fegen und Grassamen daraufstreuen.

6 Vor der Benutzung einige Tage warten, damit sich die Platten setzen und das Gras nachwachsen kann.

RECHTS: *Anstelle von Terrassenplatten kann man auch flache Steine oder Katzenköpfe verwenden.*

PROJEKT

Dekorative Rasenkante

Rasenmähen und das Abstechen der Kanten sind Arbeiten, die viel Zeit kosten. Wer eine Mähkante verlegt, kann das Abstechen künftig vergessen. Man verlegt dafür spezielle Kantensteine oder auch Ziegel oder Betonpflastersteine knapp unter Rasenniveau, sodass man einfach mit dem Mäher über sie fahren kann. Kantensteine oder Betonpflastersteine sehen in modernen, geradlinig gestalteten Stadtgärten gut aus. Im Mörtelbett verlegte Ziegel eignen sich zum Einfassen runder oder kurviger Rasenflächen. Die keilförmigen Lücken können anschließend ausgefugt werden. In naturnahen Gärten, in denen Sommerstauden über die Beetkante hängen, empfiehlt sich eine noch breitere Einfassung aus Naturstein- oder Betonplatten.

Tipps, Werkzeuge, Material

SCHWIERIGKEITSGRAD

- Für dieses Projekt brauchen Sie keine besonderen Kenntnisse.

DER RICHTIGE ZEITPUNKT

- Am besten bei schönem Wetter, wenn die Rasenkanten trocken sind und sich gut bearbeiten lassen.

WERKZEUG

- Scharfer Spaten, kleine Schaufel, Gummihammer, Holzlatte, Wasserwaage, Besen oder Handfeger.

MATERIAL

- Ziegel, Pflastersteine oder Platten, Sand und Zement oder Fertigzement für das Mörtelbett, Sand oder trockene Mörtelmischung zum Einfegen in die Fugen und die Lücken am Rasen.

ZEITAUFWAND

- Je nach Länge der Kante sollten Sie 1–2 Tage einplanen.

1 Die Ziegel, Platten oder Pflastersteine an der Rasenkante auslegen und ihre Kontur mit einem scharfen Spaten oder Kantenstecher abstecken.

2 Den abgestochenen Rasen aufnehmen. Dabei soll eine möglichst gerade Kante entstehen.

3 Etwas Sand zum Einbetten der Kantensteine auf der freigelegten Erde verteilen.

4 Mit einer kleinen Schaufel oder Blumengabel etwas trockenen Fertigzement unter den Sand mischen. Der Großteil des Zements muss auf dem Sand bleiben.

5 Die Steine verlegen und mit einem Gummihammer festklopfen. Zwischendurch mit der Wasserwaage kontrollieren, ob sie gerade liegen.

6 Lücken zwischen Rasen und Steinen mit Sand ausfüllen und sorgfältig hineindrücken.

7 Den restlichen Sand in die Fugen fegen.

LINKS: *So eine breite Natursteinkante hat ihren Preis, sieht aber edel aus. Ziegel oder Betonpflastersteine sind preiswerter. Wichtig ist die Verlegehöhe: Man muss bequem mit dem Rasenmäher darüberfahren können.*

Saubere Kanten

Damit der Rasen nicht über die Kantensteine wächst, sollten Sie seine Kante ab und zu mit einem Trimmer oder Kantenschneider stutzen. Alternativ können Sie die Kanten auch mit einem Spaten oder Halbmondspaten freistechen. Gelegentlich sollten Sie die Kantensteine reinigen und verwitterte Steine ersetzen.

OBEN: *Die gestufte Rasenkante aus alten Ziegelsteinen dient gleichzeitig als praktische Beeteinfassung.*

PROJEKT

Kamille- und Thymianrasen

Tipps, Werkzeuge, Material

Schwierigkeitsgrad

- Für dieses Projekt brauchen Sie keine besonderen Kenntnisse.

Der richtige Zeitpunkt

- Jederzeit, wenn der Boden nicht nass oder schlammig ist.

Werkzeug

- Harke oder Laubrechen, Spaten oder Schaufel, Handschaufel, Gießkanne.

Material

- Für Standorte in der Sonne mit guter Dränage: z.B. *Thymus* 'Doone Valley', *Chamaemelum nobile* 'Treneague'. Für Schatten: *Soleirolia soleirolii*, *Mentha requienii*; Katzenköpfe oder kleine Findlinge, Sand zum Auflockern des Bodens für sonnenhungrige Pflanzen, organische Substanz zur Verbesserung des Wasserhaltevermögens für Schattenpflanzen.

Zeitaufwand

- 1–2 Tage, je nach Größe der Fläche.

Variationen in Höhe und Textur sind ein Merkmal guter Gartengestaltung. Große Rasenflächen können recht langweilig aussehen, aber wenn man Inselbeete oder Blumenrabatten anlegt, muss man auch Zeit haben, sie zu pflegen. Das ist vor allem in Vorgärten ein Kriterium, denn sehr angenehm ist die Gartenarbeit unter den Blicken von Passanten ja nicht. Wer größere gepflasterte Bereiche auflockern will, könnte einzelne Flächen mit niedrigen, immergrünen Kräutern wie Thymian oder Rasenkamille bepflanzen, die nicht gemäht werden müssen. Viele dieser Pflanzen gedeihen sogar auf mageren Böden, auf denen Gras schwächeln würde. Im Schatten von Gebäuden oder unter Bäumen, wo der Boden nicht nur schattig, sondern trocken und verwurzelt ist, tut sich Gras ebenfalls schwer. Für solche Standorte empfiehlt sich grüner oder weiß panaschierter Efeu.

1 Den Boden umgraben, falls nötig. Dann mit Harke oder Laubrechen glätten.

2 Eine Schicht Kompost auf dem Boden verteilen und einarbeiten. Sie erleichtert den Pflanzen das Anwachsen.

3 Ein paar Handvoll Kies oder groben Sand aufstreuen. Er verbessert die Dränage, was für viele Bodendecker wichtig ist.

4 Die Pflanzen bereitstellen. Für die erste mit der Handschaufel ein Pflanzloch ausheben.

5 Die erste Pflanze aus dem Topf nehmen und die Tiefe des Lochs prüfen. Bei Bedarf tiefer ausheben oder etwas Erde einfüllen.

6 Die Pflanzen in gleichmäßigen Abständen einsetzen, die Erde mit den Fingern rund um den Wurzelballen gut festdrücken.

Alternativen zum Rasengras

Manche Thymian- und Kamillenarten sind so robust, dass man sie flächig wie einen Rasen pflanzen kann, nicht nur als kleine »Inseln« zum Auflockern von Kies- und Pflasterflächen. Wichtig sind durchlässiger Boden und viel Sonne. Reichlich Kies untergraben, um die Dränage zu verbessern.

OBEN: *Trittfeste Thymian- oder Kamillenarten können auch kombiniert werden.*

RECHTS: *Die Struktur und das frische Grün der Kamille bilden einen schönen Kontrast zu den umgebenden Kiesflächen.*

7 Die Pflanzen mit einer Gießkanne mit Brausevorsatz gründlich angießen. Thymian und Kamille sind empfindlich, bis sie richtig angewachsen sind, darum brauchen sie in den Tagen nach der Pflanzung etwas Aufmerksamkeit und Pflege.

8 Kiesel und Katzenköpfe um die Pflanzen verteilen. Sie sehen attraktiv aus, dienen aber auch dazu, wie eine Mulchschicht die Keimung von Unkrautsamen zu verhindern.

Vielseitiger Thymian

Thymian ist eine ungemein nützliche und vielseitige Gartenpflanze, weil es ihn in so vielen Sorten und Farben gibt. Je nach Sorte bilden die kleinen Blätter flache Teppiche (oben), niedrige Hecken (unten) oder rundliche Polster (ganz unten).

Thymian ist ein idealer »Weichzeichner« für harte Konturen von Mauern, Wegen und Kübelrändern. Die Triebe robuster, kriechender Sorten wurzeln, wo immer sie den Boden berühren.

OBEN: *Wenn die Pflanzen gut angewachsen sind, kann man den duftenden Kräuterrasen sogar betreten.*

RECHTE SEITE: *Diese Thymian- und Kamillenpflanzen sind schon größer und verdecken die Steine teilweise. Gegen den Kies hebt sich das Kräuterrad gut ab.*

PROJEKT

Ein Holzdeck bauen

Tipps, Werkzeuge, Material

Schwierigkeitsgrad

- Mittel. Für dieses Projekt sollten Sie etwas Erfahrung in der Holzverarbeitung mitbringen.

Der richtige Zeitpunkt

- Jederzeit, am besten allerdings im Frühling oder Sommer.

Werkzeug

- Holzwerkzeug (Grundausstattung) einschließlich Säge und Hammer.

Material

- Kanthölzer aus imprägniertem Nadelholz, Querschnitt 50 mm x 75 mm bis 75 mm x 75/100 mm. Dielen nach Belieben (breite Dielen für große Decks, schmale Dielen für kleine). Verzinkte Nägel.

Zeitaufwand

- Mindestens 2–4 Tage.

Ein Holzdeck ist eine Alternative zu Steinen und Platten. Wegen der Unterkonstruktion aus stabilen Balken kann man es über eine oder mehrere Ebenen bauen, beispielsweise auch an Böschungen, an Teichufern oder über Bachläufen. Wenn Sie sich einen Platz für ein Holzdeck vorstellen können, gibt es keinen Grund, warum es nicht zu realisieren wäre. Das Geheimnis ist eine durchdachte Unterkonstruktion. Sie muss stabil genug sein, um Bewegung durch Begehen zu verkraften und das Gesamtgewicht der Menschen zu tragen, die das Deck nutzen werden. Natürlich muss sie auf der gesamten Fläche des Decks eben sein. Die tragenden Querbalken werden in Abständen von 375 mm bis 600 mm montiert – abhängig von ihrem Querschnitt und der Dicke der darauf befestigten Gesamtfläche. Dielen für Holzdecks sind in verschiedenen Stärken und Breiten erhältlich.

1 Die Fläche des Decks mit Kreide, weißer Farbe aus der Sprühdose oder Pflöcken und Schnur markieren. Hier wird in einer Gartenecke ein Deck mit dreieckiger Grundfläche gebaut. Die Grundfläche des Decks errechnen und die entsprechende Menge Kanthölzer und Dielen bestellen. Kaufen Sie mindestens 10 Prozent mehr Material, denn etwas Verschnitt wird sich nicht vermeiden lassen.

2 Das Gelingen des Decks hängt entscheidend davon ab, ob der erste Tragbalken gerade verläuft. Ein leichtes, kaum wahrnehmbares Gefälle ist sinnvoll, damit Wasser ablaufen kann. Dielen mit Rillen müssen in der Richtung des Gefälles verlegt werden.

3 Unter dem Deck Vlies oder Folie auslegen, um Unkrautwuchs zu unterdrücken, und dieses feststecken.

4 Zuerst alle Balken an den äußeren Rändern des Decks anbringen. Die sichtbaren Außenkanten später mit Dielen verkleiden.

5 Die Tragebalken auf der ganzen Fläche in gleichmäßigen Abständen montieren. Für die Größe der Abstände spielen Länge und Stärke der Dielen eine Rolle. In Bodensenken die Balken in regelmäßigen Abständen mit Verschnittholz abstützen.

Hartholz oder Weichholz?

Holz im Außenbereich muss haltbar sein, Witterungseinflüssen und Pilzbefall widerstehen. Viele Harthölzer sind von Natur aus wetterfest, aber recht teuer. Weichholz ist überall zu bekommen, wesentlich preiswerter und leicht zu verarbeiten. Wer es im Außenbereich verwenden will, sollte aber unbedingt eine kesseldruckimprägnierte Qualität kaufen.

OBEN: *Viele Decks werden aus gelblichem, kesseldruckimprägniertem Holz gebaut.*

RECHTS: *Hartholz gibt es in vielen Farbtönen. Es ist teurer und schwieriger zu verarbeiten.*

6 Zur Rationalisierung können mehrere lose liegende Dielen in einem Arbeitsgang zurechtgesägt werden.

7 Verlegt wird eine Dielenbahn nach der anderen. Stöße an den Stirnseiten müssen versetzt liegen.

8 Verarbeiten Sie auch kurze Stücke. Die Dielen sind teuer, darum sollten Sie den Verschnitt so gering wie möglich halten.

9 Falls an Gebäudeecken Ausschnitte nötig sind, legen Sie Verschnittstücke lose auf die Balken, zeichnen die Konturen des Ausschnitts an und übertragen sie dann auf die Dielen.

10 Die Balken immer gerade montieren. Als Orientierung dient immer der vorderste Balken.

11 Bei unregelmäßig geformten Decks versuchen Sie, von einer geraden Vorderkante auszugehen und die Formschnitte am hinteren Ende vorzunehmen.

RECHTE SEITE: *Das fertige Deck mit gleichmäßigen Abständen zwischen den Dielen.*

PROJEKT

Holzdeck mit dekorativer Brüstung

In Katalogen von Gartencentern findet man erstaunlich viele Produkte, mit denen sich ein Holzdeck raffinierter gestalten lässt, zum Beispiel Pfosten, an denen man einen Zaun, ein Geländer, einen Handlauf oder eine Kette anbringen kann. Gefällt Ihnen eine Begrenzung aus rustikalen Rundhölzern besser? Oder haben Sie Platz für eine Pergola, einen Rankbogen oder eine romantische Laube? Sogar das Deck selbst kann man kreativ gestalten. Ist eine Ecke auszufüllen, könnte man ihm eine dekorative, geschwungene Kontur geben. Selbst auf einer Unterkonstruktion mit gerader Geometrie können die Enden der Dielen versetzt montiert oder in Form gesägt werden. Außerdem gibt es vorgefertigte, quadratische Holzelemente, die eine interessante Alternative zu langen, geraden Terrassendielen sein können.

Tipps, Werkzeuge, Material

Schwierigkeitsgrad

- Für dieses Projekt sollten Sie etwas handwerkliche Erfahrung mitbringen.

Der richtige Zeitpunkt

- Jederzeit, Frühling und Sommer sind jedoch die vorteilhaftesten Jahreszeiten für Holzarbeiten im Garten.

Werkzeug

- Holzwerkzeug (Grundausstattung) einschließlich Säge und Hammer.

Material

- Abhängig vom gewünschten Effekt und Zubehör. Für diese Beispiele werden Rundhölzer, Zaunpfähle, Zaunfelder sowie Terrassenplatten und Terrassendielen verwendet.

Zeitaufwand

- Mehrere Tage. Abhängig davon, wie groß das Holzdeck ist und wie aufwendig die Gestaltung werden soll.

1 Manche Zubehörteile müssen aus Gründen der Stabilität und Haltbarkeit vorbereitet werden. Tragen Sie möglichst etwas Erdreich in dem Bereich ab, in dem Sie arbeiten.

2 Diese Einfassung aus vorgefertigten Rundhölzern (Palisaden) muss gebaut werden, bevor die Unterkonstruktion der Terrasse montiert wird. Sie grenzt das Deck vom bepflanzten Beet ab.

3 Wenn Sie Zubehör selbst bauen, müssen Sie ebenfalls darauf achten, dass die Unterkonstruktion stabil genug ist, um alle Teile zu tragen.

4 Eventuell sollen andere Baumaterialien integriert werden. Wenn Sie Platten im Rasen verlegen, heben Sie die Grasnarbe ab und verteilen Sie eine dünne Mörtelschicht.

5 Terrassendielen können auch zum Verkleiden von Stufen passend zugeschnitten werden.

6 Pfosten an der Kante eines fertigen Decks müssen ausgeklinkt werden.

7 Wer möchte, befestigt an solchen Pfosten halbhohe Zaunfelder als dekorative Abgrenzung zwischen dem Deck und dem restlichen Garten.

RECHTS: *Decks aus kesseldruckimprägniertem Holz halten viele Jahre. Wenn sich mit der Zeit durch Alter und Witterung Gebrauchsspuren zeigen, kann man das Holz lasieren oder farbig streichen.*

PROJEKT

Einen mediterranen Kiesgarten anlegen

Tipps, Werkzeuge, Material

Schwierigkeitsgrad

- Für dieses einfache Projekt brauchen Sie keine speziellen Kenntnisse.

Der richtige Zeitpunkt

- Jederzeit, wenn der Boden nicht gefroren oder zu nass ist.

Werkzeug

- Handschaufel, Schere oder Cutter, Eimer, Gießkanne mit Brausevorsatz.

Material

- Verschiedene Pflanzen, z.B. mittelhohe Ziergräser, kriechende und Polster bildende alpine Pflanzen und Kräuter, silberblättrige Stauden, Strauchmargeriten, mediterrane Sträucher, schwarze Mulchfolie oder Vlies, Kies, unkrautfreie Beetfläche.

Zeitaufwand

- Je nach Größe der Fläche, die bepflanzt und gemulcht werden soll, 1–2 Tage.

Die großen Vorteile eines Kiesgartens im mediterranen Stil sind, dass Unkraut kaum eine Chance hat und dass sich der Pflegeaufwand im Rahmen hält. Das liegt daran, dass der Kies wie eine Mulchschicht Unkraut unterdrückt, weil kein Licht an die keimenden Unkrautsamen gelangt, sodass man nur selten jäten muss. Außerdem verringert er die Verdunstung von Bodenfeuchtigkeit und isoliert die Wurzeln gegen extreme Kälte und Hitze. Kies eignet sich auch, um rings um alpine Pflanzen, Arten mit silbrigen Blättern und Gewächse, die winterliche Feuchtigkeit schlecht vertragen, die Dränage zu verbessern. Und obendrein sieht er attraktiv aus. Mehrjährige Wurzelunkräuter unterdrückt er allerdings nicht. Sie müssen ausgegraben oder gezielt mit einem systemischen Herbizid behandelt werden. Noch wirksamer ist ein Vlies, das unter dem Kies verlegt wird.

1 Den entkrauteten Boden mit Vlies oder Mulchfolie bedecken, glatt ziehen und die Kanten mit Steinen beschweren, damit der Wind sie nicht anheben kann.

2 Stücke stabilen Drahtes u-förmig zu Krampen biegen und die Folie damit in regelmäßigen Abständen von ca. 30 cm im Boden feststecken. Erdnägel (Heringe) aus dem Campingbedarf eignen sich für diesen Zweck ebenfalls.

3 Den Kies mindestens 5 cm dick auf der Folie oder dem Vlies verteilen. Dünner sollte die Schicht auf keinen Fall sein, sonst sieht man die Folie durchscheinen.

4 Mit der Handschaufel etwas Kies beiseiteschieben – gerade so viel, dass die vorgesehene Pflanze genug Platz hat.

5 Die Folie mit einer Schere oder einem Cutter kreuzweise einschneiden. Es schadet nichts, wenn sie dabei etwas einreißt, weil sie ja später wieder vom Kies verdeckt wird.

Zwiebeln unter Kies pflanzen

Zwiebelblumen wie Iris (oben) oder Tulpen kann man verwildern lassen. Sie bilden im Frühling schöne Farbtupfer in Kiesgärten oder anderen Bereichen mit durchlässigem Boden, die im Sommer eher trocken sind.

Den Kies beiseiteschieben, dann eine flache Mulde in der Erde ausheben und die Zwiebeln locker verteilt hineinlegen. Damit sie guten Bodenkontakt haben, die Zwiebeln leicht in die Erde »drehen« (siehe unten, oberes Foto). Etwas Erde in die Mulde füllen und andrücken. Zum Schluss eine Schicht Kies oder Splitt als dekorativen Mulch verteilen (siehe ganz unten). Im Frühling schieben sich Blüten und Blätter aus eigener Kraft durch den Kies.

6 Durch den Einschnitt vorsichtig ein Pflanzloch ausheben, das groß genug für den Wurzelballen der Pflanze ist.

7 Die Pflanze aus dem Topf nehmen und behutsam in das Pflanzloch setzen. Falls die Tiefe nicht stimmt, etwas Erde ausheben oder einfüllen.

8 Rings um die Pflanze Erde einfüllen und gut andrücken.

9 Kräftig angießen. Bei Pflanzen mit zarten Blättern eine Gießkanne mit Brausevorsatz verwenden.

RECHTE SEITE: *So kann ein mediterraner Kiesgarten nach einigen Jahren aussehen.*

Alternativen zum Kies

Außer Kies gibt es noch andere dekorative Materialien, die sich als Mulch eignen. Wer es ungewöhnlich mag, könnte sich für Schiefer (unten) entscheiden. Auch Glaschips können interessant aussehen. Beide sind aber teurer als herkömmliche Kiesel.

PROJEKT

Pflastern mit Kieseln und Katzenköpfen

Eine recht einfache Möglichkeit, eine gepflasterte Fläche aufzulockern, besteht darin, einzelne Platten herauszunehmen oder gleich auszusparen und stattdessen runde Natursteine einzusetzen. Man kann mit diesen Steinen auch ganze Wege oder Terrassen pflastern. Weil sie zum bequemen und gefahrlosen Gehen aber zu uneben sind, verwendet man sie meist lieber als Blickfang, vielleicht als Einfassung einer Sonnenuhr, einer Statue oder einer ähnlichen Dekoration. Ihr Vorteil besteht darin, dass sie sich wegen ihrer geringen Größe sehr gut auf runden oder unregelmäßig geformten Flächen verlegen lassen. Andererseits dauert das Verlegen kleiner Steine länger als die Verarbeitung großer Platten. Kleine Natursteine kann man im Gartencenter und im Baustoffhandel kaufen (oder am Ackerrand sammeln). Für kleine Projekte werden sie auch in Säcken angeboten.

Tipps, Werkzeuge, Material

Schwierigkeitsgrad

- Für dieses Projekt sollten Sie etwas handwerkliche Erfahrung haben.

Der richtige Zeitpunkt

- Pflastern können Sie jederzeit, nur nicht bei Frost oder nassem Boden.

Werkzeug

- Wasserwaage, Gummihammer, Maurerkelle, Fugenkelle, Holzlatte.

Material

- Maurersand, Zement oder Fertigzement, für Wege ein Kantenmaterial (z.B. Betonpflastersteine), runde Natursteine.

Zeitaufwand

- Je nach Größe der Fläche sollten Sie zwei Arbeitstage oder ein Wochenende einkalkulieren.

1

2

3

4

1 Für einen Weg zuerst die Konturen mit Ziegel- oder Pflastersteinen verlegen. Aus einer Fläche eine Platte oder einige Steine entfernen, um dort Natursteine einzusetzen. Sand auf die Fläche schütten.

2 Den Sand mit der Maurerkelle gleichmäßig auf der Fläche verteilen.

3 Etwas Zement oder Fertigzement auf den Sand geben und oberflächlich einarbeiten.

4 Die Mischung mit einer Gießkanne anfeuchten. Katzenköpfe in verschiedenen Größen und Farben in den feuchten Mörtel drücken.

5 Jeden Stein mit einem Gummihammer festklopfen. Sie sollen dicht und auf gleicher Höhe liegen, damit man gut auf ihnen gehen kann.

6 Eine Mischung aus Sand und Zement in die Zwischenräume fegen, damit die Steine stabil liegen.

Zen-Garten

Natursteine verschiedener Größe sind ein typisches Merkmal japanischer Gärten. In einen trockenen Zen-Garten oder Kare-san-sui gehört auch ein »Gewässer« aus feinem Kies. Gestaltet werden solche Gärten meist mit Kies, Kieselsteinen und Findlingen in verschiedenen Größen, Farben und Formen. Auch flache Schieferplatten werden manchmal verwendet, um fließendes Wasser zu symbolisieren. Eine schlichte Brücke aus Holz ergänzt die Illusion. So ein raffiniertes »Kiesgewässer« kann auch in Gärten anderer Stilrichtungen sehr dekorativ aussehen.

Praxistipps

Große Flusskiesel und Katzenköpfe werden normalerweise im Mörtelbett verlegt, vor allem auf Wegen und in geplanten Bachläufen. Mit lose liegenden Steinen lässt sich in Gartenbereichen, die ständig im Schatten liegen, Unkrautwuchs und Bodenerosion eindämmen. Für größere Flächen sind Säcke aus dem Gartencenter zu teuer. Fragen Sie die Preise beim Baustoffhändler ab, und lassen Sie das Material anliefern. Für den Kofferraum eines PKW sind mehr als zwei oder drei Säcke zu schwer.

PROJEKT

Mosaik und Muster mit Kieseln

Tipps, Werkzeuge, Material

Schwierigkeitsgrad

- Bei diesem Projekt ist etwas Handwerkserfahrung hilfreich.

Der richtige Zeitpunkt

- Ein Mosaik verlegt man am besten bei warmem Wetter, wenn der Boden fest und trocken ist.

Werkzeug

- Papier, Stift und Lineal für die Skizzen, Spaten, Plastikeimer oder -wanne mit glattem Boden, Maurerkelle, Fugenkelle, Fliesenschneider, Fliesenbrechzange, Gummiwischer, Pinsel.

Material

- Frostbeständiger Fertigzement oder Fliesenkleber für den Außenbereich, Mosaiksteinchen, kleine Kiesel und/oder bunte Fliesenreste, Maschendraht.

Zeitaufwand

- Je nach Größe sollten Sie mit 1–2 Tagen bzw. einem Wochenende rechnen.

Gartengestaltung macht so viel Spaß, weil es eine kreative Beschäftigung ist und weil es keine festen Regeln gibt. Was Ihnen gefällt, ist erlaubt. Ein Mosaik aus kleinen Kieseln und Mosaiksteinchen ist eine Dekoration mit sehr persönlichem Charakter. Auch Trittsteine für den Rasen kann man daraus selbst gestalten, und schon ganz simple Motive und Muster sehen eindrucksvoll aus. Um das Gartenthema aufzugreifen, könnten Sie ein einfaches Blumenmotiv entwerfen. Schön sind auch Himmelsmotive wie Sonne, Mond und Stern. Wer es symbolisch mag, kann sich an einem Yin-Yang-Symbol versuchen. So ein Mosaik verdient einen Platz, an dem man es nicht übersieht, etwa auf einer Wegkreuzung, am Fuß eines Obelisken, am Teich oder Springbrunnen oder auch am Essplatz im Freien.

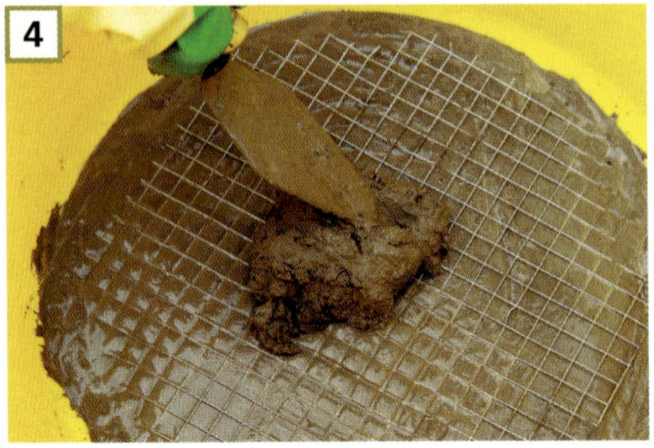

1 Bringen Sie zuerst einige Entwurfsskizzen 1:1 zu Papier und legen Sie die Mosaiksteinchen und Kiesel zur Probe trocken darauf.

2 Boden und Seiten des Plastikeimers mit unverdünntem Geschirrspülmittel bestreichen, damit das Mosaik sich später leicht herauslösen lässt.

3 Auf dem Eimerboden eine 25 mm dicke Schicht Mörtel verteilen.

4 Den Maschendraht auf die Größe des Eimerbodens zuschneiden und auf den Mörtel legen. Er gibt dem Mosaik mehr Stabilität. Auf dem Draht eine zweite 25 mm dicke Mörtelschicht verteilen.

5 Kiesel von etwa gleicher Größe dicht an der Eimerwand entlang in den Mörtel drücken.

6 Entsprechend Ihrer Skizze (Schritt 1) nun Mosaiksteinchen oder kleine Bruchstücke von alten Fliesen behutsam in den Mörtel drücken.

7 Mosaiksteine in einer zweiten Farbe und möglichst auch in einer anderen Form hinzufügen.

8 Bei warmem Wetter bindet der Mörtel schnell ab. Darum müssen alle Materialien griffbereit sein und zügig verarbeitet werden. Das fertige Mosaik am besten über Nacht aushärten lassen.

Realistisch oder grafisch?

Die Mosaiktechnik setzt gestalterisch kaum Grenzen. Es kommt nur darauf an, wie viel Zeit Sie sich nehmen möchten. Für ein realistisches Motiv wie den Hahn vor einem Hintergrund aus braunen Kieseln (unten) muss man erheblich mehr Zeit einplanen als für die Muster auf den runden Trittsteinen (Seite 84).

OBEN: *So ein kompliziertes Motiv muss unbedingt vorher genau auf Papier vorgezeichnet werden, damit es gelingt.*

RECHTS: *Zum Verzieren von Blumentöpfen genügen beliebige Bruchstücke alter Fliesen.*

9 Wenn das Mosaik ausgehärtet ist, kann es vorsichtig aus dem Eimer genommen werden.

10 Das Mosaik auf den Rasen legen und die Kontur mit einem scharfen Spaten nachstechen.

11 Die Grasnarbe abtragen und den Boden sorgfältig einebnen und glätten, damit die Mosaikplatte flach aufliegt.

12 Das Mosaik vorsichtig in die Vertiefung legen. Falls nötig, mehr Erde ausheben oder wieder etwas einfüllen, um Unebenheiten auszugleichen. Das Mosaik muss auf ganzer Fläche aufliegen, damit es nicht bricht.

13 Mehrere Mosaiken mit verschiedenen Mustern können auch als Trittsteine in den Rasen eingelassen werden (siehe rechte Seite).

LINKS: *Je mehr Farben Sie verarbeiten, desto lebhafter wirkt das Mosaik.*

RECHTE SEITE: *Eine Gruppe von drei Mosaiktrittsteinen.*

Zäune, Bögen und Pergolen

Zäune, Spaliere und Hecken definieren die Grundstücksgrenzen und sorgen oft auch für Wind- und Sichtschutz sowie Sicherheit. Weitere senkrecht aufstrebende Elemente wie ein durchbrochener Obelisk, eine Kletterrose an einem Pfeiler oder ein Rankbogen lenken den Blick in die Höhe und lockern die Gestaltung auf. Das ist besonders in neuen Gärten wichtig, in denen die Pflanzen noch niedrig sind, oder in kleinen Gärten, die keinen Platz für Bäume bieten.

Größere Elemente wie Spalierwände, Pergolen oder Bogengänge können den Garten auch gliedern. Erstaunlicherweise wirken Gärten größer, wenn man sie in Bereiche mit verschiedenen Funktionen oder Gestaltungsstilen unterteilt. Und natürlich ist solch eine Anlage auch viel schöner anzuschauen.

Zäune, Spaliere und Pergolen

Grundstücksgrenzen

Mauern und Zäune an der Grundstücksgrenze bilden den Hintergrund für Pflanzen. Gerade bei Grenzelementen ist die Wahl von Material, Farbe und Design wichtig, weil man sie von beiden Seiten sieht. Achten Sie auch darauf, welche Materialien in der Nachbarschaft oft verwendet wurden, ehe sie sich für einen ungewöhnlichen Zaun- oder Mauertyp entscheiden. Zu einem Landhäuschen mit überbordenden Blumenbeeten passt ein Staketenzaun oder ein Flechtzaun aus Haselruten, während ein Garten auf dem Land inmitten von Feldern oder Waldgelände mit einem Maschendrahtzaun gut bedient ist.

OBEN: *Mit der Einfassung aus hohen, weißen Spalierfeldern sieht der praktische, eher unattraktive Nutzgarten gleich viel schöner aus.*

OBEN: *Ein rustikaler Jägerzaun ist der Klassiker für Gärten im ländlichen Stil. Die Pflanzen sollten gut auf diesen Zauntyp abgestimmt sein.*

Zäune und Spaliere

Dichtzaunfelder oder Flechtzäune aus Hasel oder Weide bieten guten Sichtschutz und kosten nur einen Bruchteil dessen, was man für eine Mauer ausgeben müsste – es sei denn, man mag verputzte Gasbetonsteine. Bei Zaunfeldern gibt es in Stil und Qualität große Unterschiede. Befestigen Sie die Felder an kesseldruckimprägnierten Holzpfosten. Betonpfosten sehen nicht so schön aus, sind aber für feuchte Böden vorteilhaft, in denen Holzpfosten schnell faulen würden. Streicht man Pfosten und Betonkantensteine in der Farbe des Zauns, fallen sie viel weniger unangenehm auf.

Setzt man Holzpfähle in Einschlaghülsen aus verzinktem Metall, verrotten sie ebenfalls nicht so leicht. Die Hülsen sind nicht sonderlich attraktiv, aber sehr praktisch und obendrein preiswert.

Fertige Spalierfelder gibt es mit gerade oder diagonal angeordneten Sprossen.

LINKS: *Bambusmatten von der Rolle bieten guten Sichtschutz und sind erstaunlich langlebig, aber die asiatische Optik passt nicht in jeden Garten.*

Diagonale Spalierleisten wirken zierlicher, darum passen sie am besten zu älteren oder ländlichen Häusern. Außer rechtwinkligen Zaunfeldern kann man auch Ausführungen kaufen, die im oberen Bereich eine Rundung oder ein »Fenster« haben. Wer sich seine Spaliere selbst baut, hat natürlich noch mehr Gestaltungsmöglichkeiten. Spaliere lassen mehr Licht durch als Dichtzäune, bieten aber relativ guten Sichtschutz, vor allem, wenn man sie mit Kletterpflanzen begrünt oder davor immergrüne Sträucher, Bambus oder hohe Ziergräser pflanzt.

Zäune überholen

Wenn Ihr Grundstück an mehrere Gärten grenzt, kann es sein, dass Sie von verschiedenen Zäunen umgeben sind. In diesem Fall ist es vielleicht die beste Lösung, alle innen mit einem einheitlichen Material zu kaschieren. Rollenware wird mit einem Tacker befestigt. Man kann diese Materialien auch als feste Felder kaufen, die an vorhandenen Pfählen angebracht werden. Eine weitere Möglichkeit besteht darin, die Zäune in einer einheitlichen Farbe zu streichen (sofern die Nachbarn einverstanden sind) und sie mit Pflanzen zu kaschieren.

Hohe Dichtzaunfelder können einen kleinen Garten zu stark abdunkeln. Vorteilhafter sind Felder, die nur bis zur halben Höhe geschlossen sind und im oberen Bereich ein gerades oder rundes Spalier haben. Solche Zäune können zu einem älteren Haus sehr dekorativ aussehen, vor allem, wenn man Kappen mit Kugel- oder Eichenornamenten auf die Pfosten setzt. Niedrige Zäune kann man erhöhen, indem man oberhalb schmale Spaliere aufsetzt.

UNTEN UND UNTEN LINKS: *Aufrechte Elemente wirken dynamisch und lassen sich auf vielerlei Weise mit Kletterpflanzen oder mit anderen Dekorationen gestalten.*

Zäune, Spaliere und Pergolen

Vertikale Strukturgeber im Garten

Gerade in kleinen Gärten bieten die Begrenzungen wertvolle, zusätzliche Fläche, um Zierpflanzen oder Essbares für die Küche zu ziehen. Wer Mauern oder Zäune für Kletterpflanzen nutzen möchte, muss aber darauf achten, dass sie guten Halt finden, damit sie sich gleichmäßig ausbreiten und am vorgesehenen Platz bleiben. Für Kletterrosen und Wandsträucher wie Winterjasmin genügen meist verzinkte oder plastikummantelte Drähte, die mit Ringschrauben oder Drahthaltern einige Zentimeter von der Wand entfernt befestigt werden. Dieser Zwischenraum ist

wichtig, damit hinter den Zweigen, die an den Drähten festgebunden werden, die Luft zirkulieren kann. Als Alternative eignen sich unauffällige Gitter aus starren, ummantelten Metallstäben, die mit Klammern befestigt werden. Holzspaliere geben Pflanzen sicheren Halt und sehen gut aus, wenn sie gestrichen und mit waagerechten Holzlatten sorgfältig an der Wand befestigt sind. Nicht nur Wicken und Stangenbohnen wachsen gut an einem Zeltgestänge aus Bambusstäben, sondern auch andere einjährige Kletterpflanzen und spät blühende Clematis-Sorten wie die kleinblütigen Viticella-Typen (diese Sorten im zeitigen Frühling bis auf 30 cm über dem Boden zurückschneiden).

OBEN: *Hohe Konstruktionen bieten viel zusätzliche Fläche für Pflanzen.*

RECHTS: *Ein Zeltgestänge aus umflochtenen Weidenruten mit Wicken, Clematis oder anderen Kletterpflanzen ist ein dekorativer Blickfang.*

GANZ RECHTS: *Simple Spanndrähte an Haltern genügen, um eine kahle oder unattraktive Wand mit Clematis oder anderen Kletterpflanzen zu beranken.*

Der richtige Platz

Dreidimensionale Gartendekorationen können den Blick auf einen speziellen Gartenbereich lenken oder für sich selbst als Blickfang wirken. In einem eher lässigen, rustikalen Garten kann man eine solche dekorative Konstruktion mit Sträuchern und Kletterpflanzen kombinieren. In einem formalen Garten dagegen sollte die Dekoration ein eigenständiges Element sein. Um sie zu betonen, könnte man sie in einer attraktiven Farbe streichen, mit Formschnittpflanzen flankieren oder sogar eine Doppelreihe aus schlanken Sträuchern vor ihr Spalier stehen lassen.

Eine Laube mit offenen Seiten kann an einer Wegkreuzung oder an einer Bereichsgrenze stehen. Alternativ könnte man eine Laubenbank oder eine berankte Laube am Ende eines langen, geraden Weges oder Rasens aufstellen und so die Symmetrie der Anlage betonen. Sehr dekorativ sind Lauben mit Wänden aus berankten Spaliergittern, die im Sommer willkommenen Schatten spenden. Und ein Rankobelisk mit einer Rose oder Clematis passt sogar in einen kleinen Gartenhof.

LINKS: *Eine Pergola ist ein attraktiver Blickfang – aber nur, wenn die Proportionen stimmen. Trotz der Größe ist der Aufbau recht einfach.*

Pergolen

Ein Essplatz oder eine Grillecke ist noch viel einladender mit einer Pergola, die mit duftenden Kletterpflanzen berankt ist. Pergolen können frei stehen oder an einer Wand befestigt werden. Dazu werden an der Wand Balkenschuhe befestigt, in die man die Querbalken einlegt. Die Pergola kann ein grünes Dach über einem Gartenweg bilden oder eine Hausfassade beschatten, die der prallen Sonne ausgesetzt ist.

Im Fachhandel sind verschiedene Modelle erhältlich. Manche werden als kompletter Bausatz mit festen Abmessungen angeboten, andere sind modular konzipiert und lassen sich beliebig verlängern. Der Aufbau ist nicht kompliziert, man sollte aber zu zweit an die Arbeit gehen. Damit eine Pergola gut aussieht, müssen die Proportionen stimmen. Wichtig sind solide Pfosten, etwa dicke Holzpfähle oder gemauerte Pfeiler. Auch die tragenden Latten dürfen nicht zu dünn sein. Alte Balken, auch gebrauchte, wären eine gute Wahl. Planen Sie eine lichte Höhe von etwa 2,50 m ein. Das mag anfangs viel erscheinen, aber wenn die Pflanzen größer sind und ihre Triebe herabhängen, werden Sie die Kopffreiheit schätzen. Wer eine leichte Optik bevorzugt, kann statt Querlatten auch verzinkte Drähte zwischen den Trägern spannen.

OBEN: *Als Hauptdekoration für einen formalen Garten wären eine offene Laube oder ein Rosenbogen am Ende eines Weges oder im Zentrum der Anlage denkbar.*

PROJEKT

Traditioneller Staketenzaun mit Pforte

Ein Staketenzaun ist eine praktische Abgrenzung zwischen Vorgarten und Bürgersteig oder zwischen verschiedenen Gartenbereichen. Größere Tiere oder unerwünschte Besucher können ihn allerdings mühelos überwinden. Als Baumaterial empfiehlt sich kesseldruckimprägniertes Nadelholz. Alle Sägeschnitte müssen mit einem transparenten Holzschutzmittel behandelt werden, damit dort keine Fäulniserreger eindringen können. Der fertige Zaun kann unbehandelt bleiben oder farbig gestrichen werden. Wenn die Pfosten exakt in gleichen Abständen platziert werden, kann man den Zaun in mehreren Einzelteilen bauen. Die Abstände der senkrechten Staketen müssen genau berechnet werden. Natürlich kann man auch zuerst die Pfosten einsetzen, dann die Querlatten befestigen und danach alle Staketen anbringen.

Tipps, Werkzeuge, Material

SCHWIERIGKEITSGRAD

- Recht einfach, aber etwas Handwerkserfahrung kann nicht schaden.

DER RICHTIGE ZEITPUNKT

- Jederzeit bei einigermaßen schönem Wetter, wenn der Boden nicht zu nass oder schlammig ist.

WERKZEUG

- Schaufel oder Spaten, Wasserwaage, Grundausstattung Handwerkzeuge und Hand-Werkzeugmaschinen, einschließlich Bohrmaschine und Akkuschrauber.

MATERIAL

- Zaunpfähle, Querlatten, Staketen (vor der Arbeit die jeweiligen Mengen berechnen), Scharniere (z.B. Kreuzbänder), Verschluss für die Pforte, Schrauben und/ oder Nägel.

ZEITAUFWAND

- Je nach Länge und Verlauf des Zauns 1–2 Tage bzw. ein Wochenende.

1 Hier wird der Staketenzaun in einzelnen Feldern gebaut. Errechnen Sie zuerst, wie viele Staketen Sie pro Zaunfeld benötigen (die Abstände mit einberechnen!). Die Bretter für die Staketen auf Länge sägen, dann die oberen Enden spitz zusägen.

2 Zwei zugeschnittene Querlatten auf ebenen Untergrund legen und die erste Stakete an einem Ende befestigen. Eine zweite Stakete am anderen Ende anbringen, parallel ausrichten. Nun von der ersten Stakete ausgehend die weiteren in regelmäßigen Abständen befestigen.

3 Eine kleine Pforte kann wie ein Zaunfeld konstruiert werden, für eine breitere sollten Sie zwischen den Querlatten eine zusätzliche Latte montieren, die diagonal verläuft.

4 An die fertige Pforte werden nun die Beschläge geschraubt. Falls eine Schraube zwischen zwei Staketen sitzt, wird dort ein Stück Holz unterfüttert. Sie können dafür Verschnitt von den Staketen verwenden. Beim Zusägen darauf achten, dass die Unterfütterung exakt passt und nicht über die Staketen hinausragt.

5 Im Garten den Verlauf des Zauns mit einer Schnur markieren, die zwischen Pflöcken gespannt ist. Die Positionen der Zaunpfähle mit Pflöcken markieren. Für jeden Pfahl ein Loch ausheben (zwei Spatenstiche Breite und Tiefe genügen).

3

4

5

Den Zaun streichen

Wenn Sie den Zaun streichen wollen, sollten Sie für die Staketen gehobelte Bretter verwenden. Die glatte Oberfläche lässt sich leichter streichen, und Wasser perlt besser ab. Der Zaun sieht dadurch nicht nur schöner aus, sondern hält auch länger.

OBEN: *Verwenden Sie wetterfeste Farbe, die zu den Pflanzen und anderen Elementen in der Nähe passt.*

RECHTS: *Traditionell streicht man Staketenzäune weiß.*

6 Die Pfosten sorgfältig einsetzen und mithilfe von Pflöcken oder Keilen aufrecht stabilisieren. Ringsherum schichtweise Erde einfüllen und feststampfen. Zwischendurch mit einer Wasserwaage kontrollieren, ob der Pfosten noch gerade steht. Grassoden wieder auflegen.

7 Auf die Pfosten werden nun Leisten geschraubt oder genagelt, an denen die Querlatten der Zaunfelder befestigt werden. Auf gleichmäßigen Abstand zur Erde achten.

8 Um die Zaunfelder zu montieren, muss ein Helfer sie halten. Alternativ können sie mit Zwingen fixiert werden. Dann werden sie an den Leisten auf den Zaunpfählen festgeschraubt.

9 Als Scharniere empfehlen sich Kreuzbänder, die vor dem Einpassen an die Pforte geschraubt werden.

10 Einen Pfortenverschluss anbringen.

RECHTE SEITE: *Nach einigen Jahren könnte Ihr Zaun so aussehen.*

6

7

9

8

10

PROJEKT

Dichtzäune und Spaliere aufstellen

Tipps, Werkzeuge, Material

Schwierigkeitsgrad

- Dichtzäune und Spaliere aufzustellen, ist nicht sehr kompliziert.

Der richtige Zeitpunkt

- Jederzeit bei einigermaßen schönem Wetter, wenn der Boden nicht zu nass oder schlammig ist.

Werkzeug

- Schaufel oder Spaten, Wasserwaage, Grundausstattung Handwerkzeuge und Hand-Werkzeugmaschinen, einschließlich Bohrmaschine und Schraubenzieher/Akkuschrauber.

Material

- Zaunpfähle, Dichtzaun- oder Spalierfelder (vor Beginn der Arbeit die erforderliche Anzahl ermitteln), Einschlaghülsen, Schrauben und/oder Nägel.

Zeitaufwand

- Je nach Länge und Verlauf des Zauns 1–2 Tage bzw. ein Wochenende.

Der schwierigste Teil dieses Projekts könnte die Auswahl der passenden Dichtzäune oder Spaliere sein. Im Fachhandel gibt es eine Vielzahl von Modellen in unterschiedlichen Preisklassen. Wenn Sie sich für einen Stil entschieden haben, erkundigen Sie sich nach den verfügbaren Breiten. Dann errechnen Sie Ihren Bedarf. Eventuell müssen Sie Felder verschiedener Breiten kombinieren. Unebenes oder abschüssiges Gelände kann ebenfalls problematisch sein und erfordern, dass man die Zaunoberkante treppenartig gestaltet. Versuchen Sie nicht, Zaunpfähle und -felder schräg zu stellen. Kleinere Bodensenken lassen sich mit Brettern ausfüllen, die in die entsprechende Form gesägt werden. Handelsübliche Zaun- und Spalierfelder sind kesseldruckimprägniert. Man kann sie unbehandelt lassen oder nach Wunsch passend zu anderen Elementen im Garten streichen.

1

2

3

1 Die Pfähle können direkt ins Erdreich oder – was günstiger ist – in Beton gesetzt werden. Einfacher geht es mit Pfostenträgern aus Metall, die es in verschiedenen Ausführungen gibt: zum Einschlagen (links), zum Aufschrauben (Mitte) oder zum Einbetonieren (rechts).

2 Auch bei den Pfählen stehen verschiedene Typen zur Auswahl. An quadratischen Pfählen (links) werden die Zaun-

felder direkt oder mithilfe einer Latte befestigt. In Pfähle mit breiten Nuten werden die Felder von oben eingeschoben und lassen sich bei Bedarf leicht auswechseln. Pfähle aus Beton oder recyceltem Kunststoff sind besonders langlebig.

3 Pfostenträger zum Einbetonieren werden zuerst an den Zaunpfählen montiert. So ist es einfacher, die Konstruktion genau senkrecht einzusetzen.

4 Die Mitte jedes Pfostens auf dem Gelände mit einem Pflock markieren: Bei aufgeschraubten Zaunfeldern entsprechen die Pfahlabstände der Zaunfeldbreite plus einer halben Pfahlbreite auf jeder Seite.

5 Zum Einbetonieren Löcher von zwei Spatenstich Breite und eineinhalb Spatenstich Tiefe ausheben. Der Boden des Pfostenträgers soll auf Höhe der Erdoberfläche liegen. Zuerst die Grassode abnehmen, dann saubere Löcher mit geraden Rändern ausheben.

6 Zum Prüfen der Tiefe den Pfahl mit Träger ins Loch stellen. Ist es bereits zu tief, Bruchstücke von alten Ziegeln, Steine oder anderes hartes Material unter den Träger füttern (Erde wäre zu weich!). Ist es zu flach, noch etwas tiefer graben.

7 Den ersten und den letzten Pfahl setzen, dann zwischen beiden eine Schnur spannen. Um die Abstände mehrmals abzumessen, können Sie eine Holzlatte auf die exakte Länge schneiden und diese als Messhilfe verwenden.

OBEN: *Ein »Dach« aus Spalierfeldern ist eine ungewöhnliche, aber dekorative Idee für jeden Garten.*

8

9

10

8 Um die Pfähle bis zum Aushärten des Betons zu fixieren, schlagen Sie in einigem Abstand Pflöcke in den Boden und schrauben daran Leisten fest. Jeden Pfahl in mindestens zwei Richtungen stabilisieren.

9 Vor dem Einbetonieren nochmals prüfen, ob alle Pfähle an der richtigen Position und exakt senkrecht stehen. Die Wasserwaage an Vorder- und Seitenfläche des Pfahls anlegen. Den Beton vorsichtig ins Loch füllen, ohne den Pfahl zu bewegen, oben mit einer Schaufel glätten.

10 Während der Beton aushärtet, entfernen Sie von den Zaun- oder Spalierfeldern die Verpackung, Etiketten und Tackerklammern.

11 Die Leisten müssen nicht von oben bis unten reichen. Sie sollten aber oben schräg abgesägt werden, damit Regenwasser leichter ablaufen kann.

12 Jetzt werden die Zaunfelder einfach an den Leisten festgeschraubt. Wenn das Gelände un-

11

12

13

eben ist, müssen sie einzeln oder in Serie mit der Wasserwaage ausgerichtet werden. Achten Sie darauf, dass die Oberkanten exakt auf gleicher Höhe abschließen.

13 Falls nötig, die Felder mit Schraubzwingen fixieren. Nicht zu viele Schrauben verwenden, drei oder vier auf jeder Seite genügen.

14 Zum Schluss Kappen auf die Pfosten setzen. Neben solchen einfachen Modellen gibt es auch viele dekorative Varianten aus verschiedenen Materialien.

UNTEN: *Dichtzäune gibt es in vielen Varianten, auch mit hübschen, geschwungenen Spalierkanten. Grassoden zum Schluss wieder auflegen. Beim Betoneinfüllen etwas Platz für eine Schicht Erde lassen.*

PROJEKT

Robuster Zaun im ländlichen Stil

Tipps, Werkzeuge, Material

Schwierigkeitsgrad

- Dieser Zaun ist relativ einfach zu bauen, etwas Handwerkserfahrung sollten Sie aber besitzen.

Der richtige Zeitpunkt

- Jederzeit bei einigermaßen schönem Wetter, wenn der Boden nicht zu nass oder schlammig ist.

Werkzeug

- Dicke Metallstange, Vorschlaghammer, Holzhammer, Zimmermannshammer, Kettensäge, Bohrmaschine, Zwingen, Wasserwaage.

Material

- Imprägnierte dicke Rundhölzer und halbrunde Querstreben, Nägel.

Zeitaufwand

- Je nach Länge und Verlauf des Zauns: 1–2 Tage bzw. ein Wochenende.

Schauen Sie sich beim Baustoffhändler, Holzhändler oder im Sägewerk nach geeigneten Materialien um. Sie werden dort rustikale, fast naturbelassene Rundhölzer finden, aber auch eckige Pfosten und Querlatten. Überlegen Sie genau, welchem Zweck Ihr Zaun dienen soll. Für eine Weide oder Koppel mit Tieren müssen Pfähle und Streben stabil sein und in engen Abständen stehen. Dient der Zaun nur als Gartenbegrenzung, muss er nicht so robust gebaut werden. Natürlich spielen auch optische Erwägungen eine Rolle bei der Materialwahl. Besondere Präzision ist beim Bau eines so rustikalen Zauns nicht notwendig. Wenn Sie das Material ausgesucht haben, brauchen Sie nur den Zaunverlauf abzuschreiten, um die Positionen der Pfähle festzulegen. Wer allerdings Verschnitt vermeiden will, sollte lieber ein Maßband zur Hand nehmen. Die Löcher für die Pfähle lassen sich leichter rammen, wenn der Boden etwas feucht ist. Alternativ heben Sie zuerst etwas Erde aus und rammen nur den Rest hinein. Bei diesem rustikalen Zaun ist es nicht schlimm, wenn die Pfähle nicht exakt senkrecht stehen.

OBEN: *Es gibt viele Möglichkeiten, einen rustikalen Zaun zu bauen.*

1

1 Der Bau eines rustikalen Weidezauns ist keine exakte Wissenschaft. Wenn Sie das Material ausgesucht haben, legen Sie die Abstände der Pfosten so fest, dass wenig Verschnitt anfällt. Die Positionen der Pfosten auf dem Boden markieren und zuerst eine Metallstange einrammen.

2 Man kann die Pfosten mit einem großen Holzhammer direkt in den Boden rammen. Verwenden Sie dazu keinen Vorschlaghammer aus Metall, er kann den Pfahl spalten. Für einen langen Zaun kann es sich lohnen, sich eine Pfahlramme auszuleihen.

3 Sind die Pfähle gesetzt, wird zuerst die obere Querstrebe befestigt. Die Pfähle sollten etwa gleich tief in den Boden gerammt werden. Notfalls können ihre oberen Enden aber auch nach dem Montieren der oberen Strebe abgesägt werden. Damit sich der Pfahl beim Festnageln der Streben nicht in seinem Loch lockert, muss er gut abgestützt werden.

4 Zusammengefügt werden die Querstreben jeweils in der Mitte der Pfahlbreite. Passend zusägen und mit zwei Nägeln befestigen.

5 Liegt die Nahtstelle zweier Streben nicht an einem Pfahl, ein kleines Holzbrett dahinterlegen, mehrere Nägel komplett durchschlagen und krumm hämmern. Diese Lösung ist haltbar und reduziert den Verschnitt.

6 Hier sind einige Alternativen zum Zusammenfügen der Querstreben zu sehen. Ganz oben eine stumpfe Verbindung mit einem dahintergesetzten Brett, in der Mitte eine gewinkelte Verbindung, ganz unten eine schräge. Welche sich am besten eignet, hängt vom Zweck des Zauns ab.

7 Drei Querstreben genügen für eine Koppel für große Tiere oder eine Abgrenzung zu einem Knick oder Wald. Für kleinere Tiere sind mehr Streben erforderlich, eventuell zusätzlich eine Bespannung mit Maschendraht.

Variationen

Die Grundversion des Weidezauns, die in der Anleitung erklärt wird, lässt sich auf vielerlei Weise abwandeln. Bei Zäunen für kleinere Tiere wird die mittlere Strebe oft etwas tiefer als mittig angebracht (Foto oben), damit die Tiere nicht entwischen. Wer gern einen etwas dekorativeren Zaun haben möchte, könnte dünne Leisten rautenförmig auf die Querlatten nageln (Foto unten).

RECHTE SEITE: *Ob Sie Rundhölzer verwenden oder – wie hier – sägeraue Bretter: Ein Weidezaun wirkt immer rustikal und ländlich.*

PROJEKT

Kasten mit Spalier für Kletterpflanzen

Tipps, Werkzeuge, Material

Schwierigkeitsgrad

- Etwas Handwerkserfahrung und Übung im Umgang mit Holz ist hilfreich.

Der richtige Zeitpunkt

- Jederzeit. Der Kasten kann auch im Haus gebaut werden und später in den Garten umziehen.

Werkzeug

- Bohrmaschine, Schraubenzieher/Akkuschrauber, Schraubenschlüssel, Wasserwaage, Bandmaß.

Material

- Druckimprägnierte Nadelholzkanthölzer, wasserfest verleimtes Sperrholz, Leistenreste für ein passendes Spalier an der Rückseite, vier Schlossschrauben (125 mm x 12 mm) mit Muttern, stabile Plastikfolie zum Auslegen des Kastens.

Zeitaufwand

- Je nach Handwerksgeschick 1–2 Tage bzw. ein Wochenende.

Ein Blumenkasten mit fest montiertem Spalier ist recht einfach zu bauen. Er kann im Garten, auf der Terrasse, aber auch auf dem Balkon aufgestellt werden. Er eignet sich nicht nur für verschiedene blühende Kletterpflanzen, sondern auch für Gemüse. Der Kasten wird aus Kanthölzern mit einem Querschnitt von 50 mm x 50 mm gebaut, die einander an den Ecken überlappen. Die Länge der Kanthölzer bestimmen Sie selbst. Als Boden, auf dem alles aufgebaut wird, dient ein Stück wasserfest verleimtes Sperrholz. Wenn Sie kesseldruckimprägniertes Nadelholz verwenden, versiegeln Sie alle Sägeschnitte mit transparentem Holzschutzmittel. Die beiden Bestandteile des Projekts können auch separat gebaut werden. Wenn der Kasten fertig ist, bringen Sie die senkrechten Hölzer an, um die Größe des Spaliers zu ermitteln. Das Spalier kann aus Leistenresten gebaut werden. Wer möchte, streicht Kasten und Spalier zum Schluss.

1

2

3

1 Die Größe des Bodens können Sie selbst bestimmen. Verwenden Sie wasserfest verleimtes Sperrholz oder Bootsbausperrholz, alternativ Massivholz. Um etwas Abstand zum Boden zu erhalten, werden auf der Unterseite drei Leisten angebracht.

2 Die Konstruktion des Kastens ist einfach. Kanthölzer für Länge und Breite zusägen, an den Ecken jeweils abwechselnd überlappend aufeinanderlegen und jede Lage festschrauben. Alle Sägeschnitte mit Holzschutzmittel behandeln.

3 Auf jeder Seite zwei Löcher für die Schlossschrauben bohren und etwas erweitern, damit die Schrauben nicht vorstehen.

4 Falls Kasten und Spalier gestrichen werden sollen, erledigen Sie das nun. Die senkrechten Stützen werden mit den Schlossschrauben, Unterlegscheiben und Muttern befestigt. Weil das Holz arbeitet, die Muttern jährlich nachziehen.

5 Das Spalier kann aus Leistenresten gebaut werden. Die erforderliche Größe ausmessen und die Leisten separat zusammennageln, sodass regelmäßige Rechtecke entstehen. Das Spalier mit Zwingen an den Stützen fixieren und festschrauben.

RECHTS: *Den Kasten mit Teichplastikfolie auskleiden und Substrat einfüllen. Eine Kletterpflanze in die Mitte setzen, rundum einjährige Blühpflanzen.*

PROJEKT

Rustikales Zeltgestänge für Wicken

Ein selbst gebautes Zeltgestänge aus Weidenruten kostet nicht viel, sieht aber bezaubernd aus, wenn daran Wicken, Prunkwinden oder vielleicht Kürbisse in die Höhe klettern. Die Konstruktion ist ganz einfach und dauert, wenn man den Bogen erst einmal heraus hat, nicht lange. Es gibt viele Materialien, die sich für ein Zeltgestänge eignen. Traditionell verwendet man Weiden- oder Haselruten, die man auf einem Spaziergang schneiden oder in der Gärtnerei kaufen kann. Am besten schneidet man sie im Frühling, wenn der Austrieb beginnt. Dann sind die dünnen Ruten besonders flexibel. Als Alternativen eignen sich auch Bambusstäbe oder Massivholzleisten. Wer das Einflechten der Weidenruten schwierig findet, kann stattdessen auch Schnur oder Draht verwenden.

Tipps, Werkzeuge, Material

SCHWIERIGKEITSGRAD

- Für dieses ganz einfache Projekt brauchen Sie weder Erfahrung noch besondere handwerkliche Fähigkeiten – nur etwas Geduld.

DER RICHTIGE ZEITPUNKT

- Jederzeit bei einigermaßen schönem Wetter, wenn der Boden nicht zu nass oder schlammig ist.

WERKZEUG

- Säge, Cutter oder scharfes Messer, Handbohrer, Bandmaß.

MATERIAL

- Weidenruten oder andere flexible Zweige oder Stäbe.

ZEITAUFWAND

- Höchstens ein Tag.

1 Wenn die Weidenruten nicht frisch und grün sind, müssen sie vor der Verarbeitung einige Tage eingeweicht werden. Dabei mit einem Gewicht beschweren, damit sie nicht aufschwimmen.

2 Mit einer Schablone wird der Zusammenbau viel einfacher. Auf ein dickes Brett einen Kreis mit mindestens 45–50 cm Ø zeichnen. Auf der Kreislinie gleichmäßig verteilt ein halbes Dutzend

1

2

3

Löcher mit 4 cm Ø bohren.

3 Die Ruten im Frühling schneiden, wenn der Saft aufsteigt, oder frische Ruten kaufen.

4 Die dickeren Enden der Hauptruten mit einem scharfen Messer anspitzen.

5 Die Schablone auf eine Stelle mit weichem Boden legen. In jede der Bohrungen eine angespitzte Rute stecken und etwa 5 cm tief in den Boden drücken.

6 Etwa 15 cm über der Schablone die ersten dünnen Weidenruten um die Senkrechten schlingen und fest miteinander verflechten. Nach oben hin weitere Ringe flechten und dabei die Senkrechten immer enger zusammenziehen.

7 Aus den restlichen Ruten locker eine Kugel wickeln und auf die Spitze des Zeltgestänges setzen. Dann kann die Konstruktion (ohne Schablone) ins Beet oder in einen großen Kübel gestellt werden.

PROJEKT

Holzobelisk für Kletterpflanzen

Ein Rankobelisk sieht hübsch aus und ist gar nicht schwierig zu bauen. Er lockt edle Blüten auf Augenhöhe und bringt so Farbe ins Beet. Für diesen Obelisken brauchen Sie kesseldruckimprägnierte Holzleisten in zwei verschiedenen Stärken. Die vier senkrechten Eckpfosten haben einen Querschnitt von 50 mm x 50 mm, die Querstreben sind 20 mm x 25 mm stark. Für einen kleinen Obelisken können Sie auch Leisten mit einem geringeren Querschnitt verarbeiten. Vor allem an den unteren Enden der Eckpfosten muss auf den Holzschutz geachtet werden. Wenn Sie die Leisten absägen, tränken Sie die Schnittflächen mit reichlich Holzschutzmittel. Der fertige Obelisk kann in einem Beet oder an einem anderen Platz im Garten stehen. Auf Grundstücken in windiger Lage sollte er sicher im Boden verankert werden.

Tipps, Werkzeuge, Material

Schwierigkeitsgrad

- Dies ist ein einfaches Projekt, das keine besonderen handwerklichen Fähigkeiten erfordert. Sie brauchen nur etwas Geduld.

Der richtige Zeitpunkt

- Jederzeit bei einigermaßen schönem Wetter, wenn der Boden nicht zu nass oder schlammig ist.

Werkzeug

- Klebeband, Tacker, Bohrmaschine, Schraubenzieher/Akkuschrauber, Säge, Lineal, Bandmaß, Bleistift.

Material

- Kesseldruckimprägniertes Nadelholz.

Zeitaufwand

- Sie sollten 1–2 Tage bzw. ein Wochenende einplanen.

1 Zuerst werden zwei Eckpfosten auf ebenen Untergrund gelegt – oben dicht zusammen, unten weiter auseinander. Provisorisch mit dünnen Leisten und Klebeband oder einem Tacker fixieren.

2 Die Positionen der Querstreben anzeichnen, dabei auf gleichmäßige Abstände achten.

3 Mit einem verschiebbaren Winkelmesser den Winkel ermitteln, in dem die

1

2

3

Enden der Streben abgeschrägt werden müssen. Dieser Winkel ist bei allen Streben gleich.

4 Die Längen der Streben direkt an den vorbereiteten Eckpfosten abmessen. An den Enden die Winkel anzeichnen, dann die Leisten zuschneiden.

5 Die provisorische Fixierung noch nicht lösen. Das Seitenteil auf die Spitze gestellt in eine Werkbank einspannen und die Streben einsetzen.

6 Wenn der Obelisk gestrichen werden soll, wird das jetzt erledigt – bevor er komplett zusammengebaut wird.

7 Die beiden Seitenteile mithilfe der restlichen Streben verbinden. Die Länge direkt an den Eckpfosten abmessen. Die Verbindungsstreben müssen ebenso lang sein wie die Streben der Seitenteile. Zum Fixieren von unten schrauben und von oben nageln.

8 Zum Schluss eine Spitze aus Verschnitt bauen und auf den Obelisken setzen.

PROJEKT

Eine Pergola errichten

Tipps, Werkzeuge, Material

Schwierigkeitsgrad

- Ein recht einfaches Vorhaben. Handwerkliche Kenntnisse sind nicht nötig, machen die Arbeit aber natürlich leichter.

Der richtige Zeitpunkt

- Jederzeit bei einigermaßen schönem Wetter, wenn der Boden nicht zu nass oder schlammig ist.

Werkzeug

- Bohrmaschine, Schraubenzieher/Akkuschrauber, Säge, Bandmaß, Lineal, Bleistift.

Material

- Kesseldruckimprägniertes Nadelholz. Hier wird der Aufbau eines Bausatzes gezeigt. Wer seine Pergola individuell konstruieren möchte, kann die Anleitungsschritte entsprechend abwandeln.

Zeitaufwand

- Sie müssen mit 1–2 Tagen bzw. einem Wochenende rechnen.

Eine einfache Pergola ist eine sinnvolle und attraktive Bereicherung für jeden Garten. Sehr schön sieht es aus, wenn man sie über einem Weg errichtet. Man kann sie aber auch über einer Sitzecke aufstellen, um im Schatten des zukünftigen Blätterdachs auszuruhen. Kletterpflanzen ranken an den Pfosten in die Höhe und hängen von den Querbalken herab, an die man zusätzlich Ampeln mit bunten Blumen hängen kann. Eine Terrasse oder ein Holzdeck, wie in unserem Beispiel, bieten sich für eine Pergola an. Sie können sie selbst aus stabilen Kanthölzern bauen. Alternativ haben Sie die Auswahl zwischen kompletten Bausätzen in vielen verschiedenen Ausführungen. Manche Hersteller bieten auch passendes Zubehör an, etwa Spalierfelder, die zwischen die Pfosten oder Balken gesetzt werden können und als Überdachung oder Windschutz dienen. Wer möchte, kann solche Elemente natürlich selbst konstruieren.

1

2

1 Wenn Sie einen Bausatz gekauft haben, kontrollieren Sie zuerst, ob das Set komplett ist und lesen Sie die Aufbauanleitung gründlich durch. Gute Vorbereitung zahlt sich immer aus.

2 Je nach Größe der Pergola können die senkrechten Pfosten mit Betonfundamenten oder Einschlaghülsen im Boden verankert werden. Hier werden sie in Pfostenträgern auf das Deck geschraubt.

3 Bei dieser fächerförmigen Pergola wird zuerst der Eckpfosten aufgestellt. Die drei vorderen Pfosten werden von einem gekrümmten Balken miteinander verbunden, ehe einige der speichenartigen Träger lose aufgelegt werden. Die Positionen exakt anzeichnen und die Pfosten genau senkrecht ausrichten, ehe sie festgeschraubt werden. Dann werden die restlichen Querträger aufgelegt und fixiert.

4 Bei diesem Bausatz sind die Enden der Träger bereits so zugeschnitten, dass sie in die Halterung am Eckpfosten passen. Sie werden mit langen Holzschrauben befestigt.

5 Falls nötig, können individuelle Veränderungen vorgenommen werden. Hier wurde um den Ansatz der Träger am Eckpfosten eine Verkleidung aus Sperrholz gebaut.

6 Zum Schluss unbedingt diagonale Streben zur Versteifung einfügen, auch wenn sie nicht im Bausatz enthalten sind.

PROJEKT

Einen Rosenbogen bauen und bepflanzen

Ein Rankbogen mit einer duftenden Kletterrose ist ein Genuss für die Sinne und ein zauberhafter Blickfang im Garten. Man könnte den Bogen über einem Weg errichten oder in ein Spalier integrieren. Sehr hübsch sieht es auch aus, wenn man einen breiten Bogen am Rand des Gartens platziert und darunter eine Bank aufstellt.

Ein Rosenbogen sollte unbedingt so breit sein, dass man bequem hindurchgehen kann, und so hoch, dass man nicht an herabhängenden Zweigen hängen bleibt. Denken Sie auch daran, dass Sie vielleicht manchmal mit der Schubkarre oder dem Rasenmäher durch den Bogen fahren müssen. Damit der Bogen lange hält, sollten Sie kesseldruckimprägniertes Nadelholz verarbeiten. Wenn Sie sich für einfache T-Überblattungen entscheiden, brauchen Sie kein spezielles Werkzeug. Die vier Pfosten einfach in den Boden setzen und die Erde feststampfen.

Tipps, Werkzeuge, Material

Schwierigkeitsgrad

- Dieses Projekt ist etwas anspruchsvoller und erfordert handwerkliche Erfahrung.

Der richtige Zeitpunkt

- Jederzeit bei einigermaßen schönem Wetter, wenn der Boden nicht zu nass oder schlammig ist.

Werkzeug

- Zimmermannshammer, Spaten, Hammer, Bohrmaschine, Schraubenzieher/Akkuschrauber, Säge, Lineal, Bandmaß, Bleistift.

Material

- Kesseldruckimprägniertes Nadelholz (siehe Stückliste auf der nächsten Seite. Bei Bedarf können die Maße abgewandelt werden, um sie der gewünschten Bogengröße anzupassen.)

Zeitaufwand

- Für dieses Projekt benötigen Sie 1–2 Tage bzw. ein Wochenende.

1 Dieser Rosenbogen wird mit einfachen Überblattungen gebaut. Auf den Pfosten und Querstreben werden die Überblattungsflächen angezeichnet und eingesägt – möglichst exakt, umso leichter ist die Weiterverarbeitung.

2 Die oberen Träger stehen seitlich über die Pfosten, darum müssen die Verbindungsstellen genau ausgemessen und auf den Pfosten angezeichnet werden.

3 Die Überblattungsflächen zwischen den Sägeschnitten mit einem breiten Stecheisen sauber ausstemmen.

4 An den Enden der oberen Querbalken mit Bleistift und Winkelmesser jeweils einen 45°-Winkel anzeichnen. Die Enden so exakt wie möglich absägen.

5 Die Passform der Verbindungsstellen kontrollieren und bei Bedarf korrigieren – sie müssen aber nicht so exakt wie bei einem Möbelstück aussehen. Die Verbindungen verleimen und mit einigen dicken Schrauben zusätzlich sichern. Die Pfosten provisorisch mit einem Stück Verschnittholz fixieren, bis sie in die Erde gesetzt werden.

6 Auch die beiden seitlichen Spaliere werden mit Überblattungen an die Pfosten gesetzt. Die Überblattungen anzeichnen und ausstemmen. An den Querträgern oben auf dem Rosenbogen Ausnehmungen ausstemmen, wo die Querträger später auf die Längsträger gelegt werden.

Stückliste

Bauteil:	Menge:	LÄNGE nach Aufmaß:	BREITE Fertigmaß:	STÄRKE Fertigmaß:
Pfosten:	4	2,4 m	75 mm	75 mm
Längsträger:	2	1,5 m	75 mm	75 mm
Querträger:	5	1,2 m	75 mm	50 mm
Spalierrahmen:	4	1,5 m	50 mm	25 mm
	4	685 mm	50 mm	25 mm
Spalier:	Genügend Leisten für zwei Felder			
		50 mm	12 mm	

7 Die Spalierfelder rechtwinklig ausrichten und ihre Ecken mit Leim und Schrauben fixieren. Herausquillenden Leim sofort abwischen.

8 Die Spaliere können direkt an die Pfosten geschraubt werden. Wenn Sie dünne Leisten verarbeiten, können Sie statt des Rechteckmusters auch ein Rautenmuster konstruieren.

9 Die Löcher für die Pfosten ausheben.

10 Den Bogen aufstellen und die Hauptteile provisorisch fixieren. Erde in die Löcher füllen und feststampfen.

11 Die seitlichen Spalierfelder an die Pfosten schrauben.

12 Zum Schluss die Querträger befestigen: je einen über jedem Pfostenpaar, die drei übrigen dazwischen in regelmäßigen Abständen.

RECHTE SEITE: *Nach einigen Jahren trägt der Bogen Blütenkaskaden.*

Rosen für den Rosenbogen

Es gibt viele Sorten von Kletter- und Rambler-Rosen, die sich für einen Rosenbogen eignen. Manche können mit den Jahren stattliche Ausmaße annehmen. Rambler-Rosen sind von Natur aus sehr wuchsfreudig. Sie bilden viele lange, geschmeidige Triebe und tragen an den neuen Trieben dichte Gruppen mit zahlreichen Blüten. Sie blühen aber nur einmal im Jahr und sind anfällig für Mehltau.

Kletterrosen dagegen tragen große Blüten, die in kleinen Gruppen stehen. Ihre Triebe sind fester und steifer als die von Ramblern, außerdem sind sie widerstandsfähiger gegen Krankheiten. Die Blüten stehen nicht an neuen Trieben, sondern am alten Holz. Zu den schönsten gehören kletternde Bourbon- und Teerosen sowie andere großblütige Sorten.

LINKS OBEN: Rosa *'Blairii Number 2' ist eine preisgekrönte Sorte, die sich gut für Rosenbögen eignet.*

LINKS UNTEN: *Auch die kletternde Floribunda-Rose 'Masquerade' ist optimal für Bögen.*

Lauben, Schuppen und Unterstände

Wer einen großen Garten hat, wünscht sich vielleicht ein lauschiges Gartenhäuschen oder einen praktischen Schuppen für Werkzeug und Rasenmäher. Lassen Sie sich vom vermeintlich komplizierten Aussehen solcher Gebäude nicht abschrecken. In Baumärkten und Gartencentern bekommt man Bausätze, die leicht aufzubauen sind. Wer handwerklich geschickt ist, kann natürlich auch selbst ein Gartengebäude ganz nach eigenen Vorstellungen entwerfen.

Auf den folgenden Seiten werden verschiedene Projekte vorgestellt, die gut aussehen und nützlichen Stauraum bieten. Die Gartenlaube ist ein Schmuck für jeden größeren Garten. Fast alle Gärtner begeistern sich für praktische Projekte wie einen Schuppen, ein Frühbeet und einen Komposter.

Gestaltungstipps für

Gartengebäude

Mit Holz arbeiten

Manche der Projekte in diesem Kapitel sind ganz einfach zu bauen und ausgesprochen nützlich für den Gartenalltag. Holz ist leicht und angenehm zu verarbeiten. Und wenn es vor Nässe geschützt wird, ist sogar unbehandeltes Holz relativ widerstandsfähig gegen Verrottung. Das gilt vor allem für Harthölzer wie Kastanie und Eiche sowie für Zeder, deren Öle natürlich imprägnieren. Kesseldruckimprägniertes Nadelholz muss nach der Verarbeitung nicht gestrichen werden. Weil die Imprägnierung Schwermetalle enthält, Verschnitt nicht verbrennen oder kompostieren.

OBEN: *Ein Gartenhaus kann verschiedenen Zwecken dienen – als Werkstatt, Büro oder Spielzimmer für die Kinder.*

Schuppen für alle Fälle

Natürlich bietet ein Schuppen im Garten nützlichen Stauraum, aber man kann die einfachen Gartengebäude auch zu anderen Zwecken nutzen. Ein Stromanschluss und eine zusätzliche Isolierung von Dach, Wänden und Fußboden genügen, um sie in ein Arbeitszimmer zu verwandeln, vielleicht auch in ein Schlechtwetterspielzimmer für die Kinder oder einfach einen Raum, in den man sich einmal zurückziehen kann. Selbst wenn der Schuppen als Werkstatt benutzt wird, lässt sich ein Platz für einen Wasserkocher, einen bequemen Sessel, einen Läufer und vielleicht einen Heizlüfter finden. Streichen Sie die Innenwände mit einer hellen Lasur oder Farbe, dann wirkt der Schuppen gleich viel größer und wohnlicher. Von außen könnte man ihn mit duftenden Kletterpflanzen oder Blumenkästen dekorieren. Und statt einen Schuppen verschämt zu verstecken, könnte man ihn in einer fröhlichen Farbe streichen und ihn mit einer Dachrinne ausstatten, die gleich eine oder zwei Regentonnen füllt. Es wäre sogar denkbar, das Dach mit Folie und einer Pflanzmatte zu belegen und mit kleinen Sukkulenten wie Fetthenne *(Sedum)* und Dachwurz *(Sempervivum)* zu begrünen.

UNTEN: *Der halb verfallene, überwucherte Schuppen hat eine Renovierung nötig, aber er bietet praktischen Stauraum und gibt dem Garten Charakter.*

OBEN: *Bei dieser Laube sind Dach und Seiten offen gestaltet, weil sie hauptsächlich als Dekoration dient und keinen Schutz bieten muss.*

Blumen, die am Abend duften

- *Brugmansia* (Engelstrompete)
- *Hesperis matronalis* (Nachtviole)
- *Jasminum officinale* (Jasmin)
- *Lilium longiflorum* (Lilie)
- *Lonicera periclymenum* 'Serotina' (Geißblatt)
- *Matthiola bicornis* (Levkoje)
- *Mirabilis jalapa* (Japanische Wunderblume)
- *Nicotiana sylvestris* und *N. alata* (Ziertabak, hohe Sorten)
- *Petunia* (Petunie, dunkle Sorten und Sorten mit dunkler Äderung)
- *Phlox paniculata* (Phlox)

Ein bepflanztes Dach lockt viele nützliche Insekten an, muss bei längerer Trockenheit aber bewässert werden. Andere Bedachungsalternativen, die attraktiver aussehen als Dachpappe, wären gebrauchte Dachpfannen, Holzschindeln oder Pfannenbleche.

Wer den Schuppen zum Umtopfen und zum Lagern von Gartengeräten nutzen will, sollte reichlich Haken und Regale anbringen, um Werkzeug und Utensilien übersichtlich aufzubewahren. Stapelkisten halten knappe Bodenfläche frei. Offene Beutel mit Blumenerde können in Eimern unter der Arbeitsfläche sauber und griffbereit verstaut werden.

Lauben und Pavillons

Gartenpavillons und Lauben gibt es in vielen Ausführungen. Viele haben eine sechs- oder achteckige Grundfläche, manche haben geschlossene Wände, bei anderen bestehen sie aus Spaliergittern, und manchmal sind die Seiten ganz offen. Lauben mit geschlossenen Seiten sind generell intimer und bieten besseren Wind- und Sichtschutz. Eine Bauanleitung finden Sie auf den Seiten 122–127. Natürlich können Sie sie nach eigenen Vorstellungen abwandeln und beispielsweise andere Wände oder zusätzlich eine Tür einbauen.

Lauben und andere dekorative Gartengebäude baut man am besten an einem warmen, geschützten Platz im Garten, an dem man an schönen Tagen und milden Sommerabenden angenehm sitzen kann. Auch wenn es kühler wird oder nieselt, bieten sie Schutz. Ein Gartenhaus kann ganz simpel eingerichtet sein, aber auch so luxuriös wie ein Wohnraum im Haus. Lichterketten oder Windlichter schaffen eine romantische Atmosphäre. Vielleicht möchten Sie auch duftende Pflanzen (siehe Kasten links) in die Nähe setzen, ein plätscherndes Wasserspiel aufstellen oder ein schönes Bodenmosaik verlegen?

UNTEN: *Gartenlauben und Pavillons sind vor allem an milden Sommerabenden ein romantischer Sitzplatz. Bei der Gestaltung sind der Fantasie keine Grenzen gesetzt.*

Gestaltungstipps für

Gartengebäude

Komposter

Ein großer Komposter aus Holz, besser zwei oder mehr zum einfachen Umsetzen, sind praktisch, um Rasenschnitt, Garten- und Gemüseabfälle in wertvolle organische Substanz zu verwandeln, die den Boden mit Nährstoffen anreichert und seine Struktur verbessert. Gut verrotteter Gartenkompost kann im Nutzgarten verteilt werden, leistet aber auch als Mulch auf Blumenbeeten gute Dienste, weil er Unkrautwuchs unterdrückt und die Fruchtbarkeit des Bodens erhöht. Stellen Sie die Komposter in einigem Abstand zum Sitzplatz auf, am besten hinter einer kleinen Hecke oder berankten Spalieren oder einem Flechtzaun aus Hasel- oder Weidenruten. Wenn sie sich nicht verstecken lassen, kann man sie auch einfach in fröhlichen Farben streichen. Planen Sie den Zugang breit genug für eine Schubkarre.

Pflanzen aufziehen und schützen

Wer keinen Platz für ein Gewächshaus hat und im Frühling alle Fensterbänke mit Anzuchtkästen vollstellt, sollte über ein kaltes Frühbeet nachdenken. Ähnlich wie ein kleines, unbeheiztes Gewächshaus ist es ein ausgezeichnetes Übergangsquartier, um Jungpflanzen abzuhärten, bevor sie ins Beet gepflanzt werden. In der feuchten, geschützten Atmosphäre wurzeln auch Stecklinge sehr gut. Im Herbst und Winter kann man im kalten Frühbeet Salate ziehen, die etwas Kälte vertragen. In Gegenden mit feuchten Wintern ist das kalte Frühbeet ideal, um Sukkulenten und alpine Pflanzen zu überwintern, die Nässe schlecht vertragen.

Wegen der Glasabdeckung wärmt sich das Innere tagsüber schnell auf, sodass frostverträgliche Einjährige und Gemüse auch ohne Heizung darin vorgezogen werden können.

UNTEN: *Komposter sind im Nutzgarten unentbehrlich, und sie müssen gar nicht hässlich sein. Diese sehen aus wie fröhlich bunte Bienenkästen.*

Kompost-Tipps

Damit pflanzliche Abfälle schnell und gleichmäßig verrotten, sollten Sie einige Regeln beachten:

- Abfälle von Obst und Gemüse sowie Eierschalen können kompostiert werden, aber keine gekochten oder tierischen Produkte.
- Damit die Mischung nicht zu feucht wird, zerknülltes Zeitungspapier oder zerrissene, unbeschichtete Pappe (z. B. Toilettenpapierrollen) untermischen.
- Lebensmittelverpackungen aus Zellulose sind oft kompostierbar. Lesen Sie den Packungsaufdruck!
- Blätter von Brennnesseln und Beinwell reichern den Kompost mit Nährstoffen an. Verwelkte Blumen, Abfälle aus dem Gemüsegarten, grüner Strauchschnitt und einjährige Unkräuter ohne Samen können ebenfalls kompostiert werden.
- Rasenschnitt abwechselnd mit trockenem, grobem Material einfüllen.
- Zeitungspapier und Heu aus Kleintierkäfigen darf auf den Kompost, aber nicht zu viele trockene Sägespäne.
- Bei Trockenheit den Kompost begießen. Wenn er zu nass ist, mehr trockenes, grobes Material untermischen. Mehrmals im Jahr umsetzen, um Sauerstoff zuzuführen und die Verrottung zu beschleunigen.

LINKS: *Gewächshäuser dienen in erster Linie einem praktischen Zweck, können aber auch ausgesprochen dekorativ aussehen.*

OBEN: *Ein Frühbeetkasten mit einer verglasten Klappe bietet Jungpflanzen den Schutz, den sie im Frühling brauchen.*

Weil es im Frühling noch Nachtfrost geben kann, ist eine Isolierung zum Schutz vor Kälte allerdings notwendig. Verwenden Sie Reste von alter Auslegeware, Styroporplatten oder Luftblasenfolie, um Boden und Wände des kalten Frühbeets auszukleiden, und schieben Sie auch Isolierung zwischen die Pflanzen – aber Vorsicht, Jungpflanzen sind druckempfindlich.

Temperatur und Helligkeit lassen sich regulieren, indem man tagsüber die Klappen öffnet und bei starker Sonne das Glas mit Gartenvlies oder Sackleinen beschattet. Vor allem im Sommer ist die Beschattung wichtig, denn dann kann es selbst bei geöffneten Klappen im Frühbeetkasten so heiß werden, dass die Jungpflanzen Schaden nehmen oder sogar absterben. Gießen Sie vormittags, damit die Blätter abtrocknen können, bevor abends die Klappen geschlossen werden. So vermeiden Sie Pilzbefall. Auch an warmen Tagen sollten Sie nicht zu reichlich gießen.

Auslauf für Tiere

Hühner hält man normalerweise der Eier wegen, aber manche sehen auch einfach putzig aus, beispielsweise die scheinbar aufgeplusterten kleinen Seidenhühner. Sie legen zuverlässig, wenngleich die Eier etwas kleiner als die handelsüblichen Hühnereier sind. Die Seidenhuhn-Typen mit dick befiederten Beinen scharren nicht so intensiv wie andere Hühner. Lässt man sie frei im Nutzgarten laufen, vertilgen sie Raupen und andere Schädlinge. Wie man ihnen einen sicheren Stall mit Auslauf baut, sehen Sie auf den Seiten 134–137. Stellt man so ein Häuschen mit Auslauf auf den Rasen, fühlen sich auch Kaninchen oder Meerschweinchen darin wohl. Falls sie sich nicht aus dem Haus trauen, decken Sie einige Tage lang ein altes Laken über den Auslauf, bis sie mutiger geworden sind. Eine Wasserflasche im Auslauf nicht vergessen!

UNTEN: *Haustiere gehören zur Familie, darum haben auch sie ihren Platz im Garten verdient.*

PROJEKT

Eine Gartenlaube bauen

Eine Gartenlaube sollte dekorativ und praktisch sein. Im Idealfall findet man für sie einen Platz, an dem sie gut zur Geltung kommt und von dem aus man eine schöne Aussicht hat. Denkbar wäre beispielsweise eine lauschige Ecke des Gartens, möglichst ein bisschen erhöht, wo man ruhig sitzen und den Ausblick auf den Garten und die Umgebung genießen kann. Sie können selbst bestimmen, wie viele Seiten Ihre Laube haben soll. Form und Größe sollten aber auf den verfügbaren Platz und die Proportionen der Umgebung abgestimmt sein. Skizzieren Sie den Grundriss möglichst in Originalgröße, damit Sie die Winkel direkt aus der Zeichnung übernehmen können. Unser sechseckiges Modell besteht aus senkrechten Pfosten (50 mm x 50 mm) mit einer Verkleidung aus Schalbrettern. Es kann nach Belieben vergrößert werden. Der Bau beginnt mit der Bodenplatte.

Tipps, Werkzeuge, Material

Schwierigkeitsgrad

- Sie sollten über solide handwerkliche Erfahrung verfügen.

Der richtige Zeitpunkt

- Jederzeit bei einigermaßen schönem Wetter, wenn der Boden nicht zu nass oder schlammig ist.

Werkzeug

- Bandsäge (im Idealfall), Säge, Drehbank (im Idealfall), Bohrmaschine, Schraubenzieher/Akkuschrauber, Lineal, Zirkel, Bandmaß, Bleistift.

Material

- Kesseldruckimprägniertes Nadelholz. (Die Firstverzierung und einige andere Details können aus Verschnitt angefertigt werden.)

Zeitaufwand

- Dies ist ein größeres Vorhaben, für das Sie 4–5 Tage bzw. mindestens zwei Wochenenden einplanen sollten.

1

2

3

1 Bei der Bodenplatte ist Sorgfalt nötig, damit alle Seiten gleichmäßig ausfallen. OSB-Platten in passendem Format auf den Boden legen. So bekommen Sie auch eine Vorstellung von der Größe der Laube.

2 Den Grundriss der Laube in Originalgröße auf die Platte zeichnen, dabei auf exakte Winkel achten.

3 Die Laube ist sechseckig, hat aber nur fünf Seitenrahmen. Drei werden von oben bis unten verkleidet, zwei bis auf halbe Höhe. Die sechste Seite bleibt offen, als Eingang.

Stückliste

Bauteil:	Menge:	LÄNGE nach Aufmaß:	BREITE Fertigmaß:	STÄRKE Fertigmaß:
Geschlossene Felder:	9	2,1 m	50 mm	50 mm
	6	1,1 m	50 mm	50 mm
Genügend Schalbretter, um die Rahmen zu verkleiden				
Seitenteile:	4	2,1 m	50 mm	50 mm
	8	1,1 m	50 mm	50 mm
Genügend Schalbretter, um die unteren Rahmen zu verkleiden				
Spalierfelder:	8	1,1 m	50 mm	25 mm
Ausreichend Leisten zum Bau der Spaliergitter				
Sperrholz-Winkelstücke:	6	380 mm	200 mm	12 mm
Dachbalken:	6	1,8 m	75 mm	75 mm
	6	1,8 m	38 mm	25 mm
Dach:	Genügend Schalbretter zum Bedecken der sechs Abschnitte			

4 Wenn die Rahmen gebaut sind, kann die Verkleidung montiert werden. Wir haben Schalbretter verwendet, die preiswert und relativ leicht, aber durabel sind und ordentlich aussehen. Für saubere Kanten müssen die Schalbretter gleich weit über die Rahmen vorstehen. Eine lose Leiste dient dabei als Orientierung. An den zur Hälfte verkleideten Rahmen müssen die Schalbretter nur zu den geschlossenen Wänden hin überstehen, nicht Richtung Eingang.

5 Die Rahmen für die Spaliere werden mit Überblattungen an den Ecken gearbeitet, mit Leim und Schrauben fixieren. Die Überblattungen sauber ausstemmen, damit die Konstruktion stabil wird und Sie später nicht nacharbeiten müssen.

6 Falls die Spaliere gestrichen werden sollen, müssen die Innenkanten, die später nicht mehr zugänglich sind, jetzt Farbe bekommen. Nach dem Zusammenbau können die Außenseiten und Enden gestrichen werden.

7 Wenn die Spaliere exakt anhand der Maße in der Stückliste (S. 123) gebaut wurden, sollten Sie in die Rahmen passen. Sind sie etwas zu groß, können die Kanten abgehobelt werden. Einige Schrauben im äußeren Rahmen jedes Spaliers genügen.

8 Um den weiteren Bau zu erleichtern, werden nun aus Sperrholz Winkelstücke zugeschnitten, die mehrere Funktionen erfüllen. Sie dienen als zusätzliche Verstärkung der Eckverbindungen und sorgen dafür, dass die Seitenteile im richtigen Winkel zusammengefügt werden. Außerdem bilden sie eine glatte Auflage für die Dachkonstruktion.

9 Die ersten beiden geschlossenen Rahmen oben mit dem Sperrholzwinkel und unten mit einem dünnen Metallwinkel verbinden. Der Metallwinkel kann wieder entfernt werden, wenn die Laube auf ihrem endgültigen Untergrund (z.B. einem Holzdeck oder einem Betonfundament) fixiert ist.

7

8

9

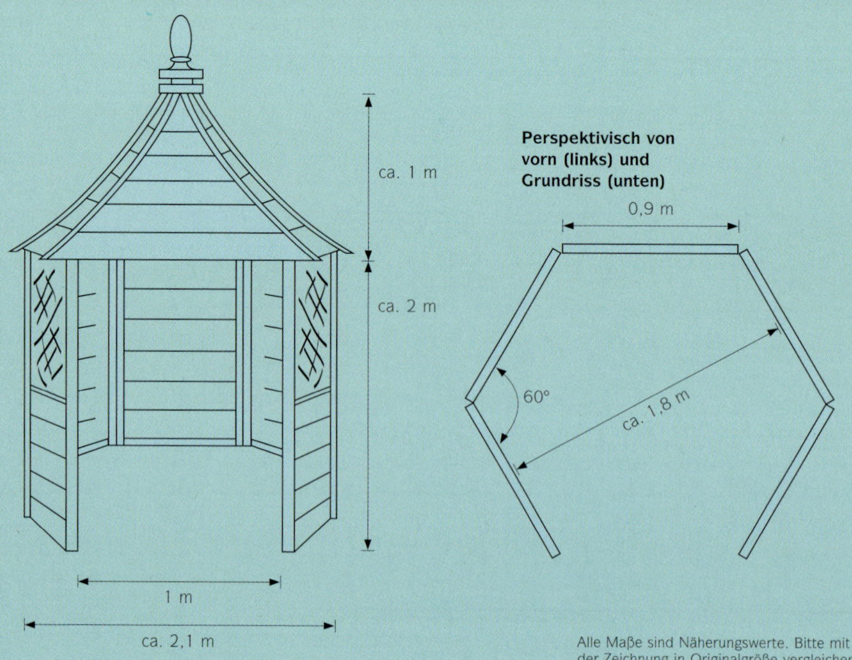

Perspektivisch von vorn (links) und Grundriss (unten)

Alle Maße sind Näherungswerte. Bitte mit der Zeichnung in Originalgröße vergleichen.

10 Die anderen Felder werden ebenso angesetzt. Auch die Querlatte über dem Eingang wird an den Sperrholzwinkelstücken festgeschraubt. Die Abmessungen und Winkel dieser Latte können Sie direkt aus der Zeichnung übernehmen.

11 Nun werden die Blendleisten rund um den Eingang montiert. Auch über die äußeren Kanten der Winkel schrauben Sie senkrechte Bretter, um die Stöße der Schalbretter zu verdecken. In der Mitte jedes geschlossenen Feldes wird ein senkrechtes Brett zur Versteifung angebracht.

12 Den Durchmesser der zusammengesetzten Laube ausmessen und in Originalgröße die untere Kontur des Daches aufzeichnen. Es sollte eine Neigung von 25–45° haben. Ein sechseckiges Mittelstück zuschneiden.

LINKS: *Diese größere Laube hat ringsherum offene Seiten mit niedrigen Gittern. Auch das Dach ist nicht geschlossen, sondern durchbrochen.*

13 Wenn die Dachbalken zugesägt, mit Balkenschuhen versehen und gestrichen sind, können sie montiert werden. Das gelingt leichter, wenn man zuerst zwei Balken am Mittelstück befestigt. Eine Holzscheibe auf dem Mittelstück dient zur Befestigung der Verzierung und lässt Regenwasser besser vom Dach abfließen.

14 Ein Teil des Daches zuschneiden und einpassen. Wenn die Balken in gleichen Abständen montiert sind, kann das erste Dachteil als Schablone zum Zuschneiden der fünf weiteren verwendet werden. Nun die Dachteile streichen und erst dann montieren.

15 Eine Verzierung für die Dachspitze zusägen oder drechseln. Die Gestaltung bleibt ganz Ihnen überlassen. Die Verzierung sollte gestrichen und montiert werden, bevor das Dach komplett geschlossen ist.

RECHTE SEITE: *Die fertige Laube inmitten ihrer grünen Umgebung.*

13

14

15

Andere Materialien für Gartenlauben

Es gibt viele Materialien, aus denen man eine Gartenlaube bauen kann. Nur Ihre Fantasie und Ihr Budget setzen Grenzen. Wer es rustikal mag, könnte sie aus derben Rundhölzern und Querstreben bauen (siehe Seite 100–103). Vielleicht gefällt Ihnen auch der asiatische Dschungeleffekt von Bambus (unten)? Wenn Sie einen großen, formal angelegten Garten mit edlen Dekorationen besitzen, wäre auch eine reicher verzierte Konstruktion mit einem zweiteiligen Dach und Schindeln aus echtem Schiefer denkbar (ganz unten).

PROJEKT

Komposter mit mehreren Kammern

Tipps, Werkzeuge, Material

Schwierigkeitsgrad

- Das Projekt ist recht einfach, aber handwerkliche Grundkenntnisse sind von Vorteil.

Der richtige Zeitpunkt

- Jederzeit bei einigermaßen schönem Wetter, wenn der Boden nicht zu nass oder schlammig ist.

Werkzeug

- Säge (möglichst elektrisch), Bohrmaschine, Schraubenzieher/Akkuschrauber, Wasserwaage, Lineal, Bandmaß, Bleistift.

Material

- Kesseldruckimprägniertes Holz (genaue Abmessungen siehe Stückliste auf Seite 129).

Zeitaufwand

- Sie müssen mit etwa 1–2 Tagen bzw. einem Wochenende rechnen.

Ein Komposter ist ausgesprochen praktisch, um pflanzliche Abfälle aus Garten und Küche zu recyceln. In dem Behälter siedeln sich bald Kompostwürmer an, die aus den Grünabfällen wertvollen Kompost machen. Bei der biologischen Umsetzung entsteht Wärme, die die Verrottung beschleunigt, und nach einer Weile entsteht aus Grünabfall nährstoffreicher, nach Waldboden duftender Kompost. Ideal sind zwei oder mehr Kompostbehälter. Einer wird im Lauf eines Jahres gefüllt, dann wird er abgedeckt, beispielweise mit einem Stück alter Auslegeware, und kann ruhen, während der zweite Komposter gefüllt wird. Wenn der Kompost reif ist, wird er im Garten verteilt. Nun lassen Sie den Inhalt des zweiten Komposters ruhen und füllen den ersten erneut. Unser Modell wird aus kesseldruckimprägniertem Nadelholz und wasserfest verleimtem Sperrholz gebaut.

1 Wenn Sie die Abmessungen Ihres Komposters festgelegt haben, schneiden Sie das Sperrholz zu. Sie können dafür eine Handsäge verwenden, aber mit einer Handkreissäge und einem Anschlag geht es schneller und exakter.

2 Zuerst die Außenseiten zusammenbauen. Zwei lange Rahmenleisten von der Sperrholzseite aus anschrauben. Alle Schrauben versenken.

8 Seitenteile und Mittelwand an die Rückwand setzen. Die Leisten vorbohren und die jeweils aufeinandertreffenden Leisten mit langen, stabilen Schrauben verbinden. Mit einer Wasserwaage prüfen, ob alles gerade ist, und bei Bedarf korrigieren. Es ist wichtig, dabei genau zu arbeiten, damit sich die Vorderteile einschieben lassen, ohne zu klemmen.

3 Die drei senkrechten Rahmenleisten auf Länge schneiden. Die Ausschnitte für die bereits montierten Leisten anzeichnen.

4 Die Ausschnitte auf einer Werkbank exakt aussägen. Sie müssen gut passen, damit der Rahmen stabil wird.

5 Die Teile nacheinander an die Rückwand schrauben, evtl. zusätzlich verleimen. Während der Arbeit mit Zwingen fixieren.

6 Die Seitenteile und die mittlere Trennwand ebenso vorbereiten. Wo sich Leisten überlappen, Überblattungen ausstemmen.

7 Für die Führungen der Vorderteile die Stücke so an die Vorderkanten von Seitenwänden und Mittelwand schrauben, dass ihr Abstand etwas größer als die Stärke eines Vorderteils ist. Das ist wichtig, weil das Holz bei Feuchtigkeit etwas aufquillt.

Stückliste

Bauteil:	Menge:	LÄNGE nach Aufmaß:	BREITE Fertigmaß:	STÄRKE Fertigmaß:
Wasserfest verleimtes Sperrholz				
Rückwand:	1	2,4 m	1 m	12 mm
Seiten/Mitte:	3	1,2 m	1 m	12 mm
Deckel:	1	1,2 m	1,2 m	12 mm
Kesseldruckimprägniertes Nadelholz				
Rahmen hinten:	3	1 m	75 mm	50 mm
	2	2,4 m	75 mm	50 mm
Rahmen Seiten:	2	1 m	50 mm	50 mm
	2	1 m	75 mm	50 mm
	4	1,2 m	75 mm	25 mm
Rahmen Mitte:	2	1,2 m	75 mm	18 mm
	2	1 m	75 mm	25 mm
	2	1 m	38 mm	32 mm
Führungsleisten:	8	1 m	25 mm	21 mm
Vorderteile:	16	1,2 m	100 mm	25 mm

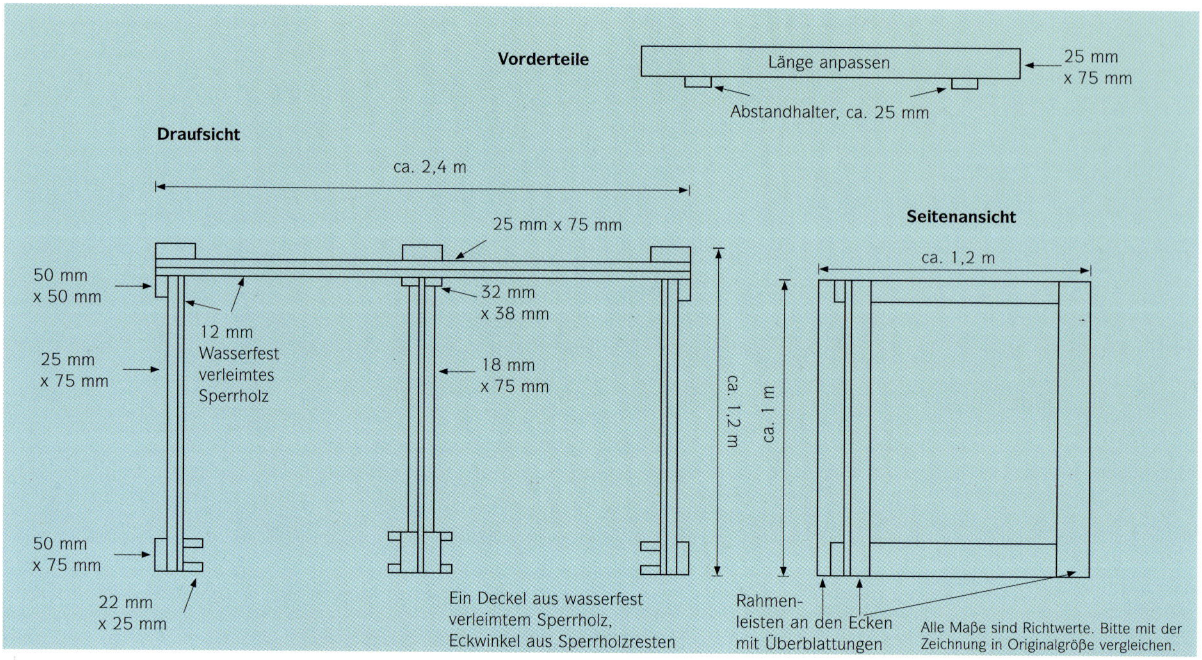

9 Für eine exakte Ausrichtung möglichst auf ebenem Boden arbeiten. Beim Zusammenbauen die Teile mit Zwingen fixieren. In diesem Stadium sollten Sie den Komposter möglichst nicht verschieben. Es ist günstig, ihn gleich am endgültigen Platz zu bauen.

10 Zur Verstärkung der rechten Winkel sollten Sie Dreiecke aus Sperrholz zusägen und auf die oberen Ecken des Komposters setzen. Dafür können Sie Verschnitt verwenden, denn die Größe spielt keine besondere Rolle.

11 Die Versteifungsteile aus Sperrholz (Dreiecke oder andere Form) werden von oben auf die Rahmenleisten geschraubt. Vorher nochmals prüfen, ob alle Ecken rechtwinklig sind. Nehmen Sie zum Befestigen lieber mehr Schrauben als zu wenige.

12 An die Bretter der Vorderteile werden Klötzchen als Abstandhalter geschraubt. Die Abstände der Klötzchen zu den Seitenkanten auf den Brettern symmetrisch anzeichnen.

13 Die Vorderteile sollten sich nun leicht in ihre Führungsleisten einschieben lassen. Alle Querleisten und Abstandhalter von hinten auf zwei Latten fixieren. Das „Frontgatter" einschieben und den Komposter befüllen.

14 Zum Schluss die einzelne Sperrholzplatte auflegen. Sie dient als Deckel für einen vollen Komposter und ist in dieser Zeit eine praktische Ablage- und Arbeitsfläche. Wer möchte, kann den Komposter von außen streichen.

OBEN UND UNTEN: *Kompost kann bei heißem Wetter unangenehm riechen und Fliegen anlocken. Bringen Sie ihn in einer abgelegenen schattigen, aber mit der Schubkarre gut erreichbaren Ecke unter.*

PROJEKT

Ein Holzfrühbeet mit transparenter Klappe

Tipps, Werkzeuge, Material

Schwierigkeitsgrad

- Das Projekt ist relativ einfach, aber handwerkliche Grundkenntnisse sind von Vorteil.

Der richtige Zeitpunkt

- Jederzeit bei einigermaßen schönem Wetter, wenn der Boden nicht zu nass oder schlammig ist.

Werkzeug

- Säge (möglichst elektrisch), Bohrmaschine, Schraubenzieher/Akkuschrauber, Wasserwaage, Lineal, Bandmaß, Bleistift.

Material

- Kesseldruckimprägniertes Nadelholz, ein Stück Acrylglas für den Deckel, Holzreste für die Feststeller, Scharniere.

Zeitaufwand

- Für den Bau des Frühbeets sollten Sie mit 1–2 Tagen bzw. einem Wochenende rechnen.

Ein Frühbeet ist praktisch, um schon früh im Jahr säen zu können und später in der Saison empfindliche Arten wie Paprika oder Gurken zu ziehen. Der hier vorgestellte Frühbeetkasten ist klein genug für einen Stadtgarten, eine Terrasse oder einen Balkon. Sie können seine Abmessungen aber ganz nach Belieben verändern oder einfach mehrere kleine Kästen bauen. Zeichnen Sie eine Skizze in Originalgröße, dann ist es einfacher, die Maße zu übertragen. Sie bauen zuerst einen Rahmen aus kesseldruckimprägnierten Kanthölzern (50 mm x 50 mm). Sägeschnitte unbedingt mit Holzschutzmittel imprägnieren. Verkleidet wird der Rahmen mit Schalbrettern. Der Deckel besteht aus einer Acrylglasplatte in einem einfachen Holzrahmen.

1 Die Seitenansicht in Originalgröße zeichnen und die Maße auf die Kanthölzer übertragen.

2 Überblattungen für die Ecken sägen.

3 Den rechtwinklig verlaufenden Schnitt der Überblattungen sägen und den Verschnitt entfernen.

4 Die untere Rahmenleiste 50 mm über dem Ende der Senkrechten einsetzen, um etwas Bodenfreiheit für einen

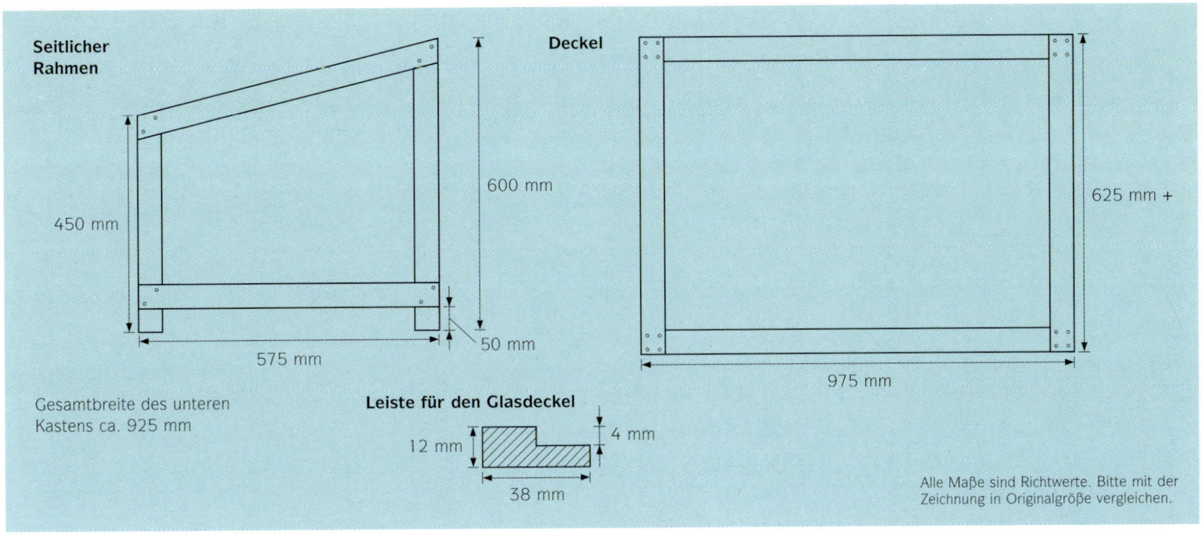

Einlegeboden zu gewinnen.

5 Die Rahmen der Seitenteile zusammensetzen, dann vorn/hinten je zwei Querhölzer einfügen.

6 Die Schalbretter an jedem Ende mit einer Schraube fixieren.

7 Auf die Oberkanten (Ecken auf Gehrung schneiden) Leisten schrauben. Auf den unteren Rahmenleisten kann ein »Boden« aus Latten befestigt werden.

8 Der Deckel besteht aus Leisten mit Überblattungen an den Ecken, die mit Leim/Schrauben verbunden werden. Streichen und fertigstellen.

PROJEKT

Kaninchenstall mit Auslauf

In diesem Kaninchenstall mit Auslauf fühlen sich auch kleine Hühner oder Meerschweinchen wohl. Er ist leicht und tragbar, recht einfach zu bauen, und die Größe kann nach Belieben verändert werden. Auf der Vorderseite des Stalls ist eine kleine Rampe angebracht, die man hochklappen und fixieren kann, um den Innenraum zu verschließen. Auf der anderen Seite befindet sich eine breitere Tür, die man zum bequemen Reinigen leicht öffnen kann. Zuerst wird der untere Rahmen des Stalls gebaut. Bevor das Dach aufgesetzt wird, müssen am Boden die Ecken für die senkrechten Rahmenleisten ausgeschnitten werden. Dann wird der Boden eingesetzt. Wenn der Stall fertig ist, müssen noch Beschläge zum Fixieren des Auslaufs angebracht werden. Haken und Ringschrauben genügen dafür. Bevor Sie Tiere hineinsetzen, kontrollieren Sie, ob alles wirklich fuchssicher ist.

Tipps, Werkzeuge, Material

Schwierigkeitsgrad

- Das Projekt ist relativ einfach, aber handwerkliche Grundkenntnisse sind unbedingt von Vorteil.

Der richtige Zeitpunkt

- Jederzeit bei einigermaßen schönem Wetter, wenn der Boden nicht zu nass oder schlammig ist.

Werkzeug

- Säge (möglichst elektrisch), Bohrmaschine, Schraubenzieher/Akkuschrauber, Wasserwaage, Streichmaß, Lineal, Bandmaß, Bleistift.

Material

- Kesseldruckimprägniertes Nadelholz, etwas Sperrholz, verzinkter Maschendraht (kleinmaschig, für Dach, Längsseiten und eine Schmalseite des Auslaufs).

Zeitaufwand

- 1–2 Tage bzw. ein Wochenende sollten Sie sich für dieses Projekt Zeit nehmen.

1 Die Seitenansicht in Originalgröße detailgenau aufzeichnen. So gelingt es leichter, Maßstab und Proportionen einzuhalten.

2 Aus der Zeichnung können Sie nun die einzelnen Maße direkt auf die Holzteile übertragen.

3 Jeweils alle Teile eines Typs in einem Arbeitsgang anzeichnen und vorbereiten, damit sie gleichmäßig ausfallen.

4 Der Boden des Stalls liegt etwas oberhalb der Erde, darum müssen die unteren Rahmenleisten leicht erhöht eingesetzt werden.

5 Die Positionen der Überblattungen an allen Teilen mithilfe einer Schablone anzeichnen.

6 Manche Überblattungen können gesägt werden.

7 Die unteren Überblattungen der Senkrechten zuerst quer zur Faser einsägen, dann die Fläche bis auf die angezeichnete Tiefe ausstemmen.

8 Nun die einzelnen Teile des Stalls bauen und anschließend zusammensetzen. Damit das Holz beim Schrauben nicht reißt, alle Löcher vorbohren. Bei der Verkleidung auf Gleichmäßigkeit achten.

9 Die Enden der Schalbretter mit je einer Schraube an den Rahmenhölzern befestigen. Wenn die Seiten verkleidet sind, werden dazwischen die Rahmen der Giebelseiten eingefügt. Den Boden einbauen.

10 Die Dachbalken ragen etwas über die Wände hinaus und liegen bündig auf.

11 Weil das Dach eine Neigung von 45° hat, muss oben an den Dachbalken nur eine einfache Gehrung geschnitten werden. Beim Zusammenschrauben werden sie mit Zwingen gehalten.

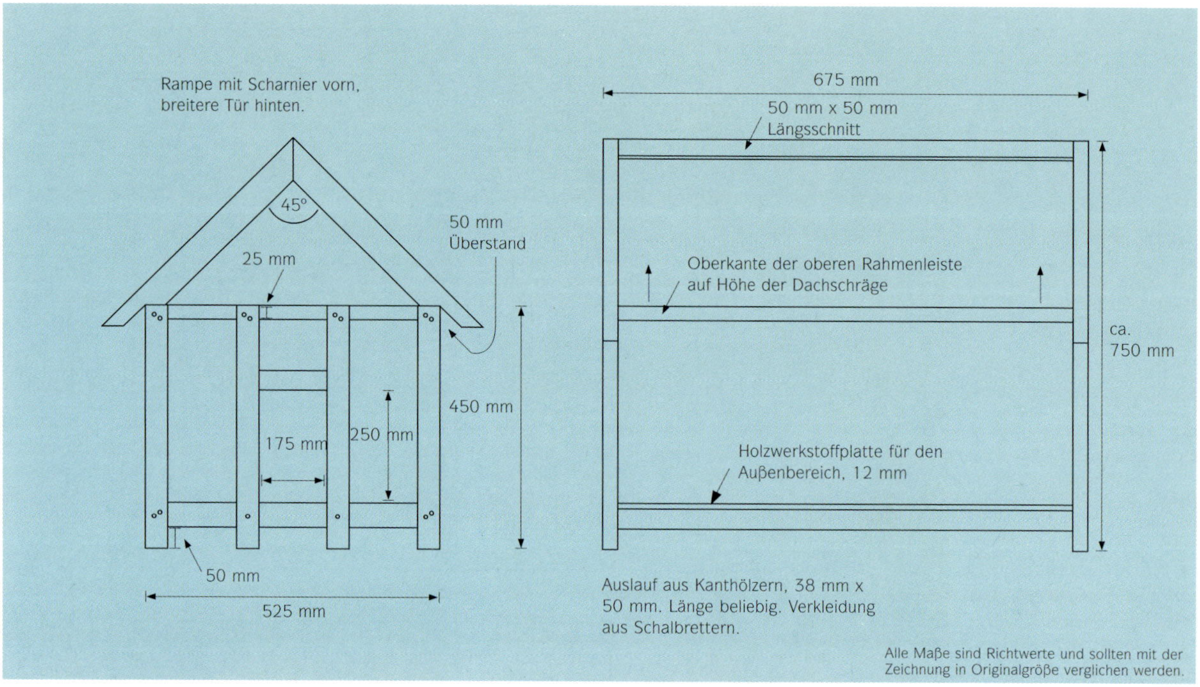

12 Schalbretter zum Verkleiden des Daches zuschneiden. Damit alle exakt gleich lang ausfallen, sollten Sie einen Anschlag verwenden.

13 Die Rampe aus einem Stück Sperrholz zuschneiden. Dünne aufgenagelte Leisten geben den Tierpfoten guten Halt. Beim Aufnageln sollten Sie ein Stück Restholz als Abstandhalter verwenden.

14 Der Auslauf schließt sich an die Seite mit der Rampe an. Die Breite sollte der des Stalls entsprechen, die Länge können Sie beliebig wählen. Der Auslauf besteht aus Kanthölzern mit einem Querschnitt von 38 mm x 50 mm und einigen diagonalen Verstrebungen zur Versteifung.

15 Ehe Sie den Maschendraht befestigen, können Sie den Rahmen streichen. Zum Schluss Haken am Auslauf anbringen und Ringschrauben in die Seiten des Stalls schrauben. Verbinden.

Variationen für mehrere oder größere Tiere

Nach demselben Bauplan können Sie auch eine viel größere Behausung bauen. Wenn Sie gern legefrische Eier essen, konstruieren Sie doch einen großen Stall mit Auslauf für ein Dutzend Hühner und einen Hahn – aber nur, wenn Sie tolerante Nachbarn haben!

LINKS UND OBEN: *In dem Stall mit Auslauf sind Hühner sicher.*

OBEN: *Dieses Modell ist groß genug für Kleintiere, kann aber problemlos größer gebaut werden.*

PROJEKT

Ein einfacher Geräteschuppen

Tipps, Werkzeuge, Material

Schwierigkeitsgrad

- Der Schuppen ist recht einfach zu bauen, aber etwas Handwerkserfahrung kann nicht schaden.

Der richtige Zeitpunkt

- Jederzeit bei einigermaßen schönem Wetter, wenn der Boden nicht zu nass oder schlammig ist.

Werkzeug

- Säge, Bohrmaschine, Schraubenzieher oder Akkuschrauber, Wasserwaage, Lineal, Zirkel, Bandmaß, Bleistift.

Material

- Kesseldruckimprägniertes Nadelholz. (Die Anleitung bezieht sich auf einen Fertigbausatz. Sie können die Anleitung für einen Schuppen nach eigenen Maßen und Vorstellungen abwandeln.)

Zeitaufwand

- Kalkulieren Sie 1–2 Tage bzw. ein Wochenende.

Ein Schuppen für Gartengeräte ist besonders praktisch. Bausätze gibt es in großer Auswahl, viele sind recht preisgünstig, und auch der Aufbau ist unproblematisch. Manche sind, wie das hier vorgestellte Beispiel, einfache Häuschen mit vier Wänden. Andere bestehen aus mehr Elementen, bieten viel Platz, nehmen aber naturgemäß auch mehr Raum ein. Überlegen Sie vor dem Kauf, wo Ihr Schuppen stehen soll, und wie stark er ins Auge fallen darf. Normalerweise sollten im Bausatz alle notwendigen Teile enthalten sein. Kontrollieren Sie trotzdem die Packliste, um sicherzugehen, dass nichts fehlt. Dachpappe muss eventuell zugeschnitten werden, ansonsten brauchen Sie zum Zusammenbauen nur Standardwerkzeug. Vertrauen Sie auf die Erfahrung des Herstellers: Lesen Sie unbedingt vor Beginn die Aufbauanleitung und halten Sie die Reihenfolge der Arbeitsschritte ein. Verwenden Sie auch nicht übermäßig viele Schrauben und Beschläge, um den Schuppen bei Bedarf wieder abbauen zu können.

1

1 Breiten Sie alle Bauteile in der Nähe des vorgesehenen Standorts aus und haken Sie die Posten der Packliste ab. Falls Teile fehlen, wenden Sie sich an den Händler oder Hersteller. Fangen Sie nicht an, bevor alle Teile vollzählig vorliegen.

2 Legen Sie zuerst den Boden an den endgültigen Platz.

Manchmal sind daran schon Träger befestigt. Der Boden muss exakt waagerecht liegen – mit der Wasserwaage in mehreren Richtungen kontrollieren.

3 Lesen Sie die Bauanleitung. Manchmal wird empfohlen, die Tür schon zu Beginn einzubauen. Weichen Sie von der Schrittreihenfolge nur dann ab, wenn Sie ganz sicher sind, das Projekt dennoch erfolgreich zu Ende zu bringen.

4 Wenn die Tür eingesetzt werden muss, legen Sie die entsprechende Wand flach auf den Boden. Die Scharniere so anlegen, dass die Schrauben in die Querleisten auf der Rückseite der Tür gedreht werden.

5 Dann ein Seitenteil auf den Boden stellen. Ein Helfer zum Festhalten kann nützlich sein. Andernfalls fixieren Sie das Teil provisorisch mit einer Leiste – in diesem Fall an einem Baum. Notfalls schlagen Sie einen Pflock in den Boden und fixieren die Wand daran.

6 Nun die Rückwand aufstellen und an der ersten Seite befestigen – vorerst nur locker mit einigen Schrauben. Die anderen Wände werden dann ebenso aufgestellt und ebenfalls zuerst nur locker befestigt. Im Idealfall sind die Schraublöcher vorgebohrt, sodass sich die Schrauben leicht eindrehen lassen und der Aufbau zügig von der Hand geht.

7 Wenn alle vier Wände stehen, die Ecken genau rechtwinklig ausrichten und alles fest verschrauben. Zusätzliche Schrauben in die Ecken und in den Boden des Schuppens drehen.

8 Falls die Tür zu Beginn eingesetzt wurde, sind die Beschläge bereits montiert. Andernfalls erledigen Sie das jetzt.

9 Nun wird der Dachfirst eingefügt. Größere Schuppen haben zusätzliche Dachbalken und eventuell Dachlatten, die nun auch montiert werden müssen.

10 Das Dach besteht normalerweise aus einer oder mehreren Platten. Gemäß Anleitung die Leisten an die Platten schrauben, ehe sie auf die Wände gesetzt werden.

11 Jetzt brauchen Sie doch einen Helfer, der die Dachplatten festhält. Die erste so exakt wie möglich festnageln. Die zweite sauber anfügen und ebenfalls gemäß Bauanleitung festnageln.

Die obere Dachplatte muss die untere überlappen.

12 Die Dachpappe wird meist als Rollenware geliefert. Am besten verarbeitet man sie an einem warmen Tag. Ist es aber zu heiß, kann sie leicht reißen und das Bitumen ist klebrig und schwierig zu handhaben. Ist die Dachpappe zu kalt, kann sie brechen. Die erforderlichen Längen abmessen und mit einem scharfen Messer zuschneiden. Dabei reichlich Verschnitt zugeben.

13 Normalerweise wird die Dachpappe erst auf einer Seite verlegt und steht am First zur anderen über. Sie wird mit einigen Nägeln (mit großem Kopf) fixiert. Die zweite Bahn wird dann überlappend auf die erste gelegt. Nicht mehr Nägel verwenden, als in der Anleitung empfohlen wird, denn jeder Nagel kann zu einer Leckstelle werden.

14 Jetzt ist der Schuppen fast fertig, nur einige Leisten zum Abdecken der Ecken und Kanten müssen noch befestigt werden.

13

14

Andere Materialien für Gartenschuppen

Bausatzschuppen sind zwar leicht aufzustellen und sehr praktisch, aber meist nicht sonderlich attraktiv oder individuell. Wer einen Schuppen mit Charakter möchte, könnte zum Recyclinghof fahren und sich nach gebrauchtem Bauholz umsehen (rechts).

OBEN: *Manche Gärtner bevorzugen Metallschuppen, weil sie preiswert und extrem wetterfest sind. Mit etwas Farbe sehen sie gar nicht so schlecht aus.*

RECHTS: *Ein Schuppen aus rustikalem Material passt in einen naturnahen Garten.*

15 An den Dachkanten müssen nun noch die vorgefertigten Windfedern befestigt werden. Achten Sie darauf, dass die Nägel bis in das dahinterliegende Massivholz reichen.

16 Die Fenster einsetzen. Die meisten Schuppen haben unten eine Leiste, die dafür sorgt, dass Regenwasser vom Fenster weg abläuft. Die Leiste richtig herum befestigen!

Den Schuppen einrichten

Wenn Sie den Bausatz aufgestellt oder ein eigenes Schuppenmodell gebaut haben, geht es an die Einrichtung. Überlegen Sie, wofür Sie den Schuppen hauptsächlich nutzen wollen. Werden Sie dort viel Zeit verbringen? Dann sollten Sie ihn isolieren, einen Vinyl-Bodenbelag oder einen alten Teppich hineinlegen und vielleicht für einen Stromanschluss und eine Heizmöglichkeit sorgen. Brauchen Sie viel Stauraum? Dann bauen Sie jetzt Regale ein, die zu Ihren Utensilien passen. Auch Haken und andere Halter für Werkzeuge und Utensilien sind praktisch. Wenn Sie den Schuppen nicht nur als Lagerraum, sondern auch als Werkstatt nutzen wollen, brauchen Sie eine Arbeitsplatte und vielleicht einen Hocker.

LINKS UND RECHTE SEITE: *Der fertige Schuppen. Wenn Sie die Anleitung genau befolgen und auf komplizierte Inneneinbauten verzichten, kann er bei Bedarf leicht abgebaut werden.*

Garten-
möbel

Gartenmöbel sind oft teuer, und da sie industriell in großen Mengen produziert werden, kann man die eigenen Modelle auch bei Freunden oder Nachbarn sehen. Preiswerte Bausatzmöbel andererseits sind manchmal nachlässig gefertigt oder bestehen aus minderwertigem Material. Zum Glück kann man mit etwas handwerklichem Geschick individuelle Stücke selbst bauen.

In diesem Kapitel finden Sie verschiedene Projekte aus Holz und Segeltuch – ideal für die Praktiker unter den Gartenbesitzern, die keine Massenware wollen. Ob praktische Möbel für den täglichen Gebrauch, ein Schaukelsitz oder eine Hängematte zum Entspannen: Alle Anleitungen lassen sich leicht abwandeln, um sie den eigenen Bedürfnissen anzupassen.

Gestaltungstipps für

Gartenmöbel

OBEN: *Auf der geschützten Laubenbank neben der gepflasterten Terrasse lässt es sich gut entspannen.*

Was ist entspannender, als nach einem langen Arbeitstag nach Hause zu kommen und sich in eine ruhige Gartenecke zurückzuziehen, um auf einem sanft schaukelnden Sitz oder auf einer Bank inmitten duftender Blumen beim leisen Plätschern eines Wasserspiels den Alltag zu vergessen? Suchen Sie für solche Möbel einen schönen Platz und gestalten Sie ihre direkte Umgebung so, dass sie zu einer Erholungspause einlädt und sich gut in die übrige Gartengestaltung einfügt.

UNTEN: *Das ungewöhnliche »Dach« über dieser Bank besteht ausschließlich aus natürlichen Materialien. Es fügt sich harmonisch in die Landschaft ein.*

UNTEN RECHTS: *Im Freien schmecken Mahlzeiten am besten – ein guter Grund, individuelle Möbel nach eigenen Vorstellungen zu bauen!*

Pausenplatz für jede Saison

Eine feste, dauerhafte Sitzgelegenheit erzeugt eine entspannte Atmosphäre und lädt dazu ein, einen Moment ins Grüne zu gehen. Man gönnt sich auch eher eine kleine Pause im Garten, wenn man nicht erst die Möbel aus dem Schuppen holen muss. Und selbst im Winter kann es schöne Tage geben, an denen man Lust bekommt, ein Weilchen an der frischen, kalten Luft zu verbringen. Schaffen Sie sich die Möglichkeit, Ihren Garten zu jeder Jahreszeit zu nutzen, indem Sie eine Bank an einen geschützten Platz stellen – beispielsweise vor eine sonnige Mauer. Wenn das Grundstück sehr offen liegt, könnten Sie ein Spalier als Windschutz aufstellen. Bepflanzen Sie einige Kübel mit Zwiebelblumen und duftenden Winterblühern, dann können Sie in einer bunten Oase Platz nehmen, selbst wenn der restliche Garten Winterruhe hält.

Leben im Freien

Auf der Terrasse, einem Holzdeck oder sogar in einem kleinen Gartenhof lädt ein Tisch mit Stühlen oder Bänken dazu ein, im Freien zu essen. Draußen schmeckt es einfach besser, und wer einen geschützten Platz in Ostlage hat, kann sogar schon den Morgenkaffee in der Sonne trinken. Ebenso schön ist ein entspanntes Mittagessen im lichten Schatten einer Pergola oder – auf einer Westterrasse – ein abendliches Glas Wein mit Freunden im stimmungsvollen Schein von Kerzen und Windlichtern, wo man bis nach Sonnenuntergang sitzen bleiben mag. Breite Kanten von Hochbeeten, Treppenstufen oder Stützmauern bieten sich als improvisierte Sitzgelegenheiten an, wenn einmal mehr Gäste kommen. Legen Sie gartentaugliche Kissen und einige warme Decken bereit, falls es einmal etwas kühler wird.

LINKS: *Gartenmöbel müssen nicht chic und neu aussehen. Eine rustikale Bank sieht am Schuppen oder Gemüsebeet viel passender aus als ein glänzender Metalltisch mit passenden Stühlen aus dem Gartencenter.*

Zweckmäßige Sitzgelegenheiten

Denken Sie daran, dass man sich auch in den »Arbeitsbereichen« des Gartens, etwa am Gemüsebeet oder am Geräteschuppen, gern einmal einen Moment setzen mag, um zu verschnaufen und sich in Ruhe das Ergebnis seiner Arbeit anzuschauen. Anstrengende Gartenarbeiten gehen leichter von der Hand, wenn man zwischendurch pausiert. Ein Stuhl neben der Hintertür, vielleicht umgeben von Kübeln mit Küchenkräutern, bietet sich an, um Gemüse zu putzen. Solche Sitzgelegenheiten müssen nicht besonders edel sein. Eine simple Bank aus alten Bohlen und »Beinen« aus Ziegeln oder Gasbetonsteinen genügt vollkommen. Vor allem im Nutzgarten sehen improvisierte Möbel stimmig aus. Ist der Nutzgarten im Stil eines traditionellen *potager* symmetrisch angelegt, wäre eine Laubenbank am Ende eines geraden Wegs ein stilvoller, dekorativer Pausenplatz.

Beschauliche Momente

Im Garten ist man der Natur nahe – ob man nun Pflanzen pflegt oder sich einfach entspannt. Ein Sessel oder eine Hängematte sind auch schöne Plätze, um Tiere zu beobachten. Wer einen alten Baum im Garten hat, könnte um seinen Stamm eine Bank bauen, auf der man sich im Schatten des Geästs an den Stamm lehnen und dem Zwitschern der Vögel zuhören kann. Stellen Sie eine einfache Bank an den Gartenteich – Sie werden staunen, wie viel Leben dort herrscht. Wasser lockt die verschiedensten Tiere an, darunter Libellen, Frösche und in der Dämmerung oft auch Fledermäuse. Die Vögel gewöhnen sich bald an einen Menschen, der regelmäßig am gleichen Fleck sitzt, darum kann man auch ein Futterhaus oder eine Vogeltränke in der Nähe einer Bank aufstellen, die teilweise von Kletterpflanzen und Sträuchern verdeckt ist. Oder möchten Sie lieber eine Hängematte im Blumengarten aufhängen und mit geschlossenen Augen dem Summen der Bienen und Hummeln lauschen? Alle Projekte im folgenden Kapitel lassen Ihnen viel Gestaltungsfreiraum. Nur Sie kennen Ihre Vorlieben – wandeln Sie die Anleitungen also ganz nach Wunsch ab.

OBEN: *Dass Hängematten nicht aus der Mode kommen, hat seinen Grund: Besser kann man kaum entspannen! Eine Anleitung finden Sie auf den Seiten 168–171.*

Gestaltungstipps für

Gartenmöbel

OBEN: *Beete mit hohen Pflanzen schirmen diesen Sitzplatz ab. Sie dämpfen die Geräusche der Umgebung und bieten einen recht guten Sichtschutz.*

RECHTS: *Ein versteckter Gartenwinkel wird mit einer Sitzgelegenheit zum Rückzugsort. Ein Sonnensegel spendet Schatten und schützt vor neugierigen Blicken aus den oberen Etagen.*

Stadtoase

Vor allem in der Stadt wünscht man sich oft, der Unruhe und Hektik für ein Weilchen zu entkommen. Am schönsten ist ein Platz, der von den Fenstern nicht einsehbar ist und an dem man selbst das eigene Haus und die der Nachbarn nicht sieht. In kleinen Stadtgärten ist das besonders schwierig zu bewerkstelligen. Eine gute Lösung ist ein mit Kletterpflanzen begrüntes »Dach«, etwa eine leichte Pergola oder ein System aus stabilen Drähten, die zwischen zwei Mauern gespannt sind. Ein Windspiel kann dabei helfen, die Stadtgeräusche auszublenden. Vielleicht gefällt Ihnen auch eine Markise, die bei Bedarf ausgefahren werden kann, ein Sonnensegel oder ein Pavillon mit Stoffbespannung. Pflanzen können Geräusche erstaunlich gut dämpfen, darum ist es vorteilhaft, Mauern und Zäune mit Kletterpflanzen und Wandsträuchern zu begrünen oder zur Straße hin ein Beet mit einigen Sträuchern anzulegen, die den Verkehrslärm nur reduziert durchlassen. Dadurch steht vielleicht für den Sitzplatz etwas weniger Fläche zur Verfügung, doch das dichte Grün lässt ihn intimer wirken und man hat das Gefühl, der Stadt weit entrückt zu sein.

Der richtige Platz

Eine Sitzgelegenheit kann gleichzeitig als Blickfang dienen. Es gibt eine Reihe von klassischen Positionen, an denen eine Bank wirkt. Steht eine Bank in einer streng geschnittenen Hecke oder in der Nische eines Beets, nimmt man sie nicht auf den ersten Blick wahr. In einem naturnahen oder ländlichen Garten könnte man sie sogar mitten im Beet verstecken und einen Weg aus einigen Trittsteinen anlegen. Wenn man dort sitzt, windgeschützt und halb versteckt zwischen Blättern und Blüten, kann man die Umgebung ungestört genießen und sich ein bisschen wie ein Kind beim Versteckspiel fühlen. Ähnlich intim ist auch ein Sitzplatz in einer abgelegenen Gartenecke, die man nur mittels eines Durchgangs in einer Hecke erreicht. Mit einem einfachen Springbrunnen, einem runden Stück Duftrasen oder einem Bodenmosaik kann so ein Eckchen zum geheimen Garten werden.

Ein Sitz oder eine Laubenbank am Ende eines Weges dagegen fällt ins Auge und lädt zum Nähertreten ein. Am Ende der Hauptachse des Gartens, ob es nun ein gepflasterter Weg oder vielleicht ein Wasserlauf ist, sitzt man wie auf einem Logenplatz und überschaut seine Ländereien. Ähnlich fühlt man sich am höchsten Punkt des Grundstücks. Und soll ein kleiner Garten größer erscheinen, stellt man die Bank ans Ende der längsten Diagonale und lässt Weg oder Rasen zu ihr verlaufen.

Grundsätzliche Überlegungen

Möbel mit schönen Formen können die Funktion von Gartendekorationen übernehmen – vor allem, wenn sie noch in einer attraktiven Farbe gehalten sind. Verwenden Sie unbedingt eine spezielle Farbe für den Außenbereich. Neues, druckimprägniertes Holz muss allerdings einige Monate der Witterung ausgesetzt sein, ehe die Farbe gut darauf haftet.

Die Füße von Tischen und Sitzmöbeln sollten auf Kies oder Pflastersteinen stehen, damit sie nicht durch Nässe Schaden nehmen. Für eine Bank, die mitten im Beet steht, empfehlen sich »Beine« aus Ziegel- oder Gasbetonsteinen, die gegen Nässe aus dem offenen Boden unempfindlich sind.

Wer Möbel selbst bauen möchte, kann gebrauchtes Hartholz verwenden, das beständiger ist als unbehandeltes Nadelholz. Altes Holz hat rustikalen Charme, der sich im Garten sehr gut macht. Ansonsten sollten Sie kesseldruckimprägniertes Holz verarbeiten, weil es wetterfester ist als Holz, das nur getaucht wurde. Lassen Sie sich beim Holzhändler oder Händler für gebrauchte Baumaterialien hinsichtlich der verschiedenen Qualitäten beraten.

OBEN: *Ein ausgesuchtes Möbelstück kann, wenn es am richtigen Platz steht und in einer schönen Farbe gestrichen ist, als eigenständige Gartendekoration dienen.*

LINKS: *Gebrauchtes Holz ist meist preiswert und eignet sich gut zum Bau von Gartenmöbeln, die aussehen, als seien sie uralt und verwittert. Am schönsten sehen solche Möbel in einem halbwilden, verwunschenen Gartenbereich aus.*

PROJEKT

Eine Baumbank aus Holz bauen

Eine Baumbank ist ein schöner Schmuck für den Garten. Sie besteht aus einfachen Materialien, ist aber mit dem gewölbten Sitz und der geneigten Lehne sehr bequem. Sie wird in zwei Teilen gebaut und dann um den Stamm herum aufgestellt. Es mag selbstverständlich klingen, aber die Öffnung in der Mitte darf nicht zu eng sein, denn der Stamm wird im Lauf der Jahre ja dicker werden. Baut man so eine Bank um einen kleinen, jungen Baum herum, kann sie anfangs etwas albern aussehen. Doch wenn der Baum später heranwächst, kann sie zu klein werden. Das sollten Sie beim Bau von vornherein bedenken. Die Bank kann vergrößert oder verkleinert werden, doch wenn sie deutlich größer werden soll, muss die Zahl der Segmente erhöht werden. Durch die gerundete Sitzfläche ist sie besonders bequem.

Tipps, Werkzeuge, Material

SCHWIERIGKEITSGRAD

- Diesem recht anspruchsvollen Projekt nützen gute Handwerkserfahrungen.

DER RICHTIGE ZEITPUNKT

- Jederzeit bei einigermaßen schönem Wetter, wenn der Boden nicht zu nass oder schlammig ist.

WERKZEUG

- Säge (möglichst elektrische Bandsäge), evtl. Oberfräse, Handbohrer, Stecheisen, Schraubenzieher/Akkuschrauber, Wasserwaage, Streichmaß, Lineal, Bandmaß, Bleistift.

MATERIAL

- Kesseldruckimprägniertes Holz für den Rahmen, Hartholzleisten (ca. 70 lfd. Meter, 25 mm stark, 32 mm oder mehr breit) für Sitze und Lehnen.

ZEITAUFWAND

- Planen Sie 4–5 Tage bzw. mindestens zwei Wochenenden ein.

1 Die Verbindungspunkte am Untergestell anzeichnen. Das ist nicht schwierig, aber es ist ausgesprochen nützlich, wenn Sie zuerst eine Zeichnung in Originalgröße anfertigen.

2 Die Verbindungen werden stumpf oder als Überblattungen gearbeitet. Bei Überblattungen das Holz zuerst quer zur Faser einsägen. Der Passgenauigkeit wegen muss dabei sehr akkurat gearbeitet werden.

3 Bei T-Überblattungen die Fläche sauber ausstemmen. Achten Sie darauf, dass das Stecheisen wirklich scharf ist – nur dann lässt sich damit akkurat arbeiten. Die Passgenauigkeit der Verbindungen ist entscheidend für Stabilität und Bequemlichkeit der Baumbank.

4 Wenn alle Verbindungen des Untergestells vorbereitet sind, wird es zusammengesetzt. Dabei ist es sinnvoll, die Teile mit Zwingen an einer Werkbank zu fixieren. Prüfen Sie, ob die Beine exakt rechtwinklig zu den Streben stehen, und nehmen Sie bei Bedarf Korrekturen vor. Die Verbindungen mit Leim und einigen Schrauben sichern, herausquellenden Leim sofort abwischen.

5 Die Sitzfläche wird gerundet, damit sie bequem ist. Die Kontur mit Bleistift auf Papier vorzeichnen und dieses als Schablone zum Zusägen der einzelnen Rahmenteile verwenden.

4

6

5

7

Stückliste

Bauteil:	Menge:	LÄNGE nach Aufmaß:	BREITE Fertigmaß:	STÄRKE Fertigmaß:
Hintere Beine:	4	1 m	75 mm	75 mm
	4	1 m	75 mm	38 mm
Vordere Beine:	4	450 mm	75 mm	75 mm
	4	450 mm	75 mm	38 mm
Leisten/	4	750 mm	75 mm	75 mm
Sitzfläche:	4	750 mm	75 mm	38 mm
Leisten/	4	450 mm	75 mm	50 mm
Rückenlehne:	4	450 mm	38 mm	50 mm
Streben/ Untergestell:	6	900 mm	75 mm	25 mm
Abdeckung oberer Rand:	6	450 mm	100 mm	25 mm

6 Für das Zusägen der Rundung ist eine elektrische Bandsäge ideal. Wer keine besitzt, kann eine Stichsäge benutzen und die Teile anschließend mit einem Schweifhobel oder einem Bandschleifer nachbearbeiten.

7 Die Streben der Lehne müssen angeschrägt werden. Die Winkel auf einem Teil anzeichnen und sägen, dann von diesem auf die übrigen Elemente identisch übertragen. Danach die Teile mit Leim und Schrauben befestigen.

8 Nach Belieben die Ansätze der Beine mit diagonal eingesetzten Holzlatten verstärken.

9 Die Abdeckung der Öffnung (oben innen) wird auf einer ebenen Oberfläche vorbereitet. Ein Helfer ist dabei sinnvoll. Die Abdeckung soll rundherum ungefähr um die Stärke der Hartholzlatten über die Streben überstehen, damit sie nach dem Montieren der Lehne bündig mit dieser abschließt.

10 Die Streben des Untergestells zuschneiden und montieren. Zur zusätzlichen Stabilisierung können in den Ecken Keile befestigt werden.

11 Nun die Latten auf den sechs Segmenten befestigen. Beginnen Sie dabei jeweils vorn am Sitz mit der längsten Latte. Falls Sie einen Fehler machen, können Sie die Latte kürzen und weiter hinten verwenden, sodass kaum Verschnitt entsteht.

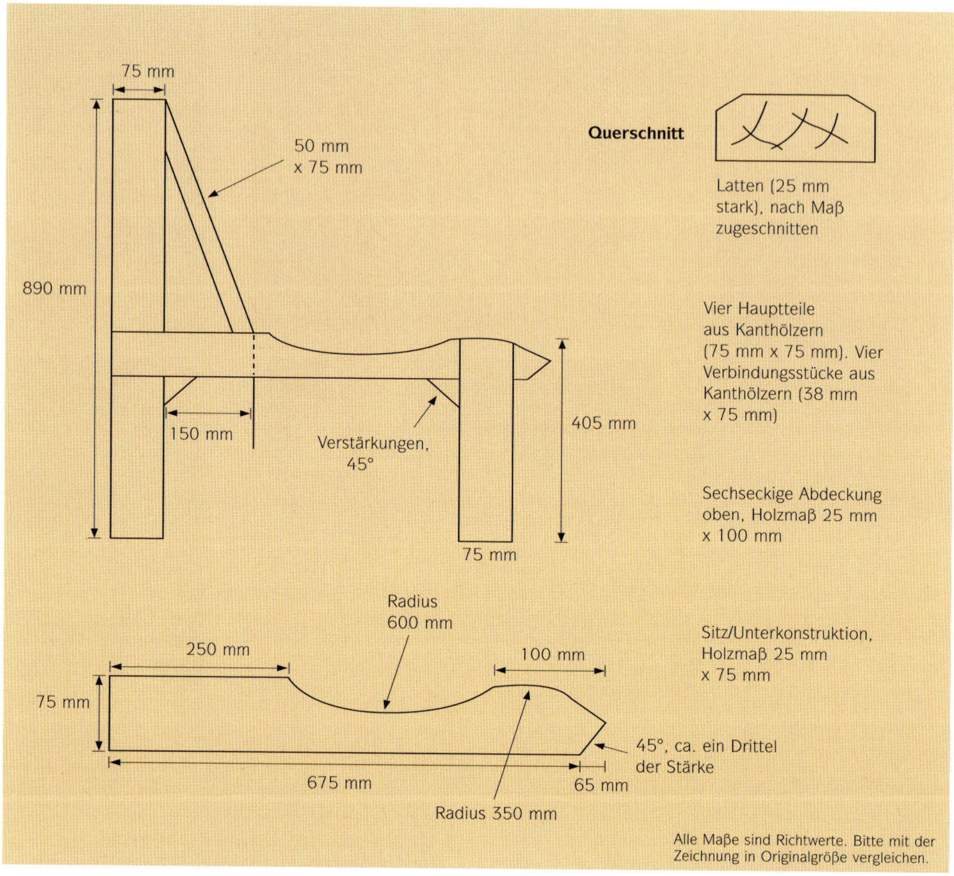

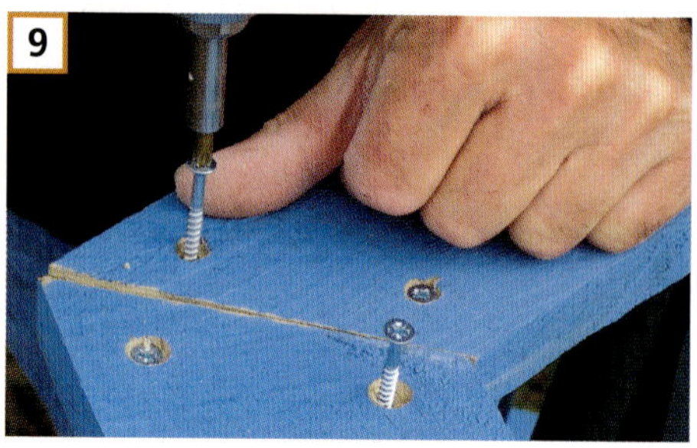

RECHTE SEITE: *Die fertige Bank unter einem Kirschbaum.*

PROJEKT

Rustikaler Gartentisch mit Bänken

Es ist herrlich, bei schönem Wetter im Freien zu essen. Einer der wenigen Vorteile des Klimawandels ist, dass dieses Vergnügen auch in nördlichen Breitengraden immer öfter möglich wird. Natürlich braucht man dazu einen praktischen Tisch mit ausreichend Sitzgelegenheiten. Bauen Sie sich so eine Essgruppe für den Garten doch selbst – zum Beispiel einen schlichten, aber attraktiven Tisch mit Bänken. Je nach verfügbarem Platz können Sie die Abmessungen variieren. Das Untergestell bleibt gleich, aber Länge und Breite von Tischplatte und Banksitzen können verändert werden. Gartenmöbel, die das ganze Jahr über im Freien bleiben, nehmen mit der Zeit einen leichten Grauton an. Mit Lacken und Lasuren für den Außenbereich, die es in vielen Farben gibt, kann man sie aber wieder auffrischen.

Tipps, Werkzeuge, Material

SCHWIERIGKEITSGRAD

- Für dieses Projekt mittleren Schwierigkeitsgrads sollten Sie einige Handwerkserfahrung besitzen.

DER RICHTIGE ZEITPUNKT

- Jederzeit bei einigermaßen schönem Wetter, wenn der Boden nicht zu nass oder schlammig ist.

WERKZEUG

- Säge (möglichst elektrische Bandsäge), evtl. Oberfräse, Handbohrer, Stecheisen, Schraubenzieher/Akkuschrauber, Wasserwaage, gerade Holzleiste, Streichmaß, Lineal, Bandmaß, Bleistift.

MATERIAL

- Kesseldruckimprägniertes Nadelholz (genaue Angaben finden Sie in der Stückliste auf Seite 155).

ZEITAUFWAND

- Planen Sie für dieses Projekt 2–3 Tage bzw. ungefähr zwei Wochenenden ein.

1 Zuerst ein Paar Beine auf eine ebene Fläche legen. Einige Stücke Verschnittholz unter das obere Bein schieben, damit es waagerecht liegt und nicht kippelt. Die Beine so ausrichten, dass sie einander genau im rechten Winkel kreuzen.

2 Die Verbindung wird als Kreuz-Überblattung gearbeitet. Zuerst anzeichnen, dann quer zur Faser einsägen und die Fläche ausstemmen.

3 Die Verbindung fixieren. Dann die Beine mit den unteren Enden gegen eine gerade Kante schieben, die gewünschte Höhe abmessen und anzeichnen. Achten Sie darauf, dass sie an beiden Beinen genau identisch ist.

4 Die oberen Enden der Beine auf Länge sägen und die Überblattungen zum Einfügen der Querstreben vorbereiten. Danach die Verbindungen mit Leim und Schrauben fixieren.

5 Die Enden der oberen Querstreben werden schräg abgesägt. Die Streben müssen so breit sein, dass sich alle Bretter der Tischplatte darauf befestigen lassen. Die Überblattungen etwas flacher arbeiten, sodass die Querstreben über sie und über die Enden der Beine hinausragen.

6 Zum Stabilisieren des oberen Untergestells werden zwei Längsstreben eingefügt, deren Oberseiten bündig mit den Querstreben abschließen. Dafür in die Querstreben entsprechende Aussparungen sägen.

Stückliste

Bauteil:	Menge:	**Länge** nach Aufmaß:	**Breite** Fertigmaß:	**Stärke** Fertigmaß:
TISCH:				
Platte:	6	2 m	150 mm	50 mm
Beine:	4	1 m	75 mm	75 mm
Mittelstrebe:	1	2 m	75 mm	75 mm
Querstreben:	2	1 m	75 mm	50 mm
Längsstreben:	2	2 m	75 mm	25 mm
ZWEI BÄNKE:				
Sitzflächen:	6	2 m	100 mm	50 mm
Beine:	8	600 mm	50 mm	50 mm
Obere Streben:	4	400 mm	75 mm	50 mm
Mittelstreben:	2	2 m	50 mm	50 mm

5

7

6

8

7 Die vorbereiteten Querstreben mit Leim und Schrauben an den Beingestellen anbringen.

8 Damit die Bänke oben nicht zu breit werden, die Beine kürzen.

9 Die Bänke werden ähnlich wie der Tisch gebaut.

10 Falls die Untergestelle von Tisch und Bänken gestrichen werden sollen, ist jetzt der richtige Zeitpunkt.

11 Das Untergestell des Tisches zusammenbauen. Dazu die Längsstreben und die Mittelstrebe einsetzen. Auf exakte rechte Winkel achten.

12 Die Bretter für die Tischplatte auf das Untergestell legen. Wenn die beiden äußeren aufgelegt sind, die Enden mithilfe einer geraden Leiste exakt parallel ausrichten. Die Mittelstreben der Bänke mit Leim und Schrauben befestigen. Die Bretter der Sitzflächen werden, ebenso wie die auf dem Tisch, mit einigen Schrauben in regelmäßigen Abständen befestigt.

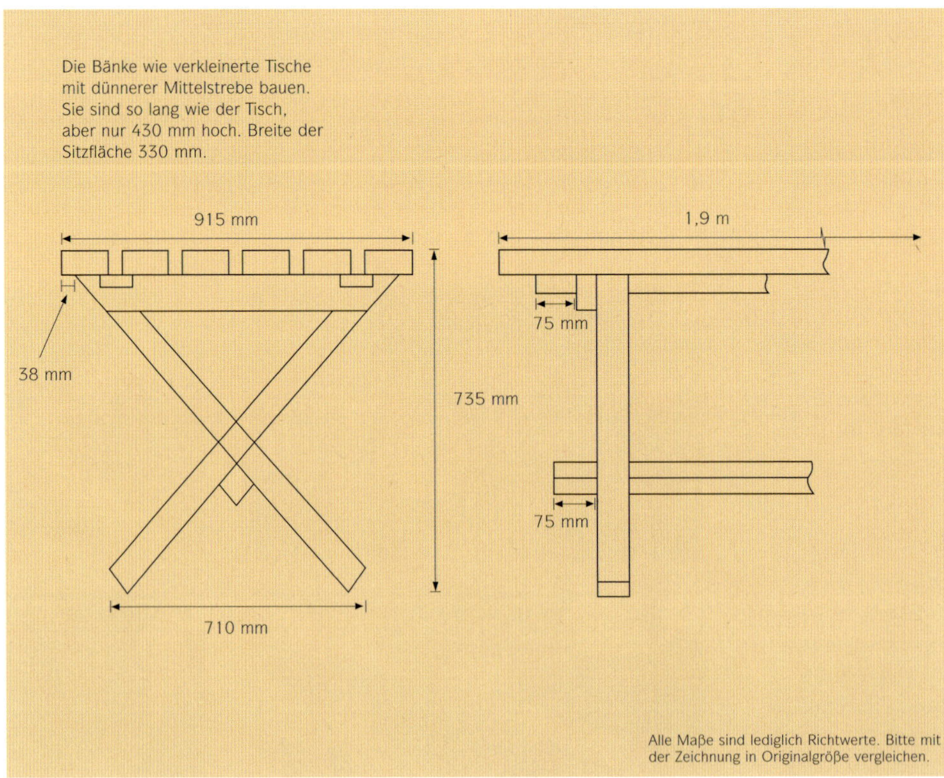

RECHTE SEITE: *Wenn Sie kesseldruckimprägniertes Holz verwenden, kann die fertige Sitzgruppe ganzjährig im Freien bleiben. Zum Schutz vor der Witterung sollte sie aber abgedeckt werden.*

PROJEKT

Bank mit Rankspalier

Tipps, Werkzeuge, Material

Schwierigkeitsgrad

- Für dieses anspruchsvolle Projekt brauchen Sie solide Handwerkserfahrung.

Der richtige Zeitpunkt

- Jederzeit bei einigermaßen schönem Wetter, wenn der Boden nicht zu nass oder schlammig ist.

Werkzeug

- Säge (ideal ist eine elektrische Bandsäge), evtl. Oberfräse, Abrichte, Handbohrer, Stecheisen und Klüpfel, Schraubenzieher/Akkuschrauber, Wasserwaage, Streichmaß, Lineal, Bandmaß, Bleistift.

Material

- Kesseldruckimprägniertes Nadelholz für das Untergestell, Latten aus Hartholz oder Nadelholz für Sitz und Lehne (siehe Stückliste auf Seite 159).

Zeitaufwand

- Sie sollten sich ungefähr 2–3 Tage bzw. 1–2 Wochenenden Zeit nehmen.

Auf einer bequemen Bank mit einer duftenden Kletterrose in direkter Nähe kann man wunderbar entspannen. Dieses Projekt ist eine vereinfachte Version der klassischen Laubenbank. So eine Bank mit Rankspalier ist gleichzeitig ein dekoratives Element. Mit der geformten Sitzfläche und der geneigten Rückenlehne ist sie überdies sehr bequem – genau richtig für ein Glas Wein nach Feierabend. Die Sitzlatten können aus Hartholz zugeschnitten werden und unbehandelt bleiben. Wer sie aus Weichholz fertigt, sollte sie streichen. Viel breiter als 50 mm sollten die Latten für die Sitzfläche nicht sein. Schmale Latten passen sich besser der Rundung an, und man sitzt bequemer auf ihnen. Wenn Sie die Bank in einer oder mehreren Farben streichen wollen, denken Sie daran, dass manche Stellen nur vor dem Zusammenbau der Einzelteile mit dem Pinsel erreichbar sind.

1 Alle Verbindungen werden stumpf, als Überblattungen oder Schlitz-Zapfen-Verbindungen gearbeitet. Sorgfältig anzeichnen.

2 Die Zapfenschultern zuerst längs, dann quer einsägen. Den Schlitz anzeichnen und in Faserrichtung einsägen.

3 Das Innere des Schlitzes sauber ausstemmen. Lieber etwas zu viel Holz stehen lassen und später nacharbeiten.

4 Wenn Schlitz und Zapfen vorbereitet sind, die Passform prüfen. Je exakter die Teile zusammenpassen, desto fester und stabiler ist die Verbindung.

5 Weiter oben an den Beinen werden Überblattungen gearbeitet. Die Schultern einsägen, dann zwischen den Sägeschnitten weitere Schnitte zum Ausstemmen setzen.

6 Die Überblattungen mit Stecheisen und Klüpfel bis zu den angezeichneten Linien ausstemmen.

7 Diese Arbeiten lassen sich auf einem festen, ebenen Untergrund leichter ausführen als auf einem weichen Rasen. An den Verbindungsstellen Löcher für die Schrauben vorbohren, dann die Verbindungen verleimen und verschrauben.

8 Die vordere Strebe wird mit einer Überblattung und mehreren Schrauben an den Beinen befestigt. Wenn sie rechtwinklig ausgerichtet ist, die Beine provisorisch mit einer Leiste in ihrer Position fixieren.

Stückliste

Bauteil:	Menge:	**Länge** nach Aufmaß:	**Breite** Fertigmaß:	**Stärke** Fertigmaß:
Hintere Pfosten/Beine:	2	2280 mm	75 mm	75 mm
Vordere Beine:	2	900 mm	75 mm	75 mm
Obere Strebe:	1	1675 mm	100 mm	50 mm
Sitz, hinterer Rahmen:	3	600 mm	100 mm	50 mm
Sitz, Unterbau:	3	750 mm	100 mm	50 mm
Hintere Streben, Mitte/unten:	2	1675 mm	100 mm	25 mm
Vordere Strebe:	1	1675 mm	100 mm	25 mm
Armlehnen:	2	750 mm	100 mm	25 mm
Spalierrahmen:	4	1675 mm	50 mm	25 mm
Spalierleisten:	16	1800 mm	50 mm	12 mm
Sitzlatten:	18	1500 mm	38 mm	22 mm

5

7

6

8

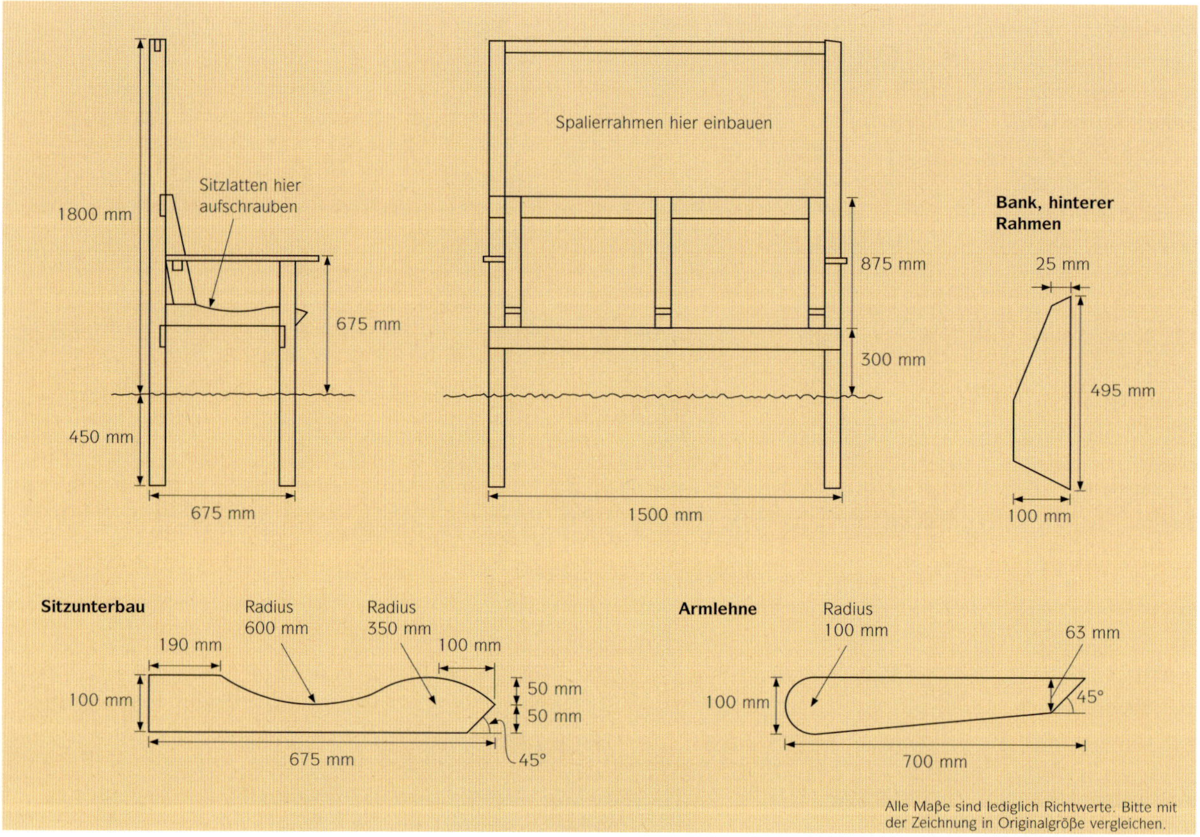

9 Die Rundungen der Sitzfläche mit der Bandsäge oder von Hand zuschneiden.

10 Sitzunterbau und hinteren Rahmen zusammenfügen. Dann kleine Klötze anschrauben, auf denen die Armlehnen hinten aufliegen. Die vorderen Enden liegen auf den verlängerten Vorderbeinen.

11 Die Rundungen der vorderen Armlehnen anzeichnen – Hilfsmittel erlaubt!

9

10

11

12 Spalier und Rahmen in zwei Arbeitsgängen fertigen. Die Ecken des Rahmens mit Überblattungen verbinden. Nur eine Lage Spalierleisten montieren.

13 Die Spalierleisten nach Belieben streichen und gut trocknen lassen, dann erst die zweite Lage anbringen. Ein Brett als Abstandhalter verwenden für gleichmäßige Parallelogramme.

14 Die Sitzlatten dicht montieren, damit sie sich der Kontur des Unterbaus gut anpassen. Die Latten vorbe-

Pflanzen für Laubenbänke

Romantische Laubenbänke mit dekorativen oder essbaren Kletterpflanzen sind seit Jahrhunderten beliebt. Das Foto zeigt eine Bank unter einem älteren Weinstock, der Schatten spendet und sich wunderbar verfärbt. Für Weinpflanzen, die schwere Früchte tragen, muss das Rankgerüst recht stabil sein. Zierlichere Spaliere eignen sich für Leichtgewichte wie Clematis, Hopfen *(Humulus lupulus),* Bougainvillea oder Geißblatt *(Lonicera).*

GANZ OBEN UND OBEN: *Die Rostrote Rebe* (Vitis coignetiae) *ist ein dekorativer Schattenspender.* Clematis *'H.F. Young' ist nur eine von vielen bezaubernden Sorten.*

reiten, auf Länge schneiden und vor dem Festschrauben auf dem Unterbau vorbohren.

15 Sitzlatten und weitere Teile jetzt streichen, bevor sie zusammengebaut werden.

16 Das Spalier mit etwa sechs Schrauben an jeder Seite des Bankrückens montieren.

17 Einige Sitzlatten müssen ausgeschnitten werden, damit sie zwischen die vorderen Beine und die Armlehnen passen. Wenn das erst jetzt geschieht, muss der Anstrich auf den Stirnseiten eventuell ausgebessert werden.

18 Jede Sitzlatte rechts und links mit je einer Schraube auf dem Unterbau befestigen (vorbohren). Vorn beginnen und auf gleichmäßige Abstände achten.

RECHTE SEITE: *Die fertige Bank in einer anderen Farbstellung. Sie kann frei im Garten stehen, sieht aber auch an einer Wand oder vor einer Hecke gut aus.*

15

17

16

18

PROJEKT

Hollywood-schaukel aus Holz und Segeltuch

Diese rustikale Bank wird aus derben Rund- und Halbrundhölzern gebaut, die man gern für Zäune verwendet. Sie ist aber genauso praktisch und bequem wie eine handelsübliche, vornehme Hollywoodschaukel. Unser Modell ist ein Zweisitzer. Man könnte es für drei Personen verlängern, mehr aber besser nicht. Weil keine schwierigen Holzverbindungen notwendig sind, ist die Bank recht schnell gebaut. Sie benötigen aber spezielle Metallwinkel, die eine Doppelfunktion haben: Sie sorgen für Stabilität und dienen zum Einhängen der Ketten. Ein Metallbaubetrieb wird diese Winkel zu einem erschwinglichen Preis für Sie anfertigen. Wegen der rustikalen, urwüchsigen Hölzer wird jede Bank geringfügig anders ausfallen. Darum sollte sie fertig gebaut sein, bevor Sie die Metallwinkel bestellen. Ein Stoffdach spendet Schatten und gibt Sichtschutz nach oben.

Tipps, Werkzeuge, Material

SCHWIERIGKEITSGRAD

- Ein Projekt mittleren Schwierigkeitsgrads, für das Sie einige Handwerkserfahrung besitzen sollten.

DER RICHTIGE ZEITPUNKT

- Jederzeit bei einigermaßen schönem Wetter, wenn der Boden nicht zu nass oder schlammig ist.

WERKZEUG

- Große und kleine Säge, evtl. Kettensäge, Bohrmaschine, Stecheisen, Raspel, Akkuschrauber, Wasserwaage, Streichmaß, Lineal, Bandmaß, Bleistift.

MATERIAL

- Kesseldruckimprägnierte Zaunpfähle und Rundhölzer, Segeltuch, Ladenbänder oder andere stabile Winkel aus Metall, Kette, stabile Karabiner oder Schäkel.

ZEITAUFWAND

- Normalerweise sollten 2–3 Tage bzw. zwei Wochenenden zum Bau genügen.

1

2

3

1 Zwei seitliche Pfosten so auf den Boden legen, dass ihre flachen Seiten zueinanderzeigen. Die Kreuzungsstellen anzeichnen. Vordere und hintere Beine der beiden Seitenteile müssen gleich lang sein, damit das Gestell nicht wackelt.

2 Den Mittelpunkt der Kreuzungsstelle anzeichnen und beide Hölzer mit einem dicken Bohrer (10 oder 12 mm) durchbohren.

3 Beide Hölzer mit langen Schlossschrauben verbinden. Alternativ Gewindestäbe verwenden, auf beide Enden Unterlegscheiben und Muttern setzen und die Gewindeenden bündig über den Muttern absägen (siehe Foto) und entgraten.

4 Die Seitenstreben auf Länge schneiden und am unteren Teil der vorderen Beine befestigen. Dazu sollte eine lange, dicke Schraube an jedem Ende genügen. Jetzt die obere Kreuzungsstelle zusätzlich zur Schlossschraube mit dicken Holzschrauben sichern.

5 Der obere Teil des seitlichen Gestells ragt über die obere Stange hinaus. Hier wird das Sonnendach befestigt. Vorn muss das Gestell für Gefälle im Sonnendach etwas höher sein.

6 Die oberen Pfostenenden gleichmäßig absägen, die Verschnittstücke aufbewahren. Sie werden später noch zur Versteifung benötigt. Das Schöne an der Arbeit mit rustikalen Zaunhölzern ist, dass man sehr sparsam mit dem Material umgehen kann.

7 Die obere Stange muss zum Einlegen in die Seitenteile eingekerbt werden. Am besten geht das mit einer Kettensäge, aber es geht auch von Hand. Die Innenseiten der Einkerbung mit einer Raspel sorgfältig glätten.

8 Nun brauchen Sie einen Helfer (besser zwei), der die Seiten hält, während Sie die Stange auflegen. Alternativ befestigen Sie die Seitenteile mit Zwingen an stabilen Sägeböcken. Wichtig ist, dass sie fest und gerade stehen.

9 Wenn die obere Stange fest liegt, das Gestell rechtwinklig ausrichten und an den hinteren Beinen eine lange, waagerechte Strebe anschrauben.

10 Aus den Verschnittstücken aus Schritt 6 die oberen Versteifungen zusägen. Zwischen hinterer Querstrebe und Pfosten anbringen.

11 Oben müssen die Versteifungen kurz sein, sonst behindern sie die Kette.

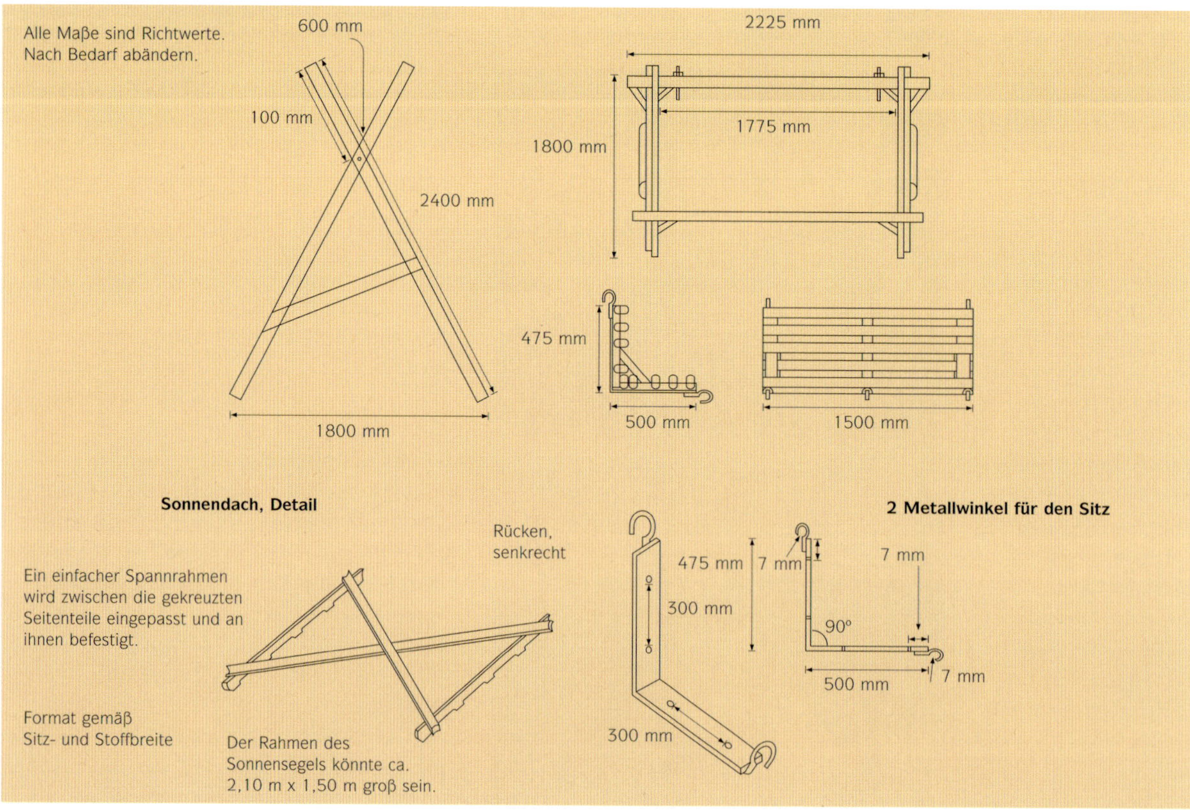

12 Die obere Stange an zwei Stellen durchbohren. Dort die Ringe zum Aufhängen des Sitzes befestigen. Der Abstand der Bohrungen muss der Sitzbreite entsprechen.

13 Der Sitz wird aus kurzen Halbrundhölzern gebaut. An den drei Streben der Lehne Ausnehmungen sägen, in die die drei Streben des Sitzes passen.

14 Die Halbrundhölzer mit je zwei Schrauben an den Streben befestigen.

15 Sitzfläche und Lehne mit langen Schrauben durch die hinteren Verbindungen fest verbinden. Kurze Stücke zur Versteifung der Ecken anschrauben. Nun alle Teile streichen.

16 Die beiden angefertigten Metallwinkel mit den Aufhängeösen an der Unterseite des Sitzes festschrauben. Sie halten die Sitzhölzer zusammen und tragen den hängenden Sitz. Der Rahmen für das Sonnensegel ist recht leicht. Er sollte auf die Maße von Gestell und Stoff abgestimmt sein.

OBEN: *Fertig! Mit dem Anstrich in zwei Farbtönen sieht die Schaukelbank trotz des preiswerten, rustikalen Materials sehr edel aus. Und mit dicken Kissen wird sie richtig gemütlich.*

PROJEKT

Hängematte

Natürlich kann man Hängematten in allen Varianten und Preisklassen kaufen, aber ein selbst gemachtes Unikat ist viel schöner. Viele Hängematten sind aus Tauwerk geknüpft. Bequemer und stabiler sind Modelle mit einer Liegefläche aus Segeltuch. Zelt- und Segelmacher haben solche Stoffe auf Lager und können auf Wunsch auch die Ösen (die beim Segelmacher Kauschen heißen) in die Schmalseiten einschlagen. Ist der Stoff vorbereitet, brauchen Sie noch stabile Holzleisten für die Enden. Sie dürfen nicht zu dünn sein und sollten keine Astlöcher oder andere Holzfehler aufweisen. Auch das Tauwerk muss das Gewicht eines ausgewachsenen Menschen tragen können. Ideal ist Schotleine vom Schiffsausrüster. Sie ist geflochten, dehnt sich darum kaum, und ist in verschiedenen Farben erhältlich.

Tipps, Werkzeuge, Material

Schwierigkeitsgrad

- Dieses Projekt ist nicht sehr schwierig, aber handwerkliche Grundkenntnisse wären von Vorteil.

Der richtige Zeitpunkt

- Jederzeit bei einigermaßen schönem Wetter; kann auch drinnen gefertigt werden.

Werkzeug

- Säge, Handsäge, Bohrmaschine, Lineal, Bandmaß, Bleistift.

Material

- Schotleine, Segeltuch, stabile Leisten, außerdem stabiles Garn zur Fertigstellung und Kabelbinder zum Sichern der Ringe.

Zeitaufwand

- Für dieses Projekt sollten Sie 1–2 Tage bzw. ein Wochenende einplanen.

1 Die vorbereitete Segeltuchliegefläche auf ebenem Untergrund ausbreiten, um den übrigen Materialbedarf zu kalkulieren.

2 Für die Enden brauchen Sie zwei stabile Hartholzleisten ohne Holzfehler, gehobelt und entgratet. Neun Bohrlöcher verteilt anzeichnen und bohren.

3 Die Leistenenden leicht abrunden, die Bohrlöcher erweitern.

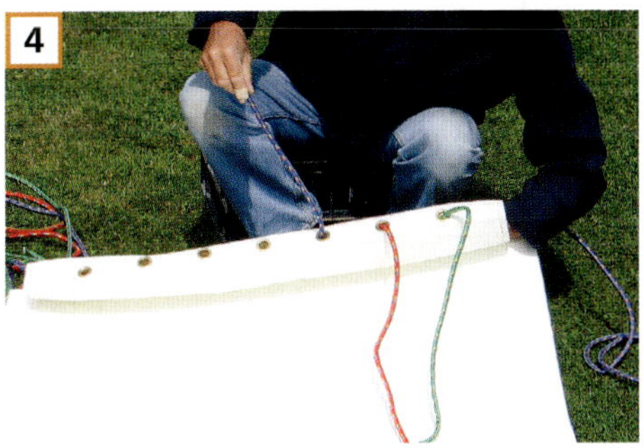

4 Die kürzeren Leinenstücke werden verknotet und durch die mittleren sieben Löcher in die Holzleiste gefädelt. Die Enden durch die Ösen ziehen, dann die Leisten in die Tunnel an den Schmalseiten des Segeltuchs schieben.

5 Die beiden äußeren Leinen durch die Tunnel an den Längsseiten ziehen. Auf der Innenseite der Leisten einen Knoten schlingen, dann die Leinenenden durchziehen. Alle neun Leinenenden sollen etwa gleich weit aus den Leisten heraushängen.

6 Zuerst an einem Ende der Hängematte arbeiten, das andere befestigen. Die neun Leinenenden in drei Gruppen teilen und zu einem festen Zopf flechten. In etwa 30 cm Abstand zum Ende der Hängematte mit dem Flechten beginnen.

7 Alternativ im Abstand von 30 cm zur Hängematte drei dünnere Zöpfe flechten.

Stückliste

Bauteil:	Menge:	LÄNGE nach Aufmaß:	BREITE Fertigmaß:	STÄRKE Fertigmaß:
Segeltuch:	1	2,1 m	1 m	
Leisten:	2	1 m	45 mm	45 mm
Schotleine:	1 oder mehr	45 m oder mehr	12 mm oder mehr	
Metallteile:	2	verzinkte Ringe, 50 mm Ø		

8 Danach die dünnen Zöpfe in etwas größerem Abstand zur Hängematte wiederum zusammenflechten.

9 Um das Ende des Zopfes zu sichern, stabiles Garn mehrmals sehr fest darum wickeln und durchnähen. Die überstehenden Enden abschneiden.

10 Zum Aufhängen werden stabile Ringe angebracht. Die geflochtenen Leinen durch den Ring ziehen und umschlagen, sodass das Ende unten liegt. Alles mit Kabelbindern fest zusammenschnüren.

RECHTE SEITE UND UNTEN: *Die fertige Hängematte und ein Modell aus geknüpftem Tauwerk.*

Geschichte der Hängematte

Hängematten wurden in präkolumbianischer Zeit in Südamerika erfunden und werden dort bis heute in großer Zahl hergestellt. Der Name des Erfinders ist unbekannt, aber es scheint unzweifelhaft, dass Notwendigkeit und Tradition zu der Idee geführt haben.

Kolumbus kaufte auf den heutigen Bahamas eine größere Zahl von Hängematten und brachte sie mit nach Europa.

Hängematten setzten sich in der Neuen Welt schnell durch, weil sie Sicherheit boten. Wegen des Abstands zum Boden waren Menschen, die im Freien schliefen, weniger Gefahren durch Schlangen und andere gefährliche Tiere ausgesetzt. Auch feuchter oder schlammiger Boden ist mit einer Hängematte kein Problem. Und dass eine Hängematte leicht und tragbar ist, hat auf Reisen viele Vorteile.

Auch in der Seefahrt wurden Hängematten traditionell auf allen Weltmeeren benutzt. Sie dienten als Schlafgelegenheiten für die Mannschaftsgrade und wurden nur zur Schlafenszeit aufgehängt. Wenn sie nicht benutzt wurden, rollte man sie klein zusammen und konnte den geringen Platz in der Mannschaftsmesse unter Deck anderweitig nutzen.

Spielgeräte und Außenmöbel für Kinder

Kindermöbel und Spielgeräte kann man vielerorts kaufen, aber fast immer erwartet einen knallbuntes Plastik, oder sie sind geschmackvoll, aber schier unbezahlbar. Kinder wissen das Besondere durchaus zu schätzen, vor allem, wenn es extra für sie gebaut wurde. Das ist doch Grund genug, ein bisschen Zeit und Mühe aufzuwenden, um ganz individuelle Stücke zu bauen, die zusätzlich im Garten noch einen schönen Anblick bieten.

Die Möglichkeiten sind grenzenlos. Themen wie Sandkiste, Schaukel oder Klettergerüst lassen sich auf vielerlei fantasievolle Weise variieren. Auch von einem Spielhaus – oder als Krönung einem Baumhaus – werden die Kinder begeistert sein. Die Projekte im folgenden Kapitel werden Ihnen Spaß machen, und für Ihre Kinder sind sie ein unvergessliches Geschenk.

Gestaltungstipps für Spielgeräte und Außenmöbel für Kinder

Alle Eltern wissen, dass viel Bewegung und frische Luft wichtig für die Gesundheit ihrer Kinder ist. Ein Garten ist darum für junge Familien von unschätzbarem Wert. Die Kinder können Spannendes über Pflanzen lernen und sie haben einen sicheren Platz, an dem sie spielen und sich nach Herzenslust austoben können. Die Fantasie von Kindern kennt keine Grenzen, selbst mit einfachen Spielsachen und Requisiten können sie sich stundenlang beschäftigen. In diesem Kapitel zeigen wir Spielgeräte für Kinder verschiedener Altersgruppen, die sich gut in den Garten einfügen und außerdem preiswerter sind als vieles, was man im Handel kaufen kann.

RECHTS: *Kinder lieben Baumhäuser, in denen sie ganz für sich sind und von oben auf die Erwachsenenwelt schauen. Ein einfaches Modell kostet nicht viel und ist leicht zu bauen.*

RECHTS: *Kinder helfen gern bei der Gartenarbeit. Wenn sie mit den richtigen Requisiten ausgestattet sind, werden sie gern draußen spielen, während die Eltern sich um die Pflanzen kümmern.*

OBEN: *Kleine Kinder können sich stundenlang in einer Sandkiste amüsieren. Wie man sie baut, lesen Sie auf den Seiten 178–181.*

Sandkiste

Eine Sandkiste direkt am Haus ist ideal für kleinere Kinder, die ständig beaufsichtigt werden müssen. In einer großen Sandkiste können sich Kinder vom Krabbelalter an ausdauernd mit Eimer, Schaufel und Förmchen vergnügen. Auch an unkonventionellen Requisiten wie Puddingformen oder Ausstechförmchen haben sie ihren Spaß. Größere Kinder bauen im Sand vielleicht einen Parcours für ihre Autos oder eine Weidelandschaft für Schafe, Kühe, Schweine, Pferde und andere Bauernhoftiere. Den Kindern werden die Ideen nicht so schnell ausgehen – Sie brauchen nur für den Platz und den Sand zu sorgen.

Ein dicht schließender Deckel ist wichtig, damit sich kein Regen oder Herbstlaub in der Sandkiste sammelt und damit Katzen den weichen Sand nicht mit Katzenstreu verwechseln. Ab und zu sollte man den Sand durchsieben, um vergrabene Spielsachen zutage zu fördern. Weil beim Spielen immer auch Sand über Bord geht, muss man gelegentlich Spielsand nachfüllen. Wenn die Kinder älter werden und das Interesse an der Sandkiste verlieren, kann man sie leicht in ein flaches Wasserbecken oder ein Kräuterbeet verwandeln.

RECHTS: *Eine Schaukel gehört unbedingt in den Familiengarten – je origineller, desto besser.*

UNTEN: *Irgendwann wird jedes Kind von einer Biene oder Wespe gestochen. Dieses Risiko lässt sich im Garten nicht vermeiden, verursacht aber normalerweise keine ernsten Probleme.*

Schaukel

Kletterseile und alte Autoreifen, die an einem Ast aufgehängt sind, finden Kinder einfach unwiderstehlich (siehe Seite 182–185). Hängen Sie die Schaukel aber in ausreichendem Abstand zu Beeten mit empfindlichen Blumen oder Pflanzen mit Dornen oder kratzigen Zweigen auf. Weil Kinder auch einmal von der Schaukel fallen, sollte sie nicht in der Nähe einer Mauer oder einer gepflasterten oder steinigen Fläche hängen.

Gras ist ein angenehmer Untergrund, aber bei regelmäßiger Benutzung wird der Boden unter der Schaukel bald verdichtet und die Grasnarbe abgetreten sein. Belüften Sie den Boden im Frühling und Herbst mit einer Grabgabel oder einem Rasenlüfter und versorgen Sie ihn mit einem stickstoffarmen Dünger, um das Wurzelwachstum anzuregen. Je nach Alter des Kindes können verschiedene Schaukelsitze aufgehängt werden. Für kleine Kinder sind Sitze mit einer Sturzsicherung erforderlich. Kontrollieren Sie regelmäßig, ob Schaukel, Seile und Gestell noch stabil und sicher sind.

Sicherheit im Garten

Natürlich sollte man sich der Gefahren bewusst sein, die ein Garten für Kinder bergen kann. Übermäßige Vorsicht kann den Kindern aber den Spaß am Draußenspielen verderben. Ein gut ausgestatteter Erste-Hilfe-Kasten sollte griffbereit stehen, um kleine Verletzungen zu versorgen. Splitter, Kratzer, Brennnesselausschlag oder Insektenstiche lassen sich nie ganz vermeiden. Die folgenden Punkte sollten Sie beachten:

- Sorgen Sie für Zäune und Pforten, um kleine Kinder von potenziellen Gefahrenbereichen fernzuhalten. Sichern Sie die Grundstücksgrenzen, damit Kinder und Haustiere nicht auf die Straße laufen können.
- Zäunen Sie Teiche ein, legen Sie Metallgitter darüber oder schütten Sie sie zu, bis die Kinder älter sind. Planschbecken nur unter Aufsicht verwenden und danach ausleeren.
- Lassen Sie keine Gartenwerkzeuge und Elektrogeräte im Garten liegen und schließen Sie Chemikalien, Farben, Holzschutzmittel, Grillanzünder usw. sorgfältig weg. Üben Sie mit den Kindern ein, das Spielzeug nach dem Spielen aufzuräumen – zum Beispiel in eine große, wasserdichte Truhe.
- Wer kleine Kinder hat, sollte auf Pflanzen mit Dornen, Stacheln, scharfkantigen Blättern (z.B. manche Ziergräser) sowie Arten, die giftig sind oder Reizungen verursachen können, verzichten. Erklären Sie den Kindern, dass manche Pflanzen und Beeren giftig sind, denn sie könnten ja auch im Garten von Freunden wachsen.
- Lassen Sie große, alte Bäume regelmäßig von einem Fachmann begutachten – vor allem, wenn sie zum Klettern einladen. Falls Sie einen Baum stark beschneiden oder fällen wollen, erkundigen Sie sich bei den zuständigen Behörden, ob eine Genehmigung notwendig ist.
- Halten Sie an heißen Tagen Sonnenschutzcreme mit hohem Lichtschutzfaktor und einen Sonnenhut bereit. Geben Sie den Kindern viel Wasser oder verdünnten Fruchtsaft zu trinken.
- Schleifen Sie Spielgeräte aus Holz regelmäßig ab, um das Risiko von Splittern zu vermeiden. Verwenden Sie nur ungiftige Farben und Holzschutzmittel.
- Gewöhnen Sie die Kinder daran, sich gründlich die Hände zu waschen, wenn sie aus dem Garten ins Haus kommen.

Außenmöbel für Kinder

OBEN: *In einem nicht akribisch gepflegten Gartenbereich können Kinder unbeschwert spielen, ohne sich um Mutters Lieblingsblumen sorgen zu müssen.*

Klettergerüst

Klettergerüste aus Holz, wie das weiter hinten in diesem Kapitel beschriebene Modell, kann man je nach Alter der Kinder vielfältig variieren. Planen Sie aber einige Elemente ein, die Ihre Kinder über längere Zeit interessant finden werden. Zeigen Sie ihnen, wie man mit alten Bettlaken oder Planen aus dem Klettergerüst eine Höhle oder ein Zelt machen kann, oder verwandeln Sie es mit Fahnen, Spielzeugschilden und Ausguckposten in eine Burg.

Es lässt sich kaum vermeiden, dass Kinder ab und zu vom Klettergerüst fallen, darum sollte der Untergrund weich sein. Trockener, verdichteter Rasen ist nicht ideal, vor allem wenn der Boden viel Lehm enthält, der hart wie Beton werden kann. Weicher ist eine dicke Schicht Rindenmulch, der weniger Splitter enthält als Holzhackschnitzel. Eine Kante aus Rundhölzern hält ihn an seinem Platz. Wer den Hund frei im Garten laufen lässt, sollte den Spielbereich eventuell einzäunen, um Verunreinigungen zu vermeiden. Es gibt auch verschiedene industriell hergestellte Weichböden für den Außenbereich, aber manche sind recht teuer, und andere müssen vom Fachmann verlegt werden.

UNTEN: *Wer ein Riesenschachbrett bauen will, braucht Platz, Handwerksgeschick und viel Zeit, doch daran haben auch Erwachsene Spaß.*

Höhlen und Geheimverstecke

Die meisten Kinder lieben einen geheimen Platz, zu dem Erwachsene keinen Zutritt haben. Aus einem Baumhaus, das im Laub versteckt ist, hat man einen besonderen Blick auf Haus und Garten. Man kann ein Baumhaus ausschließlich an den stabilen Ästen eines Baums befestigen. Praktischer und sicherer sind aber Modelle mit Pfosten, die auf dem Boden stehen. Solche Häuser kann man auch um einen schwachen Baum herum bauen.

In einem großen Garten könnte man verschiedene Spielelemente wie Klettergerüst und Spiel- oder Baumhaus auch mit einem »Abenteuerpfad« aus Erdhügeln mit Grasbewuchs, Holzbrücken, Rampen, Wippen, erhöhten Stegen, Hängebrücken oder stabilen Leitern verbinden. Bedenken Sie aber, dass der Bau eines solchen Kinderidylls viel Zeit und Geld kostet. Kinder wachsen schnell heran und verlieren oft schneller das Interesse an solchen Spielgeräten, als man erwartet.

LINKS: *Das Schöne an solchen Klettergerüsten ist, dass sie sich jederzeit abwandeln lassen, wenn die Kinder größer werden und neue Herausforderungen suchen.*

Gestaltet man ein Spielhaus oder ein anderes Spielgerät thematisch, etwa als Piratenschiff, werden den Kindern die Spielideen nicht so schnell ausgehen. An Regentagen können im Haus mit Stofffarben und stabilem Stoff Piratenflaggen gemalt oder aus Holzresten Schilder gebastelt werden, die »Eindringlinge« abschrecken. Vielleicht haben Sie ja Lust, eine Schatzkarte zu zeichnen und die Kinder bei nächster Gelegenheit auf die Suche nach einer Schachtel voller Schokodukaten zu schicken? Und denken Sie unbedingt an eine Verkleidungskiste mit Hüten, Kopftüchern, Gürteln mit großen Schnallen und glitzernden »Juwelen«.

Kindermöbel

Wenn Sie sich nicht an ein so großes Bauvorhaben wie ein Klettergerüst oder ein Baumhaus wagen wollen, möchten Sie vielleicht lieber ein kleineres, bescheidenes Projekt für Ihre Kinder anpacken. Auch Kinder essen bei schönem Wetter gern im Freien und haben bestimmt Freude an einem eigenen, maßgeschneiderten Tisch mit passenden Bänken. Der rustikale Tisch mit Bänken (Seite 154–157) lässt sich problemlos im Maßstab verkleinern. Natürlich können Sie auch selbst Kindermöbel entwerfen und dafür die Anleitungen, die in diesem Buch für andere Holzkonstruktionen gegeben werden, als Grundlage verwenden. Von einer Miniatur-Inneneinrichtung für das Spielhaus werden Ihre Kinder mit Sicherheit begeistert sein.

UNTEN: *Farben und Materialien dieses Spielhauses sind so perfekt auf das Wohnhaus abgestimmt, dass es wie eine Miniaturausgabe davon aussieht.*

PROJEKT

Eine Sandkiste bauen

Die Besonderheit dieser Sandkiste ist der Klappdeckel, der in geöffnetem Zustand als Sitzbank fungiert. Wenn die Sandkiste nicht benutzt wird, sollte sie immer abgedeckt werden, denn viele kleine Tiere verscharren ihre Hinterlassenschaften gern in weichem Sand. Diese Sandkiste wird aus Nadel- und Sperrholz gebaut. Das Sperrholz muss wasserfest verleimt und für den Außenbereich geeignet sein, damit es lange hält. Je nach verfügbarem Platz kann das Format der Sandkiste nach Belieben verändert werden. Schleifen Sie alle Holzteile sorgfältig und verwenden Sie ausschließlich Farben und Holzschutzmittel, die für Kinderspielzeug geeignet sind. Die meisten Acrylfarben für den Außenbereich können verwendet werden, lesen Sie aber in jedem Fall vor der Verarbeitung das Kleingedruckte auf der Verpackung.

Tipps, Werkzeuge, Material

Schwierigkeitsgrad

- Dieses Projekt mittleren Schwierigkeitsgrads erfordert etwas Handwerkserfahrung.

Der richtige Zeitpunkt

- Jederzeit, wenn der Boden nicht zu nass oder schlammig ist.

Werkzeug

- Säge, Bohrmaschine, Stecheisen, Schraubenzieher/Akkuschrauber, Wasserwaage, Bandmaß, Bleistift.

Material

- Sperrholz und behandeltes Nadelholz. Genug wasserfest verleimtes Sperrholz für die Bodenfläche und die beiden Teile des Deckels (siehe Stückliste). 2 T-Bänder (300 mm) und 3 Kistenbänder (225 mm) für den Deckel.

Zeitaufwand

- Sie sollten 2–3 Tage bzw. 1–2 Wochenenden einplanen.

1

2

3

1 Zuerst die Rahmen für die Längsseiten bauen – mit stumpfen Verbindungen, die verleimt und verschraubt werden.

2 Zwei Sperrholzstreifen als Innenverkleidung der Längsseiten zuschneiden. Die Schraublöcher versenken. Verzinkte oder Edelstahlschrauben verwenden.

3 An den Sperrholzseitenteilen die kurzen, senkrechten Endstücke des Rahmens befestigen.

4 Die Stirnseiten ausmessen und Sperrholz entsprechend zusägen.

5 Die beiden Sperrholzplatten für die Seiten anschrauben.

6 Die längeren Rahmenleisten anleimen, fixieren und festschrauben.

7 Am inneren, unteren Rand umlaufend eine Leiste anbringen, außerdem eine oder zwei Querstreben. Den Boden aus Sperrholz zuschneiden, einlegen und festschrauben.

Variationen

Wie fast alle Projekte in diesem Buch lässt sich auch die Sandkiste problemlos nach eigenen Vorstellungen abwandeln. Sie könnten beispielsweise ein dekoratives Stoffdach vorsehen, wie auf dem Foto oben abgebildet, und nur eine einfache Sperrholzplatte als Deckel verwenden.

Stückliste

Bauteil:	Menge:	LÄNGE nach Aufmaß:	BREITE Fertigmaß:	STÄRKE Fertigmaß:
Rahmen Seitenteile:	4	1,5 m	50 mm	50 mm
	6	300 mm	50 mm	50 mm
Rahmen Stirnseiten:	4	300 mm	50 mm	50 mm
	4	1,2 m	50 mm	50 mm
Auflage für Boden:	2	1,2 m	50 mm	50 mm
	3	1,0 m	50 mm	50 mm
Deckel &	1	1,2 m	75 mm	50 mm
unterer Sitz:	2	1,2 m	75 mm	25 mm
Querstreben:	1	1,2 m	63 mm	12 mm
	2	1,0 m	63 mm	12 mm
Kistenrand	4	1,2 m	63 mm	12 mm
Deckelrahmen:	6	450 mm	63 mm	12 mm

8 Auf den Rahmen unter dem zusammengeklappten Deckel werden drei Leisten geschraubt. Die äußerste ausklinken, damit sie über den Rahmen passt. Die anderen einfach aufleimen und verschrauben.

9 Auf die Oberkanten der Sandkiste ebenfalls Leisten schrauben. Die Ecken auf Gehrung schneiden. Die Leisten sollen alle scharfen Kanten verdecken.

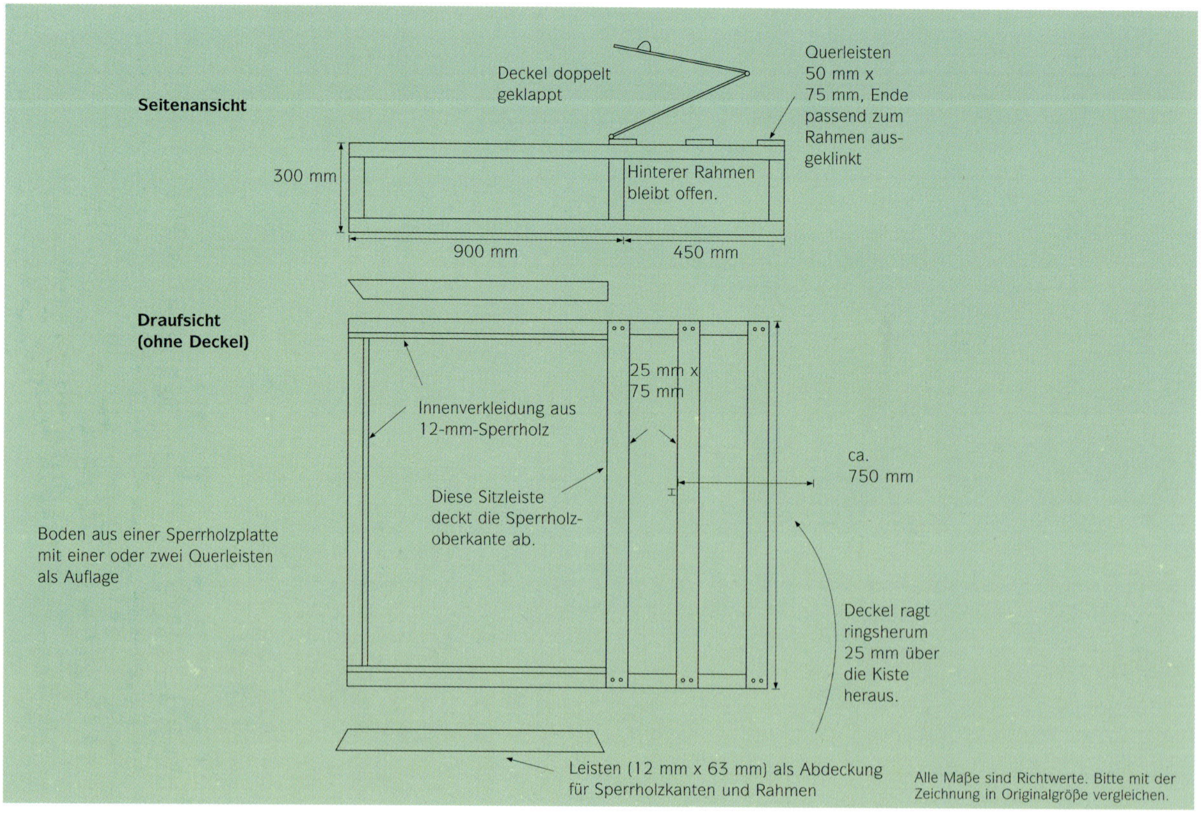

10 Der Deckel besteht aus zwei Sperrholzstücken. Zur Verstärkung Leisten aufleimen und -schrauben.

11 Die Deckelhälften mittels Kistenbändern mit der Unterseite verbinden.

12 Den Deckel mit T-Bändern an der Sandkiste befestigen.

UNTEN: *Wenn die Sandkiste nicht benutzt wird, den Deckel zuklappen, damit der Sand sauber bleibt.*

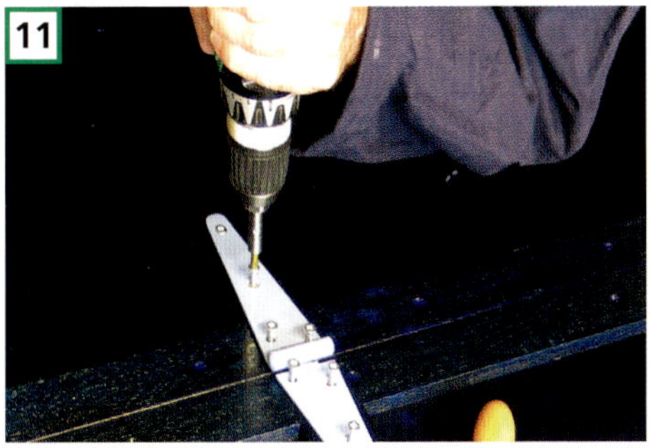

PROJEKT

Eine Schaukel für Kinder

Tipps, Werkzeuge, Material

Schwierigkeitsgrad

- Für dieses Projekt sollten Sie einige Handwerkskenntnisse besitzen.

Der richtige Zeitpunkt

- Jederzeit bei einigermaßen schönem Wetter, wenn der Boden nicht zu nass oder schlammig ist.

Werkzeug

- Säge, Bohrmaschine, Stecheisen, Schraubenzieher/Akkuschrauber, Wasserwaage, Bandmaß, Bleistift.

Material

- Kesseldruckimprägniertes Nadelholz (Maße siehe Stückliste auf Seite 183), Seil und Schaukelhaken.

Zeitaufwand

- Sie sollten für dieses Projekt mit 1–2 Tagen bzw. einem Wochenende rechnen.

Fast alle Kinder schaukeln gern. Der Fachhandel bietet zwar fertige Schaukeln in verschiedensten Ausführungen an, aber es macht viel Spaß, eine eigene Version dieses Lieblingsspielgeräts zu bauen. Hier wird die Konstruktion eines Einsitzers gezeigt, der etwas »auf Zuwachs« angelegt ist. Wenn Sie Platz für zwei oder mehr Kinder schaffen wollen, können Sie die Sitzfläche verbreitern und die Stützkonstruktion entsprechend verstärken. Das Schaukelgestell muss unbedingt stabil sein und fest stehen. Die Holzverbindungen sind einfach, aber die Schrauben sollten regelmäßig kontrolliert und nachgezogen werden. Weil sich das Holz durch Witterungseinflüsse zusammenzieht und ausdehnt, können sich die Verschraubungen lockern. Durch große, flache Unterlegscheiben lässt sich das Problem etwas reduzieren. Alle dauerhaften Verbindungen sollten zusätzlich verleimt werden.

1

2

3

1 Die Schenkel eines Seitenteils auf ebenen Untergrund legen. Mit Verschnittholz provisorisch fixieren, dabei genug Platz für den Querbalken einplanen.

2 Die oberen Enden der Schenkel in einem zum Querbalken passenden Winkel absägen. Dann mithilfe eines Holzstücks den Spreizwinkel der Schenkel festlegen.

3 Die langen und kurzen Querstreben der Seiten zusägen.

4 Ein Seitenteil fixieren und durch beide Hölzer bohren. Die Bohrung muss 10–12 mm groß sein, damit die Schrauben hindurchpassen.

5 Die Querstreben mit Schlossschrauben oder Gewindestangen, Unterlegscheiben und Muttern befestigen.

6 Die unteren Enden der Schenkel so absägen, dass sie plan auf dem Boden aufliegen.

7 Den Querbalken auf Länge schneiden, die Enden im 45°-Winkel abschrägen. Kurze Verstärkungskeile mit Leim und Schrauben an den Enden des Querbalkens befestigen.

8 Die beiden Seitenteile aufstellen, dabei ist ein Helfer zum Festhalten nützlich. Den Querbalken an seinen Platz legen, dann mittig durch die Seitenteile und den Querbalken ein durchgehendes Loch bohren.

9 Den Querbalken mit einer Gewindestange befestigen. Die Verstärkungskeile mit noch einer langen Schraube fixieren.

Stückliste

Bauteil:	Menge:	**LÄNGE** nach Aufmaß:	**BREITE** Fertigmaß:	**STÄRKE** Fertigmaß:
Seitenteile:	4	3,2 m	100 mm	50 mm
	2	600 mm	100 mm	50 mm
	2	1,2 m	100 mm	50 mm
Querbalken:	1	2 m	100 mm	50 mm
Seitliche Streben:	4	600 mm	50 mm	50 mm
Sitz, Hartholz:	1	750 mm	150 mm	25 mm

10 Zur zusätzlichen Stabilisierung werden vier kurze Streben zwischen Seitenteilen und Querbalken eingefügt.

11 Die Streben zuschneiden, einpassen und montieren.

12 Die Haken und Seile befestigen, bevor der Querbalken fixiert wird.

13 In den Sitz passende Löcher für die Seile bohren, die nicht zu nah am Rand sein dürfen.

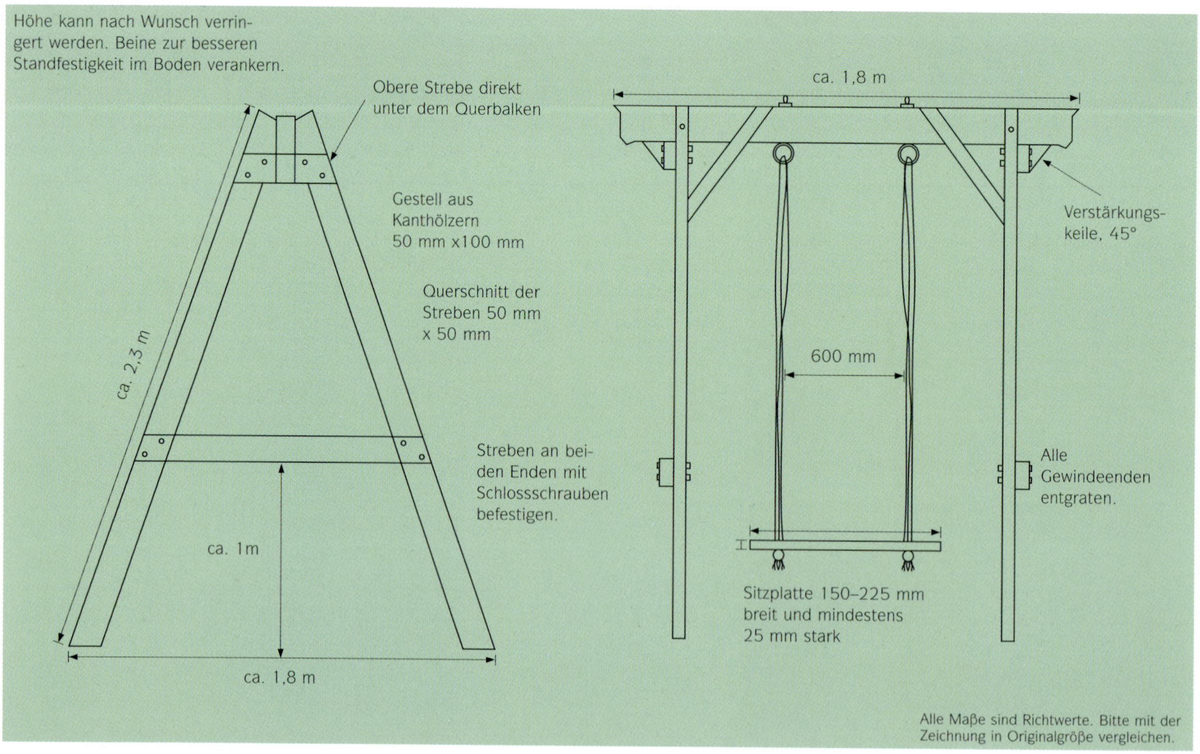

RECHTE SEITE: *Die fertige Schaukel kann nach dem Zusammenbau gestrichen werden. Wer möchte, verankert die Beine im Boden. Verzichtet man darauf, kann die Schaukel bei Bedarf umgestellt werden.*

PROJEKT

Ein Klettergerüst aus Holz bauen

Tipps, Werkzeuge, Material

Schwierigkeitsgrad

- Dies ist ein anspruchsvolles Projekt, das fundierte Handwerkskenntnisse erfordert. Ein Helfer ist ebenfalls sinnvoll.

Der richtige Zeitpunkt

- Jederzeit bei einigermaßen schönem Wetter, wenn der Boden nicht zu nass oder schlammig ist.

Werkzeug

- Spaten, Spitzhacke, Vorschlaghammer, Säge, Bohrmaschine, Zimmermannshammer, Stecheisen, Schraubenzieher/Akkuschrauber, Wasserwaage, großer Winkel, Latte, Bandmaß, Bleistift.

Material

- Kesseldruckimprägniertes Nadelholz und beliebige Materialien für Spezialelemente, etwa stabiles Netz, dicke Seile, dicke Rundhölzer. Fertig gemischter Beton.

Zeitaufwand

- Planen Sie mindestens eine Woche ein.

Kinder lieben Klettergerüste, weil sie abenteuerlustig sind und sich gern Herausforderungen stellen. Wer ein solches Gerüst bauen will, sollte zuerst detaillierte Skizzen anfertigen. Penibel exakt müssen die Zeichnungen nicht sein, aber wenn Sie nicht überlegt und folgerichtig vorgehen, besteht bei einem so umfangreichen Projekt die Gefahr, den Überblick zu verlieren. Lassen Sie Ihrer Fantasie freien Lauf. Was haben Sie sich in Ihrer Kindheit gewünscht? Die Grundstruktur wird aus kesseldruckimprägniertem Holz gebaut. Dabei haben Sie grenzenlose Möglichkeiten. Dieses Projekt umfasst verschiedene Elemente, aber Sie können gern weitere hinzufügen. Sehen Sie sich im Baumarkt oder beim Holzhändler um und entwerfen Sie ein Klettergerüst, auf das die Freunde Ihrer Kinder neidisch sein werden.

1

3

2

4

1 Detaillierte Skizzen zeichnen und den Standort festlegen. Die Positionen der Pfosten markieren, z.B. mit Schnur und einem großen Winkel. Je nach Größe und Form des Klettergerüsts und der Pfosten müssen die Löcher so tief und breit ausgehoben werden, dass in jedes mindestens eine Schubkarre voll Beton passt. In die Mitte jedes Lochs einen Pflock stecken und alle mit einer langen Latte und einer Wasserwaage auf gleicher Höhe ausrichten.

2 Jedes Loch bis zur Oberkante des Pflocks mit Beton füllen. So werden die Löcher auf der gesamten Fläche nivelliert. Sie können die Pfosten vor dem Zusammenbau auf Länge sägen.

3 Die Pfosten in die Löcher setzen und zur Stabilisierung untereinander fixieren. Sie müssen senkrecht stehen. Die Anordnung sollte Ihrer Skizze möglichst genau entsprechen.

4 Wenn die Pfosten provisorisch aufgestellt sind, werden die Löcher bis knapp unter Bodenniveau mit Beton gefüllt, um die Pfosten zu fixieren. Etwas Platz lassen, um auf den ausgehärteten Beton eine Schicht weiches Material zu füllen. Das ist wichtig, damit sich Kinder bei Stürzen vom Klettergerüst nicht am harten Beton verletzen können. Auf entsprechende Sicherheitsvorkehrungen für mögliche Stürze sollten Sie auch bei allen eigenen Variationen oder Zusätzen unbedingt achten.

5 Kletterstangen können vor dem Aufstellen in den Rahmen eingefügt werden. Dafür mittig in die Seiten der Rahmenhölzer Löcher im Durchmesser der Stangen bohren. Die Stangen müssen fest in den Löchern sitzen, und zwar so tief, dass sie sich später nicht aus ihrer Halterung ziehen lassen.

6 Lustiger sieht es aus, wenn Sie die Stangen in verschiedenen bunten Farben streichen. Dieser Teil des Klettergerüsts trägt eine höhere, gerade Plattform, von der aus man zum Knotenseil gelangt. Er muss also sicher und stabil gebaut sein.

7 Die Pfostenfundamente aus Beton mindestens drei Tage aushärten lassen. Dann die ersten Querträger einbauen. Alle Verbindungen ganz durchbohren, mit Schlossschrauben und Muttern und zusätzlich mit langen Nägeln oder Schrauben sichern.

8 Aus etwas dünnerem Material können Zwischenträger eingefügt werden, die dem Gerüst mehr Stabilität geben. Mit Balkenschuhen lassen sie sich leicht montieren.

9 Sind die Pfosten und Querträger montiert, werden die Plattformen gebaut. Terrassendielen mit Rillen sind besonders rutschfest. Auf Länge schneiden und festschrauben.

10 Auch eine Kletterwand können sie selbst bauen. Dicke Scheiben von Rundhölzern absägen und die oberen Rundungen gerade absägen (siehe auch Bild 11), damit kleine Füße beim Klettern nicht so leicht abrutschen.

11 Die Kletterhölzer vor dem Festschrauben streichen.

12 Die Plattform erreicht man auf mehreren Wegen. Hier wird eine einfache Sprossenleiter gebaut, die später an der Rahmenkonstruktion befestigt wird.

13 Das Kletterseil wird an einer Querstrebe, die auf zwei Pfosten ruht, mit verzinktem Lochband und mehreren Schrauben befestigt.

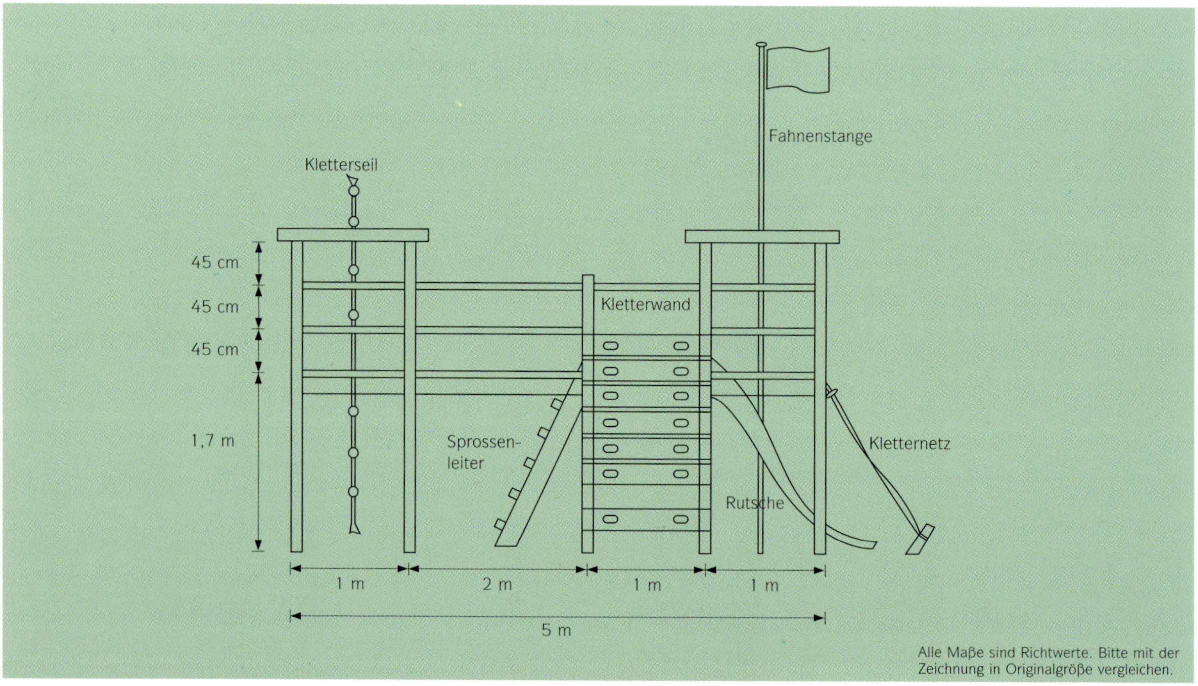

RECHTE SEITE: *Entscheiden Sie selbst, welche Elemente Ihr Klettergerüst enthalten soll.*

PROJEKT

Ein Baumhaus bauen

Tipps, Werkzeuge, Material

SCHWIERIGKEITSGRAD

- Dies ist ein anspruchsvolles Projekt, das fundierte Handwerkskenntnisse erfordert. Ein Helfer ist ebenfalls sinnvoll.

DER RICHTIGE ZEITPUNKT

- Jederzeit, wenn der Boden nicht zu nass oder schlammig ist.

WERKZEUG

- Säge (möglichst elektrisch), Hobel, Bohrmaschine, Zimmermannshammer, Stecheisen, Schraubenzieher/Akkuschrauber, Wasserwaage, großer Winkel, Latte, Bandmaß, Pinsel, Bleistift.

MATERIAL

- Kesseldruckimprägniertes Nadelholz und handelsübliches Zubehör aus dem Baumarkt oder vom Holzhändler (siehe Stückliste, Seite 191).

ZEITAUFWAND

- Für dieses Projekt sollten Sie 5–7 Tage einplanen.

In einem Baumhaus können Kinder nach Herzenslust ihre Fantasie ausleben. Es kann thematisch gestaltet sein, beispielsweise als Piratennest, Schiff, Burg oder Blockhütte, und zur Not geht es sogar ohne Baum. Selbst wenn ein tragfähiger Baum vorhanden ist, befürchten Sie vielleicht, ihm mit einem fest eingebauten Baumhaus zu schaden. Errichtet man das Haus direkt neben dem Baum, ist die Wirkung ganz ähnlich, aber der Baum wird geschont. Wer das Baumhaus selbst entwirft, sollte alle Sicherheitsaspekte bedenken und sich fachmännisch beraten lassen. Das Haus darf nicht zu hoch sein, und ein weicher Untergrund verhindert Verletzungen, falls jemand abrutscht und stürzt. Je nach Höhe des Hauses kann eine dicke Schicht Rindenmulch unterlegt werden, aber auch ein Bodenbelag aus Recyclinggummi oder ein anderer Weichboden aus dem Handel.

1

2

3

1 Das Ausheben der Löcher für die Pfosten ist mühsam, muss aber sorgfältig erledigt werden, damit sie an den richtigen Positionen stehen. Am besten anhand einer Skizze arbeiten. Die Pfosten sollten in mindestens 450 mm tiefe Betonfundamente gesetzt werden.

2 Wenn die Pfosten gesetzt sind und der Beton ausgehärtet ist, beginnt der eigentliche Bau. Die Höhe der ersten

Plattform festlegen. Zwei Tragbalken mit Schlossschrauben befestigen und mit einigen langen Nägeln sichern.

3 Die Querträger können etwas dünner sein. Sie werden in Abständen von maximal 600 mm mit Balkenschuhen befestigt. Falls nötig, mit etwas Verschnittholz unterfüttern, um die Höhe auszugleichen.

4 Auf der unteren Plattform werden Dielen verlegt. Darauf können Sie stehen, während Sie die Elemente der zweiten Plattform montieren. Es genügt, jede Diele mit einer Schraube mittig auf dem darunterliegenden Balken zu befestigen. Verwenden Sie rostfreie Edelstahlschrauben.

5 Balken und Querträger der zweiten Plattform ebenso befestigen. Vorsicht auf der Leiter! Ein Helfer sollte in diesem Stadium die freien Enden der Balken und Träger halten.

Stückliste

Bauteil:	Menge:	LÄNGE nach Aufmaß:	BREITE Fertigmaß:	STÄRKE Fertigmaß:
Nur Richtmaße und Basismaterialien				
PLATTFORMEN				
Pfosten:	10	3,6 m	100 mm Ø	
Hauptbalken:	2	4 m	150 mm	50 mm
	2	3 m	150 mm	50 mm
	4	2 m	150 mm	50 mm
Querträger:	8	2 m	100 mm	50 mm
Plus 16 Balkenschuhe, mehrere Schlossschrauben (150 mm), Unterlegscheiben, Muttern und Nägel (100 mm). Dielen zum Bedecken zweier Plattformen von 2 m Länge und 3 m Breite (schmale Lücken zwischen den Dielen)				
Halbrundhölzer:	8	3,6 m	100 mm Ø	
Leiterwangen:	4	1,5 m	75 mm	50 mm
Leitersprossen:	9	1 m	50 mm	50 mm
HAUS				
Rahmen, ca.:		60 m	50 mm	50 mm
Tür- und Fensterrahmen, ca.:		9 m	75 mm	25 mm
Tür- und Fensteranschläge, ca.:		18 m	25 mm	12 mm
Abschlussleisten für 4 Ecken:		1,8 m	75 mm	32 mm
Schalbretter, ausreichend zum Verkleiden von 12 m² Außenfläche				
Holzreste für die geteilten Türen, 4 T-Bänder, 2 Haken mit Ringschrauben, Acrylglas für die Fenster, Filz				

6 Einfache Sprossenleitern führen auf die beiden Plattformen. Verstärkungen von hinten verhindern, dass die Konstruktion sich verzieht. Die Sprossen aufleimen und festschrauben.

7 Um die untere Leiter am Boden zu fixieren, beidseitig Pflöcke in den Boden schlagen und die Leiter festschrauben. Die Leiter zur zweiten Plattform unten an den Dielen der ersten Plattform verschrauben und oben an den tragenden Balken.

8 Wenn die Plattformen über die Balken hinausragen, einfache Halter zusägen und an den Balken befestigen.

9 Wer die metallenen Balkenschuhe verkleiden möchte, kann aus dünnen Holzresten passende Stücke zuschneiden und festnageln.

10 Das Haus selbst kann vor Fertigstellung der Plattformen oder parallel dazu gebaut werden. Als Wände dienen vier einfache Rahmen mit senkrechten Streben.

11 An zwei Rahmen (Giebelseiten) oberhalb der oberen Querleiste ein Dreieck montieren. Kurz unter der Spitze eine kurze Querstrebe und darunter eine senkrechte Stütze einfügen. In der oberen Mitte der Giebelspitzen eine Lücke lassen. Hier wird später eine Latte als First eingefügt.

12 Die Rahmen mit Schalbrettern verkleiden. Achten Sie darauf, dass die Bretter einander gleich weit überlappen. Erst dann festschrauben.

13 Von unten nach oben arbeiten und jedes Schalbrett an jedem Ende am Rahmen befestigen.

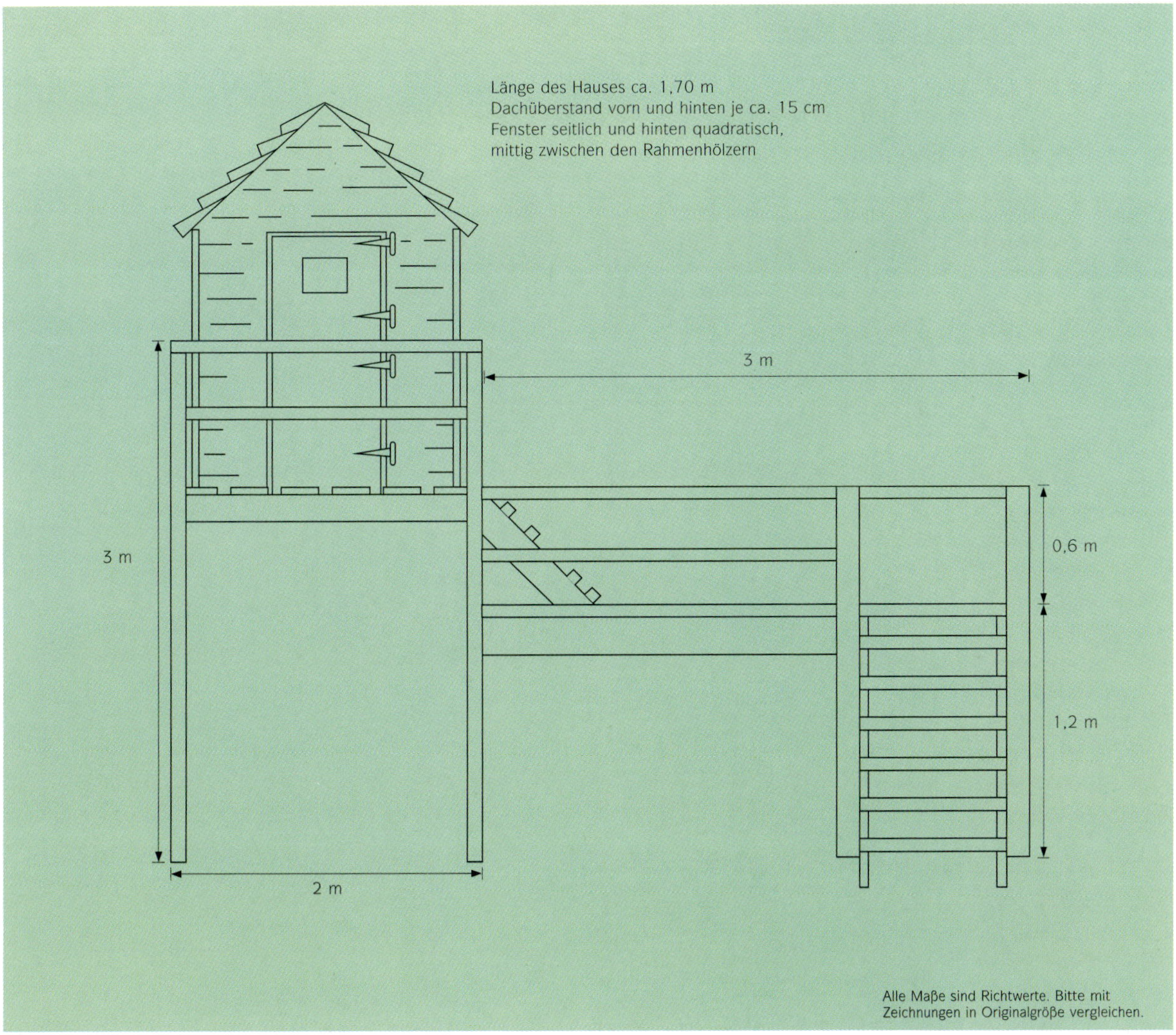

14 Wenn die Hauswände gestrichen werden sollen, erledigen Sie das vor dem Zusammenfügen der Wände. Es ist viel einfacher, den Anstrich am Boden vorzunehmen als später, wenn das Haus möglicherweise in beträchtlicher Höhe montiert ist und Äste die Arbeit behindern.

15 Sind die Wände fertig, sollten vor der Montage auf der Plattform einige Verkleidungen angebracht werden. Hier werden die seitlichen Abschlussleisten angeschraubt. Sie decken die Enden der überlappenden Schalbretter sauber ab.

16 Sobald sich die Hauswände an ihrem vorgesehenen Platz auf der Plattform befinden, die benachbarten Rahmenhölzer mit einigen langen Schrauben verbinden. Das Haus aber erst auf der Plattform befestigen, nachdem alle Wände rechtwinklig ausgerichtet an der richtigen Position stehen.

17 Zum Schluss wird das Geländer errichtet. Als Geländerstützen können Sie Reststücke von den Pfosten verwenden, die auf gleiche Länge geschnitten werden.

18 Damit sich neugierige Haustiere nicht auf den Leitern verletzen können, schrauben Sie Sperrholzplatten hinter die Leitersprossen.

RECHTE SEITE: *Ein Kindertraum in einem großen, alten Baum.*

PROJEKT

Ein Spielhaus für Kinder bauen

Wer seinen Kindern eine große Freude machen möchte, baut ihnen ein Spielhaus. Kinder zwischen drei und zehn Jahren werden daran viel Spaß haben, danach verlagern sich die Interessen meistens. Aber auch dann muss das Spielhaus nicht abgerissen werden. Die Eltern können es in einen Geräteschuppen umwandeln oder in eine Laube. Die einfache Rahmenkonstruktion wird durch Streben zusätzlich versteift. Sie eignet sich für Häuschen verschiedener Form und Größe. Grenzen werden allenfalls durch den verfügbaren Platz, die Zeit und die Kosten gesetzt. Sie könnten ein einfaches, viereckiges Haus bauen oder ein Modell aus mehreren, miteinander verbundenen Räumen entwerfen. Stellen Sie es so auf, dass Sie den Kindern beim Spielen zuschauen können. Dann brauchen Sie sich nur noch zurückzulehnen.

Tipps, Werkzeuge, Material

Schwierigkeitsgrad

- Dies ist ein anspruchsvolles Projekt, das fundierte Handwerkskenntnisse erfordert. Ein Helfer ist ebenfalls sinnvoll.

Der richtige Zeitpunkt

- Jederzeit, wenn der Boden nicht zu nass oder schlammig ist.

Werkzeug

- Säge (möglichst elektrisch), Hobel, Bohrmaschine, Zimmermannshammer, Stecheisen, Schraubenzieher/Akkuschrauber, Wasserwaage, großer Winkel, Latte, Bandmaß, Pinsel, Bleistift.

Material

- Kesseldruckimprägniertes Nadelholz und handelsübliches Zubehör aus dem Baumarkt oder vom Holzhändler (siehe Stückliste, Seite 197 und 199).

Zeitaufwand

- Für ein Projekt dieser Größenordnung sollten Sie sich 5 Tage Zeit nehmen.

1 Für die Rahmenkonstruktion benötigen Sie kesseldruckimprägniertes Nadelholz (50 mm x 50 mm Querschnitt). Alle Löcher vorbohren, damit das Holz nicht reißt.

2 Die Rahmenverbindungen werden geschraubt. Zuerst die äußeren Rahmen aus vier Kanthölzern bauen, dazwischen senkrechte Streben setzen und aus kürzeren Hölzern Rahmen für Fenster und Türen einbauen.

3 Wenn die Rahmen gebaut sind, berechnen Sie die zu verkleidende Außenfläche. Versuchen Sie, als Abmessungen möglichst Standardmaterialmaße zu wählen. Die Höhe der Seitenwände wird also anhand der Zahl der Profilbretter berechnet, die zur Verkleidung verwendet werden. Fenster- und Türhöhen so anlegen, dass möglichst wenig Sägeschnitte nötig sind.

4 Die Verkleidung von unten nach oben anbringen. Das erste Profilbrett mit zwei Schrauben pro Rahmenholz befestigen, alle weiteren mit einer.

5 Die vier verkleideten Wände sollten vor dem Zusammenbau gestrichen werden. Verwenden Sie für die Innenseiten eine helle Farbe, damit das Häuschen freundlich wirkt. Wenn Sie eine hochwertige Farbe verwenden, sollten zwei Anstriche genügen.

6 Fenster, Türen und Veranda vor dem endgültigen Zusammenbau vorbereiten. Die Verandabrüstung besteht aus Teilen, die später zusammengesetzt werden. Die Querleisten vorbohren, damit sie beim Zusammenschrauben nicht reißen.

Stückliste

Bauteil:	Menge:	LÄNGE nach Aufmaß:	BREITE Fertigmaß:	STÄRKE Fertigmaß:
Boden (wetterfester Plattenwerkstoff):	1	2,4 m	1,2 m	12 mm
Bodenträger:	4	2,4 m	50 mm	50 mm
Rahmen Seitenwände:	4	1,8 m	50 mm	50 mm
	20	1,5 m	50 mm	50 mm
	2	1,2 m	50 mm	50 mm
	4	750 mm	50 mm	50 mm
	5	600 mm	50 mm	50 mm
Rahmen Tür und Fenster:	2	1,5 m	70 mm	18 mm
	1	600 mm	70 mm	18 mm
	4	375 mm	70 mm	18 mm
Anschläge Tür und Fenster:	2	1,5 m	21 mm	12 mm
	1	600 mm	21 mm	12 mm
	8	375 mm	21 mm	12 mm
Eckpfosten:	4	1,5 m	63 mm	63 mm

Profilbretter zum Verkleiden von 10 m^2 Wandfläche.
Wetterfestes Acrylglas für die Fenster, 12 mm starkes Sperrholz für die Türen.

Bauteil:	Menge:	LÄNGE nach Aufmaß:	BREITE Fertigmaß:	STÄRKE Fertigmaß:
Dach (Holzfaser/ Sperrholz):	2	2,4 m	900 mm	12 mm
Dach-Unterkonstruktion:	2	1,8 m	70 mm	18 mm
	2	2,4 m	45 mm	18 mm
	2	1,8 m	45 mm	18 mm
	10	900 mm	45 mm	18 mm
	2	600 mm	45 mm	18 mm
Firstleiste:	1	1,8 m	70 mm	18 mm
Windfedern:	4	900 mm	100 mm	21 mm
Giebelverzierung:	2	225 mm	125 mm	21 mm

Besandete Dachpappe zum Abdecken des Daches, verzinkte Dachpappennägel (12 mm) zum Befestigen

7 Den Handlauf mit Leim und einer einzelnen Schraube auf jeder Geländerstütze befestigen.

8 Die Eckpfosten aus etwas dickeren Kanthölzern zusägen. Auf Länge schneiden und je ein Ende leicht anspitzen.

9 Zum Zusammensetzen je eins der längeren Seitenteile an einen Eckpfosten schrauben, dann über Eck ein Vorderteil anschrauben. Rechte und linke Brüstungsseite vor der Hausfront montieren. Schräg aufgesetzte Streben dienen zur Versteifung und, sofern sie stabil genug sind, als Sitz.

10 Die Bodenplatte an den Standort des Spielhauses legen. Falls nötig, vor dem Aufstellen der Seitenwände den Boden einebnen, damit sich die Tür problemlos öffnen lässt. Zum Aufstellen der großen Wände brauchen Sie einen Helfer. Notfalls können Sie die Teile mit großen Zwingen fixieren, während Sie sie zusammenschrauben.

11 Die Wände vorerst nur mit wenigen Schrauben und nicht zu fest verbinden. Die Dachplatten auflegen. Damit alle Teile gut zusammenpassen, müssen Sie eventuell die Seitenwände nochmals lösen und ihre Position korrigieren. Wenn alles perfekt sitzt, können die Teile fest miteinander verschraubt werden.

Stückliste (Fortsetzung)

Bauteil:	Menge:	Länge nach Aufmaß:	Breite Fertigmaß:	Stärke Fertigmaß:
Verandageländer:	4	600 mm	38 mm	38 mm
	4	300 mm	38 mm	38 mm
	16	450 mm	38 mm	38 mm
Veranda-eckpfosten:	4	600 mm	50 mm	50 mm

Passende Türbeschläge und bunte Farbe zum Anstreichen

12 Wenn die Dachplatten richtig liegen, werden sie an beiden Enden und den Seiten auf dem Haus montiert. Auch die oberen Spitzen können jetzt verschraubt werden.

13 Die Dachpappe großzügig zuschneiden. Überstehende Kanten werden später sauber abgeschnitten. Dachpappe auf einer Dachseite so auflegen, dass sie über den First hinausragt. Die Kante, auf der später die zweite Pappenbahn liegt, mit wenigen Dachpappennägeln fixieren. Die zweite Bahn ebenfalls über den First legen, damit dieser Bereich doppelt geschützt ist. Beim Verlegen Falten und Wellen in der Dachpappe sorgfältig glätten.

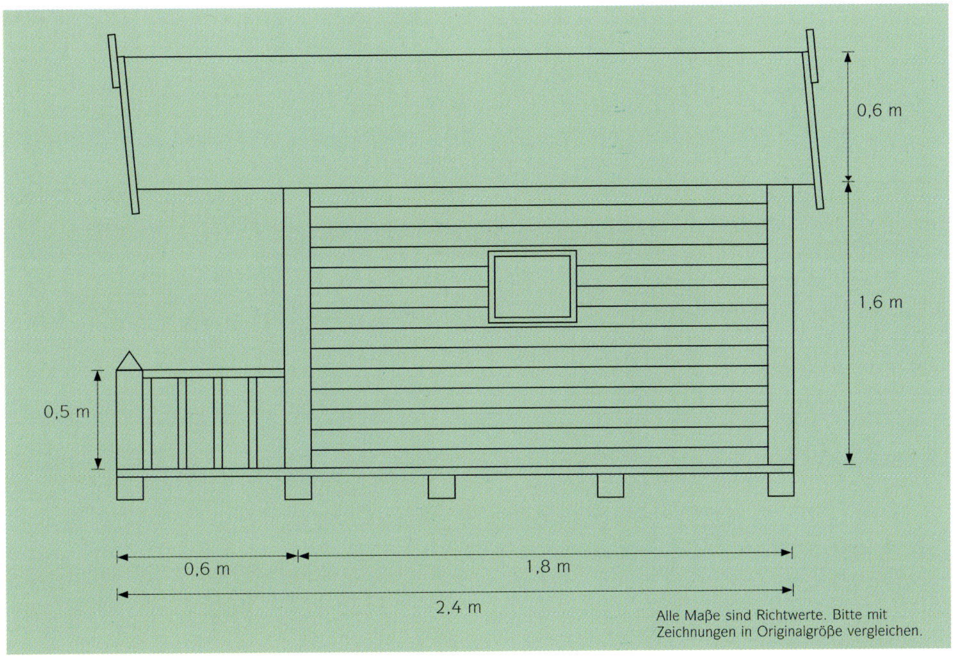

Für Ambitionierte

Die bei diesem Projekt angewandte Bautechnik lässt sich leicht variieren. Wer geschickt ist und viel Zeit hat, könnte eine Minivilla mit zwei Giebeln bauen. Oft genügen aber schon liebevolle Details wie kleine Blumenkästen oder bunte Gardinen an den Fenstern, um dem Haus Charme zu verleihen.

14 Wenn die Dachpappe geglättet und sauber zugeschnitten ist, die unteren Kanten sauber einschlagen und festnageln. Auch die Kanten am First einschlagen. Zum Festnageln der mehrlagigen Dachpappe brauchen Sie eventuell längere Nägel.

15 Nun kommen Türen und Accessoires an die Reihe. Möglicherweise müssen Sie die Position der Tür oder der Bodenplatte etwas korrigieren, damit sich die Tür leicht öffnen lässt.

16 Die Windbretter und die Giebelverzierung mit einer Dekupiersäge ausschneiden und vor dem Montieren streichen.

17 Die Windbretter decken die Vorder- und Hinterkanten des Daches und umgeschlagenen Kanten der Dachpappe ab. Die Giebeldekorationen aus einem Holzrest sägen, kontrastfarbig streichen und über den Stoß der Windbretter schrauben.

18 Zum Schluss wird die vorbereitete Veranda an der Eingangsseite des Spielhauses angebaut.

RECHTS UND RECHTE SEITE: *Das fertige Spielhaus. Die Schrauben sollten Sie von Zeit zu Zeit nachziehen.*

Wasser im Garten

Ein Teich oder selbst ein kleines Wasserspiel ist ein wunderschöner Blickfang in jedem Garten. Das Glitzern auf einem ruhigen Teich, das Plätschern eines Springbrunnens und die Farben und Formen üppiger Wasserpflanzen sind einfach unwiderstehlich. Die meisten Wasserspiele sind leicht zu installieren. Ihr leises Rauschen entspannt, und es ist faszinierend, die vielen Tiere zu beobachten, die sie in den Garten locken.

In einem kleinen Garten ist selten genug Platz für einen Teich. Zum Glück gibt es viele reizvolle Variationen des Themas, etwa ein Seerosenbecken oder ein kindersicherer Plätscherbrunnen. Vielleicht möchten Sie auch ein kleines Sumpfbeet anlegen? Wofür Sie sich auch entscheiden: Wenn Sie kleine Kinder haben, geht die Sicherheit vor.

Teiche

Faszinierendes Wasser

Anblick und Geräusch von Wasser haben einen Charme, dem man sich kaum entziehen kann. Ob Vogeltränke, glasierter Wasserkübel im asiatischen Stil oder großer Teich – die Größe spielt kaum eine Rolle. Tröpfchen funkeln im Sonnenlicht, und selbst im Schatten spiegelt sich das Licht auf dem Wasser. Im Sommer wirkt das Wasser kühl und erfrischend. Schon ein kleines Wasserspiel ist eine Bereicherung für die Terrasse oder den Essplatz im Freien. Weil auch Kinder Wasser faszinierend finden, sollte in einem Familiengarten ein gut gesichertes Wasserspiel nicht fehlen. An einem natürlich gestalteten Teich mit flachen Ufern finden sich schnell verschiedene Tiere ein, aber auch kleinere Wasserspiele ziehen kleine Lebewesen an.

OBEN RECHTS: *Wer etwas Fantasie hat, ungewöhnliche Materialien verwendet oder Vorhandenes raffiniert nutzt, kann originelle und sehr dekorative Wasserspiele gestalten.*

Bachläufe und Kaskaden

Bachläufe mit kleinen Wasserfällen und Kaskaden wirken auf abfallendem Gelände am natürlichsten, vor allem, wenn das obere Becken gut versteckt ist. Interessante Effekte lassen sich aber auch erzielen, wenn man die Wand eines Gebäudes, die Grundstücksbegrenzung oder eine Stützmauer an der Terrasse einbezieht. Ob Sie lieber einen Bergbach mit Steinen mögen oder einen sachlichgeraden Wasserlauf aus Fiberglas oder Metall: Im Fachhandel finden Sie das nötige Zubehör. Für jeden Wasserlauf brauchen Sie am oberen Ende ein Reservoir oder einen Teich sowie eine Pumpe, die das herabgeflossene Wasser wieder nach oben befördert.

RECHTS: *Der verfügbare Platz bestimmt, was möglich ist. Zubehör für Teiche und Wasserfälle ist im Fachhandel zu haben und kostet kein Vermögen.*

OBEN: *Dieser künstlich angelegte Folien-Bachlauf sieht durch die dichte Bepflanzung sehr natürlich aus.*

Naturnahe Bäche

Um einen Bachlauf selbst anzulegen, wird das Bett ausgehoben, einschließlich der Stufen für Kaskaden und Wasserfälle. Entfernen Sie Steine, füllen Sie eine Schicht Sand ein und legen Sie den Bachlauf mit Teichfolie aus. Das Vorgehen ist ähnlich wie beim Bau eines Folienteichs (Seite 226–227). Pflanzen und Steine kaschieren die Ränder, und auch ins Bachbett kann man Steine und Kiesel legen. Für einen längeren Bachlauf müssen mehrere Folienstücke zusammengesetzt werden. Wenden Sie sich an einen Fachbetrieb, der die Folie verschweißt, denn eine Überlappung der Folie reicht zum Abdichten nicht aus. Bei der Auswahl der richtigen Pumpe sollten Sie sich beraten lassen, denn es sind verschiedene Faktoren zu berücksichtigen: Förderhöhe, Länge des Bachlaufs, Durchmesser des Schlauchs und gewünschte Durchflussmenge.

Kleine Wasserspiele

Bewegtes Wasser verbreitet sogar in einem Hof oder auf einer Terrasse lebendige Atmosphäre. In der Stadt kann das Plätschern sogar dabei helfen, die Geräusche von Verkehr und Nachbarn zu überhören. Sie benötigen einen Stromanschluss in der Nähe des Wasserspiels sowie einen Schalter im Haus oder einen speziellen Schalter für den Außenbereich, damit die Pumpe nur läuft, wenn es gewünscht ist. Fachgeschäfte und Internethändler bieten Wasserspiele für Gärten jeden Stils an, die normalerweise leicht zu installieren sind. Sie können aber auch einfach eine Düse direkt auf der Pumpe montieren (Seite 216–219).

Springbrunnen sollten an einem windgeschützten Platz stehen, sonst kann Wasser über den Beckenrand geweht werden und das Reservoir wird schnell leer. Wasserglocken und Fontänen sehen unschön aus, wenn der Wind ihre Symmetrie stört. Es wäre auch möglich, rings um das Wasserspiel eine »Auffangzone« mit Teichfolie und Steinen auszulegen, damit über den Rand spritzendes Wasser wieder ins Reservoir zurückgeführt werden kann. Sprudeldüsen sehen über einer Fläche mit Natursteinen verschiedener Größe sehr schön aus, man könnte sie auch mit einem rustikalen Mühlstein kombinieren.

Gestaltungstipps für Wasserspiele und Teiche

OBEN: *Selbst ein altes Fass kann mit etwas Fantasie und Geschick zu einem originellen Wasserspiel werden.*

Miniteiche

Einen »Terrassenteich« im Miniaturformat kann man sogar anlegen, ohne ein Loch auszuheben: in einem großen Blumenkübel ohne Abzugsloch etwa oder in einem Fass. Kleinwüchsige Wasser- und Uferpflanzen halten das Wasser klar, ohne es zu überwuchern. Wer es formeller mag, könnte ein winziges Seerosenbecken in einen mediterranen Kiesgarten zu sonnenhungrigen Sukkulenten und Kräutern stellen. Selbst so kleine Wasserflächen locken schnell allerlei Tiere an. Ein kleines Becken ist ein Gewinn für eine Terrasse, sieht aber auch in der Mitte eines dekorativen Rondells hübsch aus. Die Blätter von Seerosen beschatten das Wasser und verhindern, dass sich Algen zu stark vermehren. An einem sonnigen Standort blühen Seerosen am besten. Formale Wasserbecken müssen exakt waagerecht ausgerichtet sein. Folienränder sollten unter Steinen oder einem Holzdeck verborgen werden.

Um Kindern die Möglichkeit zu geben, Vögel, Frösche und andere Tiere zu beobachten, graben Sie einfach einen großen, schwarzen Plastikkübel so im Beet ein, dass der Rand auf Bodenniveau liegt. Kies auf den Boden füllen, darauf einen größeren Stein als »Landeplatz« für Vögel legen, ein Brettchen als Rampe für Frösche anlegen und Wasser einfüllen – fertig. Einige Unterwasserpflanzen halten das Wasser klar.

Teiche und Sumpfbeete

Offenes Wasser lockt innerhalb kurzer Zeit eine Vielzahl von Insekten an, die wiederum Libellen, Vögeln und sogar Fledermäusen als Nahrung dienen. Stille Wasserflächen spiegeln die ständigen Veränderungen von Himmel und umgebenden Pflanzen. Außerdem kommen nützliche Tiere wie Frösche, Kröten, Igel und Singvögel zum Trinken ans Wasser. Wer aber kleine Kinder hat, sollte lieber ein Wasserspiel mit einem abgedeckten Reservoir bauen oder ein Sumpfbeet anlegen. Im Hinblick auf die Tiervielfalt steht ein Sumpfbeet einem Teich kaum nach. Die Feuchtigkeit des Bodens und die üppigen Pflanzen bieten kleinen Am-

RECHTS: *Libellen und andere Insekten finden sich selbst an winzigen Wasserspielen und Becken bald ein.*

phibien Schutz und Unterschlupf, und optisch wirkt ein gut angelegtes, dicht bepflanztes Sumpfbeet ebenso attraktiv wie ein Teich.

Für naturnahe Teiche empfiehlt sich schwarze Teichfolie, die das Wasser überdies auch besonders gut spiegeln lässt. UV-beständige Teichfolie wird in verschiedenen Qualitäten angeboten. Welche Sie wählen, hängt von Art und geplanter Lebensdauer des Gewässers ab. Reststücke werden oft verbilligt angeboten und sind für kleine Projekte meist groß genug.

Legen Sie Teiche und Wasserbecken an einem hellen Platz in ausreichendem Abstand zu Bäumen und Laub abwerfenden Sträuchern an, damit kein abfallendes Herbstlaub das Wasser verschmutzt. Sinnvoll ist ein flacher, strandartiger Zugang mit Kieseln, außerdem eine tiefere Zone, in der Tiere überwintern können und Schutz finden. Eine Stufe in der Uferböschung bietet eine Heimat für Flachwasserpflanzen, deren Blätter einen Teil der Wasserfläche beschatten und so das übermäßige Wachstum von Algen eindämmen. Ein guter Teil der Wasserfläche sollte aber frei bleiben, damit man die reizvollen Spiegelungen genießen kann.

OBEN: *Auch kleine Teiche können effektvoll sein. Seerosen beleben dieses Becken, ein attraktives Holzdeck gibt ihm einen schönen Rahmen.*

UNTEN: *Ein Teich mit einer dekorativen, eher formalen Einfassung.*

Wandbrunnen

Achten Sie bei einem Wandwasserspeier darauf, dass kein Spritzwasser oberhalb der Feuchtigkeitssperre aufs Mauerwerk gelangt. Andernfalls ist es sinnvoll, eine wasserdichte Platte anzubringen oder das Mauerwerk zu versiegeln. Als Wasserreservoir eignet sich ein Becken aus Ziegeln oder Natursteinen, auch verputzte Gasbetonsteine, Eisenbahnschwellen mit einer Teichfolieneinlage oder ein großer Kübel oder Steintrog wären denkbar. Wenn Sie kleine Kinder haben oder wenn der Platz für ein Wasserbecken nicht ausreicht, legen Sie ein unterirdisches Reservoir an, mit Steinen verdeckt. Kleine Wandbrunnen, komplett mit Pumpe und Reservoir, kann man einfach an eine Wand hängen und an eine Steckdose anschließen. Das kleine Reservoir muss aber oft aufgefüllt werden, damit die Pumpe nicht trockenläuft.

PROJEKT

Kindersicherer Teich im Fass

Das Problem vieler Teiche und Wasserspiele ist, dass sie für Kinder gefährlich sein können. Dieser Sprudelbrunnen in einem halben Fass ist wegen der geringen Wassertiefe risikolos. Er ist leicht zu bauen und wird Kindern und Erwachsenen gleichermaßen Freude machen. Das halbierte Fass wird mit Teichfolie ausgelegt und mit Natursteinen verschiedener Größe gefüllt, zwischen denen die Pumpe versteckt wird. Kleine Uferpflanzen lassen das Fass aussehen wie einen Teich im Miniaturformat. Viele Pflanzen nehmen es übel, wenn ihre Blätter ständig von Wasser bespritzt werden, aber diese Düse erzeugt nur eine kompakte, sprudelnde Wassersäule. Rustikale Fässer passen gut in ländliche und naturnahe Gärten. Wer es moderner mag oder den asiatischen Stil schätzt, könnte stattdessen einen glasierten Keramikkübel verwenden und das Abzugsloch abdichten.

Tipps, Werkzeuge, Material

Schwierigkeitsgrad

- Ein einfaches Projekt, das keine Erfahrung verlangt, sofern eine Pumpe mit einem Netzstecker verwendet wird.

Der richtige Zeitpunkt

- Im mittleren bis späten Frühling, wenn das Angebot an Teichpflanzen am größten ist.

Werkzeug

- Schere, Schlauch, Schraubenzieher, starker Tacker.

Material

- Halbes Holzfass (mind. 60 cm Ø), Teichfolie, Ziegel, Kiesel, dekorative Natursteine in verschiedenen Größen, kleine Teichpumpe mit Netzstecker und Sprudeldüse, FI-Schalter, Uferpflanzen.

Zeitaufwand

- Ein halber Tag.

1 Holzfässer sind selten völlig wasserdicht, darum ist eine Folieneinlage notwendig. Teichfolien gibt es in verschiedenen Stärken. UV-beständige, dickere Folien halten länger. Das Fass sorgfältig mit der Folie auskleiden und am Rand festtackern.

2 Die Folie mit einer robusten Schere abschneiden, aber etwas über den Fassrand ragen lassen.

3 Die Pumpe auf Ziegel stellen, um sie auf die richtige Höhe zu bringen. Weitere Ziegel zum Stabilisieren und Beschweren um die Pumpe legen. Kleine Pumpen mit Netzkabel und Stecker bekommt man in jedem Gartencenter für wenig Geld.

4 Zwischen die Ziegel einige Natursteine legen. Sie stützen die Ziegel und verhindern, dass sich die Pumpe bewegen kann, wenn das Wasserspiel in Betrieb ist.

5 Die Pflanzen in spezielle Körbe setzen und mit diesen ins Fass stellen. Im Vordergrund sieht ein niedriges Sumpfvergissmeinnicht hübsch aus.

6 Um die Pflanzen weitere Steine legen. Weil man sie sieht, sollten Sie Exemplare in schönen Farben oder Mustern aussuchen.

7 Zur Auflockerung kleinere Steine und Kiesel zwischen die größeren Steine legen.

Pumpen und Elektrizität

Lassen Sie sich beim Pumpenkauf beraten, damit Typ und Fördermenge auf Ihr geplantes Wasserspiel abgestimmt sind. Günstiger ist es, ein etwas stärkeres Modell mit einem Durchflussregler zu kaufen, weil die Leistung der Pumpe mit der Zeit nachlassen kann. Für die meisten Wasserspiele genügt eine handelsübliche Pumpe mit Netzkabel und Stecker. Bei größeren Anlagen kann eine Filterpumpe am Teichufer erforderlich sein. Beauftragen Sie einen Fachmann, die Elektroinstallation im Garten zu überprüfen und gegebenenfalls Fehlerstromschutzschalter (FI-Schalter) einzubauen.

8 Mit einem Schlauch Wasser bis an die Unterkante der obersten Steine einfüllen. So bleibt noch Platz für weitere Pflanzen und einige zusätzliche Steine.

9 Die Pumpe in Betrieb nehmen und am Durchflussregler die Höhe der Sprudelsäule nach Belieben einstellen.

RECHTE SEITE: *Das fertige Fass mit Pflanzen und Steinen.*

Pflanzen für den Teich im Fass

Viele Ufer- und Flachwasserpflanzen gedeihen in halben Holzfässern. Gute Gartencenter bieten kleinwüchsige Sorten speziell für Miniteiche an. Für unser Projekt haben wir heimische Arten verwendet, die in der Natur an Teich- und Seeufern zu finden sind. Sumpfvergissmeinnicht *(Myosotis palustris,* oben links) hat kleine, weiße Blüten mit gelbem Auge und eignet sich zur Unterpflanzung. Brennender Hahnenfuß *(Ranunculus flammula,* unten links) trägt größere Blüten in leuchtendem Gelb. Für Kontrast sorgt die höhere, blaue *Iris versicolor* 'Quebec' (unten).

PROJEKT

Minibecken mit Seerose

Tipps, Werkzeuge, Material

Schwierigkeitsgrad

- Für dieses Projekt brauchen Sie keine besonderen Kenntnisse.

Der richtige Zeitpunkt

- Im Frühsommer, wenn die Auswahl geeigneter Wasserpflanzen am größten ist.

Werkzeug

- Schere, Schlauch, Pinsel.

Material

- Holzfass oder dekorativer Kübel (ca. 60 cm Ø), zum Abdichten innen mit Versiegelung streichen oder mit Teichfolie auskleiden. Eine zwergwüchsige Seerose und zwei andere Wasserpflanzen, ein Zweig kanadische Wasserpest *(Elodea canadensis)*, Kies und Steine für den Grund und zum Abdecken des Substrats, Pflanzkörbe, Teichpflanzensubstrat.

Zeitaufwand

- Ein halber Tag.

Wenn Ihr Garten für einen konventionellen Teich zu klein ist, könnte ein Teich im Kübel die Lösung sein. Bepflanzt man ihn mit einer kleinwüchsigen Seerose, ist er ein schöner Schmuck für eine Ecke der Terrasse. Auch in einem Gartenhof oder sogar im Wintergarten kann man solch ein winziges Wasserbecken aufstellen.

Stellen Sie das Gefäß gleich an seinen endgültigen Platz, denn wenn es erst einmal mit Wasser und Pflanzen gefüllt ist, lässt es sich kaum noch bewegen. Wenn Sie Leitungswasser verwenden, warten Sie mit dem Bepflanzen 48 Stunden, damit sich Chlor und andere Chemikalien verflüchtigen können. Ideal sind Pflanzen mit einer langen Saison. Sie können eine Zwergseerose solo verwenden. Die bedeckt die Wasseroberfläche schnell mit Blättern und blüht den ganzen Sommer lang. Wer mag, setzt eine oder zwei Begleitpflanzen dazu.

1

2

1 Suchen Sie ein passendes Gefäß aus. Ein halbes Fass genügt, aber es gibt auch schöne Pflanzkübel, die sich für diesen Zweck eignen. Am schönsten sieht es aus, wenn der Kübel farblich auf andere Gefäße oder auf die Bepflanzung abgestimmt ist.

2 Den Kübel von innen sorgfältig mit einer Versiegelung streichen. Zwei bis drei Anstriche genügen meist, aber folgen Sie vorsichts-

halber der Anweisung auf der Produktverpackung.

3 Wenn Sie den Kübel nicht streichen wollen oder Zweifel an der Dichtigkeit der Versiegelung haben, kleiden Sie den Kübel mit einem Stück Teichfolie aus. Die Folie kann mit einer stabilen Schere zurechtgeschnitten werden.

4 Den Kübel mit Wasser füllen. Ideal ist Regenwasser, in dem sich die Pflanzen sofort akklimatisieren. Leitungswasser sollten Sie vor dem Bepflanzen 2 Tage im Kübel stehen lassen.

5 Zuerst ein Gras oder eine andere hohe Pflanze einsetzen, die den Blick nach oben lenkt.

6 Eine Schicht Kiesel verhindert, dass das Pflanzsubstrat aufschwimmt.

7 Eine zweite Pflanze ebenso ins Wasser absenken.

8 Unterwasserpflanzen, die Sauerstoff ans Wasser abgeben, mit einigen Steinchen beschweren und ins Wasser geben.

9 Die Seerose vorsichtig in den Kübel absenken. Wenn sie zum Zeitpunkt der Pflanzung nicht blüht, ist das kein Problem, sondern eher ein Vorteil, denn die empfindlichen Blüten können beim Einsetzen leicht beschädigt werden. Unterwasserpflanzen geben Sauerstoff an das Wasser ab, sodass Sie in den fertig bepflanzten Miniteich sogar kleine Zierfische setzen könnten.

OBEN: *So ein schlichter, rustikaler Kübel bietet sich für einen dekorativen Miniteich an.*

RECHTE SEITE: *Das fertige Minuten-Wasserbecken. Obwohl die Seerose nur im Sommer blüht, sieht die Bepflanzung sehr ansprechend aus.*

Ungewöhnliche Kübel und Pflanzen

Ein Miniaturteich kann ganz schlicht oder sehr nobel sein. Geeignet ist jeder wasserdichte Kübel. Neben Gartencentern bieten auch Möbelhäuser vermehrt interessante Kübel an.

Wer trendbewusst pflanzen will, sollte sich im Gartencenter beraten lassen. Sie können natürlich auch auf bewährte Klassiker wie Zyperngras *(Cyperus alternifolius*, unten) und straußblütigen Gilbweiderich *(Lysimachia thyrsiflora*, ganz unten) setzen.

PROJEKT

Wasserspiel mit verstecktem Reservoir

Bewegtes Wasser ist ausgesprochen faszinierend, nur sind viele Gärten für einen Wasserfall oder einen Springbrunnen zu klein. Aber auch kleine Wasserspiele mit Sprudeldüsen, die an eine Quelle erinnern, haben ihren Reiz. Für ein solches Wasserspiel muss zuerst ein Loch ausgehoben werden, in dem das unterirdische Reservoir Platz findet. Dafür eignet sich beispielsweise ein Wassertank aus dem Sanitärhandel oder eine große Plastiktonne. Sie können das Loch aber auch mit Teichfolie auf einer Unterlage aus weichem Sand auslegen. Stellen Sie die Teichpumpe in das Reservoir, und führen Sie den Förderschlauch durch einen Mühlstein oder einen durchbohrten Findling. Sie können auch eine Sprudeldüse anschließen, die auf einem Bett aus großen Kieseln montiert wird. Zur Abdeckung des Reservoirs dient ein stabiles Metallgitter, das unter Steinen versteckt wird.

Tipps, Werkzeuge, Material

Schwierigkeitsgrad

- Dieses Projekt erfordert keine Vorkenntnisse. Verwenden Sie eine Pumpe mit fest montiertem, verschweißtem Netzkabel und Stecker.

Der richtige Zeitpunkt

- Jederzeit, wenn der Boden nicht nass oder gefroren ist.

Werkzeug

- Bohrmaschine, Gartenschlauch/Gießkanne.

Material

- Großes Plastikpflanzgefäß in Terrakotta- oder Natursteinoptik als Reservoir, Urne aus Terrakotta oder Kunststein, kleine Teichpumpe, Draht zum Fixieren des Schlauchs, Plastikschlauch, Kiesel oder größere Natursteine.

Zeitaufwand

- Wenn alle Materialien zur Hand sind, dauert der Aufbau einen halben Tag.

1

1 Für dieses Wasserspiel ist keine große Wassermenge erforderlich, also braucht das Gefäß nicht sehr tief zu sein. Es muss lediglich genug Platz für die Pumpe und das sichtbare, zweite Gefäß bieten.

2 Verwenden Sie eine kleine Pumpe, die schon bei geringer Wassertiefe zuverlässig arbeitet. Ehe Sie fortfahren, probieren Sie, ob die Pumpe stabil auf dem Gefäßboden steht.

3 In die Seitenwand der Urne ein Loch bohren, durch das der Pumpenauslass passt.

4 Ein Stück Plastikschlauch durch das Loch schieben. Das andere Ende muss gut auf den Pumpenauslass passen.

5 Das freie Schlauchende fest auf den Pumpenauslass stecken. Den Schlauch weit in die Urne schieben. Er sollte möglichst nicht zu sehen sein.

Variationen

Diese einfache Technik lässt sich vielfältig variieren. Sie könnten einen großen Naturstein durchbohren lassen und so an die Pumpe anschließen, dass das Wasser über seine Oberfläche fließt (links). Interessant sieht auch ein Becken auf einer Säule mit einem pagodenförmigen Mittelteil aus (unten). Solche Wasserspiele brauchen kein großes Reservoir.

OBEN UND LINKS: *Im Fachhandel finden Sie Pumpen für Wasserspiele aller Arten und Größen.*

6 Die Urne so hinlegen, dass ihre Öffnung zur Mitte der Schale zeigt. Die Schale so mit Kieseln füllen, dass Pumpe, Schlauch und Kabel möglichst nicht zu sehen sind.

7 Das Reservoir mit Wasser füllen, aber nur bis auf Höhe der Kiesel. Dann können Sie die Pumpe einschalten und sich am leisen Plätschern Ihres Wasserspiels freuen.

OBEN: *Wasserspiele lassen viele Gestaltungsmöglichkeiten zu.*
RECHTE SEITE: *Das Wasser fließt über die Kiesel zurück ins Reservoir.*

Wasserspiele bepflanzen

Um ein Wasserspiel geschickt in den Garten zu integrieren, sollten Sie seine Bepflanzung planen, bevor Sie mit der Installation beginnen. Größere Teiche und Becken sind oft einfacher zu bepflanzen. Die Wirkung eines Sumpfbeets wird meist allein durch die Pflanzen bestimmt, und auch bei Teichufern hat man viel gestalterischen Spielraum. Kleinere Wasserspiele erfordern etwas mehr Überlegung.

Eine flache Schale, wie sie für das hier vorgestellte Projekt verwendet wird, ist für Pumpe, Kiesel, Urne und Pflanzen einfach nicht groß genug. Man könnte sie aber in ein Beet stellen, sodass sie von den darin wachsenden Pflanzen umgeben ist. Auf der Terrasse sieht sie zwischen anderen Kübeln mit blühenden Pflanzen am besten aus. Ideal sind Pflanzen, die zu den Farben des Wasserspiels passen, oder Arten mit hängendem Wuchs, deren Triebe sich dem Wasserspiel annähern.

PROJEKT

Ein Sumpfbeet anlegen

Ein Sumpfbeet ist ein Gestaltungselement für den Garten, das besonders naturnah wirkt. Es bietet sich für verschiedene Ufer- und Flachwasserpflanzen an, die durch ihre Vielfalt an Blütenfarben, Wuchsformen und Höhen bestechen. Ein weiterer Vorteil ist, dass keine umständlichen oder teuren Aushubarbeiten anfallen. Ideal ist ein windgeschützter Platz im leichten, aber nicht zu tiefen Schatten. Etwas Abstand zu größeren Bäumen ist ratsam. Es bietet sich zwar an, ein Sumpfbeet direkt an das Ufer eines naturnahen Teichs anzuschließen, aber man kann es auch als eigenständiges Element gestalten – vorzugsweise an einer vertieften Stelle mit schlecht durchlässigem Boden. Achten Sie darauf, dass möglichst wenig Wasser im Boden versickert, und füllen Sie es in regenarmen Perioden, die es ganzjährig geben kann, ab und zu auf.

Tipps, Werkzeuge, Material

SCHWIERIGKEITSGRAD

- Dies ist ein Projekt für Einsteiger, das sich leicht umsetzen lässt, sofern der Boden nicht allzu hart ist.

DER RICHTIGE ZEITPUNKT

- Jederzeit, wenn der Boden nicht gefroren oder zu hart ist.

WERKZEUG

- Spaten, Grabgabel, Handschaufel, Schere, Schlauch.

MATERIAL

- Teichfolie oder andere stabile Plastikfolie, Kies, Ziegel oder Steine zum provisorischen Befestigen der Folie, ein Stück gelochter Schlauch, verschiedene Flachwasser- und Sumpfpflanzen, dekorative Natursteine verschiedener Größe.

ZEITAUFWAND

- Je nach Größe des geplanten Sumpfbeets müssen Sie mit 1–2 Tagen bzw. einem Wochenende rechnen.

1 Den Boden lockern, dann mit einem Spaten eine flache Mulde (35 cm tief) in den Ausmaßen des geplanten Sumpfbeets ausheben.

2 Den Boden der Mulde einebnen und eine große Plane oder ein Stück Teichfolie ausbreiten. Butylfolie oder Polyethylen sind dafür am besten geeignet.

3 Die Folie mit Ziegeln oder großen, glatten Natursteinen beschweren.

4 Die Folie am Boden mehrmals einstechen, damit später etwas Wasser abfließen kann.

5 Auf die Folie eine Schicht gewaschene Kiesel geben. Sie verdecken die Folie, beschweren sie und verbessern die Dränage, wenn sich einmal zu viel Wasser im Sumpfbeet sammelt.

6 Ein Stück Schlauch in Abständen von 30 cm einstechen und auf die Kiesel legen. Ein Ende des Schlauchs über die Folie hinausragen lassen und zwischen den Pflanzen verstecken. Bei Trockenheit wird das Sumpfbeet durch diesen Schlauch bewässert.

7 Die Mulde bis auf das ursprüngliche Bodenniveau mit nährstoffreichem, saugfähigem Teichpflanzensubstrat auffüllen.

8 Das Substrat gut durchfeuchten. Auf dem Substrat sollte eine 7 cm hohe Wasserschicht stehen, es muss also wirklich sehr nass sein. Erst dann die Pflanzen einsetzen.

5

6

7

8

Pflanzen für das Sumpfbeet

Ajuga reptans (Günsel)
Alchemilla (Frauenmantel)
Aruncus dioicus (Wald-Geißbart)
Astilbe (Prachtspiere)
Eupatorium (Odermennig)
Filipendula (Mädesüß)
Gentiana (Enzian)
Geum rivale (Bach-Nelkenwurz)
Gunnera (Mammutblatt)
Hemerocallis (Taglilie)
Hosta (Funkie)
Iris pseudacorus (Sumpf-Schwertlilie)
Phormium tenax (Neuseeländer Flachs)
Primula (Schlüsselblume)

OBEN: Filipendula *(ganz oben);* Gunnera *(Mitte);* Primula denticulata *'Rubin' (unten).*

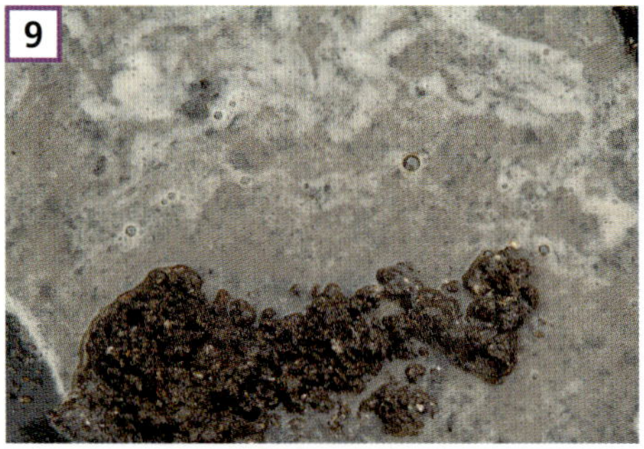

9 Wenn das Substrat mit Wasser gesättigt ist, kann gepflanzt werden. Feuchtigkeit ist zwar wichtig, aber es muss trotzdem genug Substrat vorhanden sein.

10 Die Pflanzen so tief einsetzen, wie sie in ihren Töpfen standen. Gut andrücken. Zarte Arten wie Schlüsselblumen in größeren Gruppen anordnen. Wählen Sie die Arten so aus, dass der Sumpfgarten rund ums Jahr interessant aussieht.

OBEN: *Wenn sich die Pflanzen im Sumpfgarten mit der Zeit etablieren, stellen sich viele verschiedene Tiere ein.*

RECHTE SEITE: *Ein üppiger, älterer Sumpfgarten.*

Nach wenigen Jahren ...

Je nach verfügbarem Platz kann der Sumpfgarten innerhalb weniger Jahre zu einer großen, naturnahen Pflanzung heranwachsen. Ein typischer Sumpfgarten braucht keine penible Pflege. Stattdessen dürfen sich die Flachwasser- und Sumpfpflanzen natürlich ausbreiten und ihre ganze Schönheit ungehindert entfalten.

OBEN UND RECHTS: *Ein naturnahes Sumpfbeet kann ausgesprochen eindrucksvoll aussehen.*

PROJEKT

Einen Fertigteich anlegen

Tipps, Werkzeuge, Material

Schwierigkeitsgrad

- Dieses Projekt gelingt auch ohne Vorkenntnisse leicht.

Der richtige Zeitpunkt

- Ein Teichbecken kann jederzeit eingegraben werden, wenn der Boden nicht gefroren, hart oder schlammig ist.

Werkzeug

- Spaten, Handschaufel, Wasserwaage, Latte, Schlauch.

Material

- Vorgeformtes Teichbecken aus Plastik, PVC oder einem Verbundmaterial, Bausand.

Zeitaufwand

- Je nach Größe des Beckens sollten Sie mit 1–2 Tagen bzw. einem Wochenende rechnen.

Fertige Teichbecken aus Kunststoff lassen sich ohne besondere Vorkenntnisse und in relativ geringer Zeit einbauen. Viele Gärtner schätzen diese Becken, weil ihre Form vorgegeben ist, sodass man schon beim Kauf eine gute Vorstellung davon bekommt, wie der Teich im Garten ungefähr aussehen wird. Ein zweiter Vorteil dieser vorgeformten Becken: Bei den meisten Modellen sind an den Rändern bereits praktische Stufen eingebaut, auf die man Körbe mit Pflanzen für die Flachwasserzone stellen kann. Teichbecken in verschiedenen Größen und Formen kann man in Gartencentern zu moderaten Preisen kaufen. Ganz preiswerte Modelle bestehen aus vakuumgeformtem Plastik. Haltbarer sind Versionen aus PVC oder Verbundmaterialien. Teichbecken aus geformtem Fiberglas sind teurer und nicht überall erhältlich.

OBEN: *Teichbecken werden in vielen Größen und Ausführungen angeboten.*

1 Das Becken an den vorgesehenen Platz stellen und die Kontur mit einem Spaten, einem Stock oder Sand markieren. Den Boden möglichst genau nach der Form des Beckens ausheben.

2 Beim Graben gelegentlich das Becken ins Loch stellen und die Passform prüfen. Ist das Loch groß und tief genug, größere und spitze Steine entfernen und eine 5 cm dicke Schicht Sand auf den Grund schütten. Mit Latte und Wasserwaage kontrollieren, ob das Becken waagerecht liegt.

3 Das Becken ins Loch setzen und an mehreren Positionen auf waagerechte Lage prüfen. Falls nötig, Sand unter dem Grund entfernen oder nachfüllen, bis es absolut gerade in dem Loch liegt.

4 Das Becken mit Wasser füllen.

5 Die Pflanzen mit ihren Körben auf den Grund oder die Stufen am Ufer setzen. Bei Bedarf die Position korrigieren.

OBEN: *Teichbecken gibt es in vielen attraktiven Varianten. Dieses sehr große Modell wurde mit einem breiten Streifen aus Kieselsteinen umrahmt.*

Pflanzen für den Teich

Es gibt unterschiedliche Pflanzen, die am Teichufer, im flachen Wasser am Rand oder in größerer Tiefe auf dem Grund gedeihen. Kombinieren Sie Arten, die rund ums Jahr etwas fürs Auge bieten und die mit verschiedenen Farben und ausdrucksvollen Formen für Abwechslung sorgen, etwa Funkien und Iris, Prachtspieren und Gauklerblumen oder dekorative Gräser. Sehen Sie sich einmal in einer Gärtnerei um, die auf Wassergärten spezialisiert ist.

OBEN LINKS: Astilbe *x* arendsii.
OBEN RECHTS: Mimulus lewisii.

PROJEKT

Einen Folienteich anlegen

Tipps, Werkzeuge, Material

Schwierigkeitsgrad

- Dieses Projekt gelingt auch Ungeübten leicht.

Der richtige Zeitpunkt

- Ein Teich kann jederzeit angelegt werden, wenn der Boden nicht gefroren, hart oder nass und schlammig ist.

Werkzeug

- Spaten, Schaufel, Wasserwaage, Latte, Schere, Schlauch.

Material

- Flexible Teichfolie aus Butyl, PVC oder LDPE, Bausand, Sand und Zement (oder Fertigmischung), Ziegel zum Beschweren.

Zeitaufwand

- Je nach Größe des Teiches sollten Sie mit 1–2 Tagen bzw. einem Wochenende rechnen.

Teichfolie hat den Vorteil, dass Sie Form, Profil und Größe Ihres Teiches ganz nach eigenem Belieben gestalten können. Allerdings erfordert die Anlage eines Folienteichs mehr Vorüberlegungen als das Eingraben eines vorgeformten Beckens. Auch der Folienbedarf ist nicht immer leicht zu berechnen. Teichfolie eignet sich gut für naturnahe Teiche. Sie lässt sich in nahezu jeder Form verlegen, Falten muss man allerdings in Kauf nehmen. Manche Wasserbecken, die auf den ersten Blick aus Mauern oder Beton zu bestehen scheinen, sind innen mit Folie ausgelegt. Besonders hochwertig sind Butylfolien, die flexibel und langlebig, aber auch recht teuer sind. PVC und LDPE (low density polyethylene) sind ebenfalls geeignet. Billige Plastikfolien sind ungeeignet, weil sie nicht geschmeidig genug sind.

1 Berechnen Sie den Folienbedarf oder lassen Sie sich beim Kauf beraten. Lassen Sie die Folie beim Händler auf die gewünschten Maße zuschneiden.

2 Heben Sie die Grube in der gewünschten Größe und Tiefe aus. Je nach Größe mieten Sie einen Minibagger.

3 Die Böschungen mit der Schaufel formen. Dabei Stufen und Nischen für Pflanzen einarbeiten.

4 Große und spitze Steine müssen beseitigt werden. Legen Sie dann die Grube mit altem Teppichboden, Jutesäcken oder Teichvlies aus. Darauf wird die Folie ausgebreitet. Wasser einfüllen und die Ränder mit einigen Ziegeln beschweren.

5 Den Folienrand mit einer scharfen Schere gleichmäßig abschneiden – aber nicht zu knapp: Er muss ringsherum großzügig über den Teichrand ragen.

6 Jetzt die Kante gestalten. Hier werden dicht an dicht Mauersteine im Mörtelbett verlegt. Vorsicht, ihre scharfen Kanten können die Folie beschädigen!

LINKS: *Wer einen tiefen Teich wünscht, aber wenig Erde ausheben will, kann die Ränder aufmauern und das Innere mit Folie auslegen.*

Teichfolie: Den Bedarf berechnen

Beim Ausheben der Grube für den Teich haben Sie gestalterisch freie Hand, aber das Berechnen des Folienbedarfs kann schwierig sein. Mit dieser einfachen Formel können Sie ermitteln, wie viel Folie Sie einkaufen müssen:

Länge der Teichfolie = Teichlänge + doppelte Teichtiefe + 60 cm Überhang

Breite der Teichfolie = Teichbreite + doppelte Teichtiefe + 60 cm Überhang

Dekorative Extras

Der Reiz der Gartengestaltung liegt darin, dass man seinem Grundstück einen ganz individuellen Charakter geben kann. Hauptsächlich geschieht das durch die Kombination verschiedener Pflanzen. Aber es gibt auch viele andere Elemente, die den Garten beleben und ihm Charme geben, beispielsweise schöne Kübel und ungewöhnliche Dekorationen.

In diesem Kapitel finden Sie viele Vorschläge, um Ihren Garten zu verschönern. Ob Kübel, Vogelbad oder Taubenschlag: Alle sind ganz unterschiedlich im Stil, aber jedes für sich – vor allem selbst gemacht – ist ein Unikat, das Ihren Garten aus der Masse herausheben wird.

TEMPUS

Töpfe und Kübel

Der Garten im Topf

Selbst an Plätzen mit ungünstigen Bedingungen gedeihen Pflanzen, wenn man sie in Kübel setzt. Töpfe und Kästen können kahle Wände und Zäune beleben, Fenster einrahmen und Terrassen dekorieren. Man kann mit ihnen sogar blühende Oasen auf Balkons, Dachterrassen, Betonhöfen und asphaltierten Einfahrten schaffen. Wenn der Boden in Ihrem Garten trocken oder ausgelaugt ist, oder wenn der pH-Wert die Pflanzung der Lieblingskamelien nicht zulässt, setzen Sie einfach Ihre Favoriten in Kübel mit optimalem Substrat. Fast alle Pflanzen gedeihen in Kübeln, sogar Bäume und Sträucher, wenn das Gefäß nur groß genug ist. Außer Zierpflanzen fühlen sich auch viele Salate, Kräuter, Obst- und Gemüsesorten in Kübeln wohl. Es spricht also nichts gegen einen kleinen Nutzgarten in Kübeln.

OBEN: *Viele Obst- und Gemüsesorten gedeihen gut im Kübel. Es macht Spaß, im Vorbeigehen von ihnen zu naschen.*

UNTEN: *Tauschen Sie einige Pflanzen von Saison zu Saison aus, und stellen Sie auch die Kübel zur Abwechslung manchmal um.*

Praxistipps

Abwechslung Manche langlebigen Pflanzen können mehrere Jahre lang in ihrem Kübel bleiben. Gefäße mit saisonalen Gewächsen – auch Gemüse und Salate – müssen zweimal im Jahr neu bepflanzt werden. Töpfe mit Frühjahrsblühern sollten Sie nach der Blüte an einen unauffälligen Platz stellen, wo das Laub in Ruhe abwelken kann. Große Kübel lassen sich gut auf einem Rollbrett bewegen. Sie können sie auch mit Folie auslegen, die nach Ende der Blütezeit einfach herausgehoben wird.

Dünger Während der Wachstumszeit brauchen die Pflanzen ausreichend Nährstoffe. Mischen Sie zweimal im Jahr ein Düngergranulat mit Langzeitwirkung unter das Substrat, streuen Sie es auf die Oberfläche oder geben Sie Flüssigdünger ans Gießwasser. Soll die Bildung von Blüten und Früchten angeregt werden, muss der Dünger relativ viel Kalium (chemisches Symbol K) enthalten. Blattgewächse und Blattgemüse dagegen brauchen einen Dünger mit viel Stickstoff (N). Kalkflieher brauchen einen Spezialdünger.

Substrate Für kurzlebige Pflanzen genügt normales Universalsubstrat, für Kalkflieher sollten Sie Torf oder Kokosfasern verwenden. Wenn Pflanzen lange in ihrem Kübel bleiben, mischen Sie etwas Rindenmulch oder Perlite unter das Substrat, um seine Struktur zu verbessern. Diese Zusatzstoffe können auch später gelegentlich unter die obere Substratschicht gemischt werden.

Dränage Die Abzugslöcher im Boden von Pflanzgefäßen müssen mit Tonscherben und/oder einer dicken Kiesschicht bedeckt werden, damit sie nicht mit Substrat verstopfen. Je größer der Kübel ist, desto dicker sollte diese Dränageschicht sein. Mittelmeerkräuter und -sträucher und solche aus den Alpen vertragen Trockenheit, aber gar keine Staunässe. Reichlich groben Sand unter das Substrat mischen.

Krankheiten und Schädlinge Zur Abwehr Funkien in Kübel pflanzen, denn Schnecken sind ganz wild auf die jungen Blätter.

Auf Larven des Gefurchten Dickmaulrüsslers achten, vor allem an empfindlichen Pflanzen wie Purpurglöckchen, Erdbeeren und Efeu. Zur biologischen Bekämpfung kann man Nematoden verwenden, die mit dem Gießwasser auf dem Boden verteilt werden. Welke Blüten und Blätter entfernen, um die Gefahr von Pilzbefall zu verringern. Verbenen und ähnliche Pflanzen regelmäßig düngen und gießen, sonst droht Mehltau.

Winterschutz Metallkübel mit Luftblasenfolie oder Vlies (Gewächshausbedarf) auskleiden, um den Wurzelballen vor extremer Hitze und Kälte zu schützen. Alternativ einen Plastiktopf hineinstellen und die Zwischenräume mit Styropor ausfüllen. Kälteempfindliche Kübelpflanzen hineinstellen oder, wenn sie draußen bleiben müssen, dick einpacken. Die Gefäße in Luftblasenfolie oder Sackleinen und Stroh wickeln, die oberirdischen Teile mit Gartenvlies umhüllen.

Gießen und Wasser speichern

- Den unteren Bereich von Drahtgitter-Hängeampeln mit schwarzer Folie auslegen oder einen Blumenuntersetzer hineinstellen.
- Mit einem Flaschenzug lassen sich schwere Ampeln zum bequemen Gießen absenken.
- Mit einem Schlauch mit Bewässerungslanze erreicht man Ampeln und hoch hängende Kästen.
- Ausgetrocknete Ampeln über Nacht in Wasser tauchen. Etwas Spülmittel entspannt das Wasser und das Substrat nimmt es leichter auf. Danach alle Blätter, die sich nicht erholt haben, abschneiden.
- Unglasierte Tonkübel mit Folie auslegen (Abzugsloch frei lassen!), um die Verdunstung durch die Wände zu verringern.
- Zwischen Substratoberfläche und Kübelrand immer einen Gießrand von mehreren Zentimetern Höhe lassen, damit Gießwasser nicht gleich überläuft.
- Mulch (Holz- und Rindenhäcksel, Kiesel oder Splitt) auf dem Substrat reduziert die Verdunstung.
- Ein Bewässerungssystem mit Zeitschaltuhr versorgt die Blumen zuverlässig, wenn Sie Urlaub machen oder übers Wochenende wegfahren.
- Setzen Sie auf Pflanzen, die wenig Wasser brauchen, z.B. Sukkulenten und trockenheitsverträgliche Kräuter.
- Im Sommer Untersetzer unter die Kübel stellen. Im Winter entfernen, um Staunässe zu vermeiden.

OBEN LINKS: *Achten Sie darauf, ausreichend große Kübel zu verwenden. Sie müssen Platz für eine Dränageschicht bieten und den Wurzeln noch Raum zum Wachsen lassen.*

LINKS: *Unglasierte Tonkübel mit Folie auskleiden und auf das Substrat eine Mulchschicht geben, damit nicht so viel Feuchtigkeit verdunsten kann.*

Gestaltungstipps für

Kübel und Kästen

RECHTS: *Diese kegelförmige Hängeampel aus Reisiggeflecht sieht viel interessanter aus als die gängigen, halbrunden Modelle aus Metall oder Kunststoff.*

UNTEN, IM UHRZEIGERSINN VON OBEN LINKS: *Pelargonie, Beifuß, Grasnelke, verschiedene Dachwurz-arten.*

Hängende Gärten

Blumenkästen können auf dem Fenstersims stehen oder in Metallhalter eingehängt werden. Bei Fenstern im Obergeschoss ist es ratsam, die Halter an den Kästen festzuschrauben – vor allem, wenn sich unter den Fenstern ein belebter Bürgersteig befindet. Auch Ketten, die von den äußeren Ecken des Blumenkastens zur Wand führen, geben sicheren Halt. Stellen Sie in Holzblumenkästen preiswerte Kästen aus Kunststoff. So wird das Holz vor Feuchtigkeit geschützt, und die Bepflanzung lässt sich leichter auswechseln. Wer genug Platz hat, kann sogar Jungpflanzen in Kästen heranziehen, um Ersatz parat zu haben, wenn die Saison der vorherigen Pflanzen dem Ende zugeht. Streichen Sie Blumenkästen von außen mit einer Farbe, die zu den Fenstern und Türen passt oder einen hübschen Kontrast bildet. Wer mag, kann auch einfache Muster aufmalen oder schablonieren. Die Innenseiten mit Holzschutzmittel behandeln.

Trockenheitsverträgliche Pflanzen für Kübel

- *Aeonium* 'Zwartkop' (Rosettendickblatt)
- *Armeria* (Grasnelke)
- *Artemisia* (Beifuß)
- *Convolvulus sabatius* (Kriechende Winde)
- *Dorotheanthus* (Mittagsblume)
- *Echeveria secunda* var. *glauca*
- *Erigeron karvinskianus* (Berufkraut)
- *Felicia amelloides* (Kapaster)
- *Festuca glauca* (Blauschwingel)
- *Gazania* (Gazanie)
- *Hedera helix* Sorten (Efeu)
- *Helichrysum petiolare* (Strohblume)
- *Iberis sempervirens* (Schleifenblume)
- *Lavandula* (Lavendel)
- *Lotus berthelotii* (Hornklee)
- *Osteospermum* (Paternosterstrauch)
- *Pelargonium* (Pelargonie)
- *Plechostachys serpyllifolia*
- *Portulaca* (Portulakröschen)
- *Rhodanthemum hosmariense* (Marokkan. Scheinmargerite)
- *Rosmarinus* (Rosmarin)
- *Sedum* (Fetthenne)
- *Sempervivum* (Dachwurz)
- *Senecio cineraria* (Greiskraut)
- *Thymus* (Thymian)

RECHTS: *Ein großer Wandkorb aus Metallgeflecht bietet Platz für viele Pflanzen und ist eine schöne Dekoration für kahle oder unattraktive Mauern. Das Substrat gut zusammendrücken, damit es nicht herauskrümelt.*

Wandkörbe aus Metall sehen an alten Steinmauern, traditionellen Häusern und verputzten Häusern im Cottage-Stil bezaubernd aus. Manche Modelle kann man, ähnlich wie Blumenkästen, auch unter Fenstern anbringen. Diese Metallkörbe fassen meist mehr Substrat als gängige Hängeampeln, darum trocknen sie nicht so schnell aus.

Wandtöpfe aus Ton sind meist nicht sehr groß, sodass sie schnell austrocknen. Nur geeignet für trockenheitsverträgliche Pflanzen (siehe Kasten links), aber schön in mediterranen Gartenhöfen.

Traditionelle Hängekörbe aus Metall, mit Moos oder einer Kokosmatte ausgelegt und dicht mit bunten Einjährigen bepflanzt, sind ein hübscher Willkommensgruß an der Haustür. Kleine Ampeln trocknen schnell aus, darum sollte der Durchmesser mindestens 35 cm betragen. Der Haken muss groß und stabil sein, damit er sich unter dem Gewicht nicht verbiegt und damit die Ampel genug Abstand zur Mauer hat. Man kann auch kräftige Schraubhaken in eine Pergola drehen und daran Ampeln aufhängen.

Die Bandbreite der Formen und Materialien ist groß. Ampeln aus Reisiggeflecht sind meist mit Plastik ausgekleidet, in das man vor dem Bepflanzen auf einem Drittel der Höhe Dränagelöcher stechen sollte. Selbst bewässernde Ampeln mit einem Reservoir unter dem Boden brauchen erheblich weniger Aufmerksamkeit.

UNTEN LINKS, IM UHRZEIGERSINN VON OBEN LINKS: *Mexikanische Orangenblüte, Stiefmütterchen, Fuchsie, Bambus.*

Schattenverträgliche Pflanzen für Kübel

- *Aucuba japonica* (Aukube)
- *Begonia* (Begonie)
- *Buxus sempervirens* (Buchsbaum)
- *Camellia* (Kamelie)
- *Choisya ternata* (Mexikanische Orangenblüte)
- *Dryopteris* (Wurmfarn)
- *Euonymus fortunei* 'Emerald Gaiety' (Spindelstrauch)
- *Fargesia murielae* 'Simba' (Muriels Schirmbambus)
- *Fatsia japonica* (Zimmeraralie)
- *Fuchsia* (Fuchsie)
- *Hedera helix* (Efeu)
- *Heuchera* (Purpurglöckchen)
- *Hosta* (Funkie)
- *Hydrangea macrophylla* (Gartenhortensie)
- *Hydrangea paniculata* (Kletterhortensie)
- *Impatiens* (Fleißiges Lieschen)
- *Narcissus* (Osterglocke)
- *Nicotiana* (Ziertabak)
- *Ophiopogon planiscapus* (Schlangenbart)
- *Phyllostachys* (Bambus)
- *Pieris* (Lavendelheide)
- *Polystichum* (Schildfarn)
- *Skimmia japonica* (Skimmie)
- *Vinca minor* (Kl. Immergrün)
- *Viola* (Stiefmütterchen)

Accessoires

Ein schmucker Garten

Es gibt viele Möglichkeiten, den Garten durch schöne Details aufzuwerten, ohne auf konventionelle Skulpturen oder ähnliche Deko-Objekte zurückzugreifen. Zunächst einmal sollte natürlich das Gesamtbild, das auch Gartengebäude, Grenzgestaltung und Bodenflächen, Mosaiken oder Stufen umfasst, ansprechend wirken. Auch die Farben von Holzelementen und Wänden sowie die Beleuchtung tragen zur Atmosphäre des Gartens bei. Ein Wasserspiel, und sei es nur ein ganz einfacher Sprudelbrunnen, kann ebenso effektvoll sein wie eine klassische Steinskulptur. Je nach Stil des Gartens können zweckmäßige Gegenstände wie schöne Gartenmöbel, Kübel und Kästen, Rankobelisken, Wandleuchten, eine Sonnenuhr oder ein Taubenhaus stimmiger wirken als Accessoires, die ausschließlich der Dekoration dienen.

OBEN: *Spiegel, Kugeln und andere Accessoires eignen sich gut zur Dekoration von Kübeln und anderen Gartenelementen.*

UNTEN: *Nicht jeder Garten braucht Verzierungen. In dieser attraktiven Anlage sprechen die vielen schönen Pflanzen für sich.*

Designer-Chic

Um etwas Designer-Chic in den Garten zu zaubern, genügt es schon, neonbunte Acrylchips als Mulch oder einige Säcke schwarz glänzender, glatter Kiesel um eine Terrasse herum zu verteilen. Sie könnten auch LED-Lichterketten durch Kletterpflanzen an einer Wand oder Pergola schlingen. Wer es nicht so bunt treiben will, setzt Holzkugeln auf die Pfosten von Zäunen oder Spalieren. Vielleicht mögen Sie auch optische Täuschungen? Dann könnten Sie einen Spiegel von hinten mit Bitumenfarbe versiegeln und an einer Wand, einem Zaun oder einem Spalier montieren. Befestigen Sie davor einen Schmiedeeisenbogen oder eine Pforte und verdecken Sie die Konturen mit Sträuchern und Kletterpflanzen, schon glaubt jeder, dort ginge es in einen weiteren Teil des Gartens.

Traditionelle Formschnittsträucher sind oft sehr teuer, aber mit Schnitthilfen, Rahmen und etwas Geduld kann man Spiralen oder

Pyramiden leicht selbst gestalten. Efeu lässt sich mit Rankgestellen in Form bringen (Seite 248–249), und schnellwüchsige Heckensträucher wie *Lonicera nitida* lassen sich recht schnell zu Kugeln oder Halbkugeln formen. Die Pflanzen grob mit der Rosenschere in Form schneiden. Gießen und düngen, um den Austrieb anzuregen, und im weiteren Frühling und Sommer regelmäßig mit einer Handschere stutzen. Weitere Tipps zum Formschnitt finden Sie auf Seite 248.

Skulpturen selbst gemacht

Wetterbeständige, dekorative Kleinigkeiten wie eine Sammlung schöner Muscheln, farbiger Glasflaschen oder witziger Teekannen kann man in einer Terrassenecke, auf einer Stützmauer oder in Wandnischen zur Schau stellen. Sie könnten auch Steinmännchen auftürmen oder kleine Drahtkörbe mit Bruchholz, Steinen und Schieferstücken füllen, um einen Unterschlupf für kleine Tiere zu schaffen, der wie eine moderne Skulptur aussieht. Haben Sie einen alten Küchenstuhl? Dann bemalen Sie ihn doch mit auffälligen Mustern. Selbst alte Maschinenteile, Werkzeuge oder Geräte können interessant aussehen, beispielsweise alte Metallräder, Zahnräder, eine Handpumpe, eine Mangel oder eine alte Rasenwalze. Witzig und etwas surrealistisch wirkt ein alter Kamin in einem Gartenhof, bepflanzt mit Blumen in Feuerfarben.

OBEN: *Das alte Mühlrad mag nicht mehr funktionstauglich sein, aber vor der weiß gestrichenen Holzwand ist es ein schöner Anblick.*

UNTEN: *Eine ausgemusterte Trittleiter kann noch jahrelang gute Dienste als Pflanzenregal tun.*

Dekorationen in Szene setzen

- Stellen Sie kleine Objekte auf eine Säule, eine Stufe oder eine Stützmauer, auf einen Tisch oder in eine Wandnische. Auch neben einem größeren Blickfang, etwa einem Kübel, einer Formschnittfigur oder einer Gartenbank nimmt man sie gut wahr.
- Skulpturen, Figuren und dekorative Kübel wecken im Beet Neugier, wenn sie halb von Pflanzen verdeckt sind.
- Rahmen Sie eine Urne auf einem Sockel oder andere hohe Elemente ein, z.B. mit einem Rankbogen, zwei säulenförmigen Koniferen oder einem Durchgang in einem Beet oder einer Hecke.
- Nutzen Sie Wege, Rasen oder eckige Wasserbecken, um den Blick gezielt auf Dekorationen im Hintergrund zu lenken.
- Betonen Sie Elemente durch die Bodengestaltung, z.B. einen gepflasterten Kreis.
- Schaffen Sie in Hecken, Beeten und an Wegrändern Nischen für Dekorationen oder schöne Gartenmöbel.
- Gleiche Objekte wie Formschnittkugeln in Kübeln, Holzobelisken, Laternen in regelmäßigen Abständen an einem Weg oder einer Terrasse wirken angenehm rhythmisch.

OBEN: *Die steinernen Gnome sitzen halb versteckt unter Farnen. Dort wirken sie stimmig und laden ein, näher zu treten, um sie genau zu betrachten.*

Tipps für Gartendekorationen und
Accessoires

RECHTS: *Windlichter, Teelichtgläser und Tischsets sind sorgfältig auf den Blumenschmuck des Tisches abgestimmt.*

UNTEN RECHTS: *Diese Mauer wurde in einem so gewagten Pink gestrichen, dass der Blick sofort dorthin fällt.*

UNTEN: *Hier wurde das Farbthema Blau/Grün konsequent eingehalten – Zaun, Wand, Möbel und Schiefer sind harmonisch darauf abgestimmt.*

Farbspiele

Wie in Innenräumen lässt sich auch im Garten die Atmosphäre durch Farben beeinflussen. Stimmen Sie am Essplatz im Freien Geschirr, Kerzen, Tischdecke, Servietten und Stuhlkissen farblich auf die Kübel und Töpfe oder Blüten und Blätter ab. Zu einem ganz besonderen Anlass könnte man sogar passenden Voile oder Musselin über eine Pergola drapieren.

Um optische Verbindungen herzustellen, streichen Sie ausgewählte Elemente im gleichen Farbton, beispielsweise Holzgartenmöbel, eine Laube oder einen Schuppen, Zäune, Spaliere oder Fensterläden. Um Streit mit den Nachbarn zu vermeiden, sollten Sie für Flechtzäune keine Farbe verwenden, die auf der anderen Seite durchschlägt. Farbempfinden ist etwas sehr Persönliches, und die Nachbarn haben vielleicht einen anderen Geschmack. Im kühlen Licht der nord- und mitteleuropäischen Länder sehen Blau- und Grüntöne, blaustichiges Rot, Braun und Rostrot im Freien meist besser aus als knalliges Gelb oder Orange. In Baumärkten und Farbengeschäften kann man sich Lacke und Lasuren für Holz, aber auch für Mauerwerk und Verputz in allen erdenklichen Nuancen mischen lassen, um eine langweilige Mauer aufzupeppen oder dem Sitzplatz im Freien mehr Individualität zu geben.

OBEN: *Der glasierte Kübel in Sackoptik sieht interessant aus und passt hervorragend zu den Farben der Blumen und der Wand im Hintergrund.*

Kübel mit Stil

Ein schöner, gezielt platzierter Kübel kann ebenso als Blickfang dienen wie eine Skulptur. Durch Stil und Farbe lassen sich Kübel auch leicht in ein größeres Gestaltungsthema einbinden. In einem modernen Garten könnte man sachliche Metallkübel mit Solitärpflanzen wie *Agapanthus* an einem länglichen Wasserbecken Spalier stehen lassen oder zwei weiße Terrazzo-Schalen mit bläulichen Gräsern (Blauschwingel) beiderseits einer Treppe aufstellen. Für die Gestaltung eines traditionellen Gartens dient die italienische Renaissance als Vorbild. Dazu passt ein verzierter Terrakottakübel mit einer üppigen, subtropischen Bepflanzung, vielleicht auch einem Lorbeerhochstämmchen oder fülligen Pelargonien. Glasierte Ingwergefäße in Jadegrün, Lackrot oder Schwarz wirken unverkennbar asiatisch. Allerdings müssen Pflanzgefäße für kompakten Bambus wie *Fargesia murielae* 'Simba', japanischen Fächerahorn, panaschierte Seggen und Funkien eine weite Öffnung haben. Fässer und Körbe verbreiten Cottage-Charme. Ohnehin kann man in einem ländlichen Garten allerlei Gebrauchsgefäße zu Kübeln umfunktionieren. Für griechisches Ambiente eignen sich weißlich verfärbte Terrakottakübel, unbepflanzte Olivenkrüge und Amphoren.

Oberflächenbehandlung

Kübel und andere Objekte mit Altersspuren sehen im Garten, vor allem in einem rustikalen Ambiente, oft schöner aus als nagelneue. Zum Glück kann man etwas nachhelfen:

Terrakottakübel sind anfangs rötlich-braun. Es dauert einige Zeit, bis sich auf der Oberfläche weißliche Salze ablagern und grüne Algen ansiedeln. So geht es schneller:

- Neue, unglasierte Tongefäße in Wasser einweichen, dann an einen feuchten, schattigen Platz stellen.
- ODER trockene Terrakotta mit einem stark verdünnten Rest weißer Wandfarbe streichen. Das Wasser zieht schnell ein, die Pigmente bleiben als weißlicher Belag auf der Oberfläche.
- Naturschwamm anfeuchten, in eine verdünnte Mischung aus grüner und gelber Acrylfarbe tauchen, um Verzierungen herum und unter dem Rand auf den Topf tupfen, um Flechtenbewuchs zu imitieren.

Plastik in Terrakottaoptik ist erheblich leichter und kann recht überzeugend aussehen. »Antikeffekte« mit Farbe erzeugen (siehe oben), eventuell in mehreren Schichten. Zwischendurch trocknen lassen, überschüssige Farbe mit Küchenpapier abtupfen.

Neuer Kompositstein und Beton:

- Ein Patinierungsprodukt auftragen
- ODER mit Naturjoghurt einpinseln, um den Bewuchs mit Algen zu fördern
- ODER Künstleracrylfarben auftupfen, um Patina nachzuahmen.

Gestrichenes Holz kann man wie folgt künstlich altern lassen:

- Mit weißer Vorstrichfarbe grob grundieren.
- Bereiche, die später »abgewetzt« erscheinen sollen, mit Farbe für Holz im Außenbereich streichen. Einen helleren oder dunkleren Ton wählen als für den äußeren Anstrich.
- Ein- oder zweimal im Hauptton streichen.
- Trocknen lassen, dann stellenweise den Deckanstrich mit feinem oder mittelfeinem Schleifpapier abreiben – hauptsächlich in Bereichen, in denen die Farbe normalerweise abgenutzt wird, etwa in der Mitte einer Bank. Mit mattem Klarlack versiegeln.

PROJEKT

Einen dekorativen Holzkorb bauen

Dies ist eine gute Möglichkeit, um Holzreste und Verschnitt sinnvoll zu verwerten. Es muss nicht einmal neues Holz sein – im Gegenteil: Je älter der Korb aussieht, desto besser. Auch die Größe können Sie selbst bestimmen.

Sägen Sie die Stirnseiten aus dickerem Holz zu, damit die Nägel besser halten. Die Neigung der Seiten und Enden kann etwa 25 mm betragen. Viel größer sollte sie nicht sein, sonst lässt sich der Griff schlecht passend biegen und befestigen. Den Boden könnten Sie aus einem Reststück Sperrholz zuschneiden. Wenn es Ihnen nicht gelingt, den Griff in Form zu biegen, verwenden Sie stattdessen ein Stück dickes Seil oder flechten Sie den Griff aus Schnur oder dünnen Weidenruten, und befestigen Sie ihn mit Messing- oder Kupfernägeln und etwas Leim für den Außenbereich.

Tipps, Werkzeuge, Material

SCHWIERIGKEITSGRAD

- An dieses Projekt kann sich jeder wagen, der ein Mindestmaß an handwerklichem Geschick besitzt.

DER RICHTIGE ZEITPUNKT

- Jederzeit, denn der Korb kann auch im Haus gebaut werden.

WERKZEUG

- Hammer, Bohrmaschine, Schraubenzieher/Akkuschrauber, Säge, Schraubenschlüssel, Wasserwaage, Bandmaß, Bleistift.

MATERIAL

- Für dieses Projekt können Sie Holzreste verarbeiten. Sie brauchen außerdem einige kleine Schrauben und Muttern, dünne Nägel und Leim.

ZEITAUFWAND

- Rechnen Sie mit einem Tag, vielleicht einem Wochenende. Für mehrere Körbe in Serie planen Sie mehr Zeit ein.

1

2

3

4

1 Die Griffe sollten Sie frühzeitig zusägen, eventuell schon einige Tage vor dem eigentlichen Baubeginn. In Wasser legen und behutsam in Form biegen.

2 Die Kästen können gern aus Verschnittstücken gebaut werden. Die Größe des Kastens entsprechend festlegen, die Kanten und Winkel anzeichnen, dann die Teile zusägen.

3 Die Kanten der Seitenwände vorbohren, damit sie nicht reißen. Etwas Leim auf die Verbindung geben, dann die Seitenteile an die kurzen Enden nageln.

4 Den Boden so anschrägen, dass er zur Neigung von Seiten und Enden passt. Er sollte etwas größer sein, sodass er leicht über die Unterkanten ragt. Mit Leim und Nägeln befestigen.

5 Den Kasten von innen anstreichen.

6 Wenn der Griff die gewünschte Form hat, die Enden auf Länge sägen und Löcher für die Schrauben bohren.

7 Zum Befestigen des Griffs sind Schrauben und Muttern aus Edelstahl oder Messing ideal, weil sie nicht rosten oder abfärben.

8 Einen kleinen Kupfernagel durch Griff und Seitenwand schlagen und auf der Innenseite des Kastens umbiegen, um den Griff in Position zu halten. Den Kasten von außen klar lackieren.

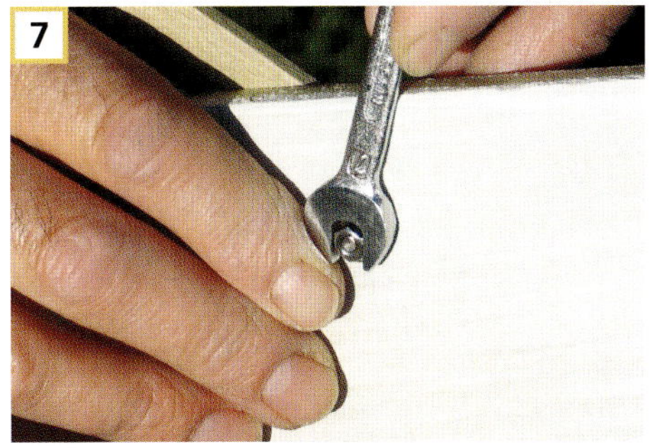

PROJEKT

Einen Metallkübel bepflanzen

Tipps, Werkzeuge, Material

Schwierigkeitsgrad

- Einfaches Projekt. Grundkenntnisse über Pflanzen schaden nicht.

Der richtige Zeitpunkt

- Frühjahr, wenn Zwiebelblüher in Töpfen in den Handel kommen.

Werkzeug

- Schere, Handschaufel.

Material

- Metallkübel, Luftblasenfolie oder Isoliervlies (Gewächshausbedarf), Klebeband, Kiesel, Universalsubstrat, Kronen-Anemone *(Anemone coronaria,* einfach oder gefüllt), Stiefmütterchen *(Viola),* Greiskraut *(Senecio cineraria),* Pfennigkraut *(Lysimachia nummularia),* Efeu *(Hedera helix).*

Zeitaufwand

- Rechnen Sie mit einem halben Tag für Beschaffung der Materialien und Bepflanzung des Kübels.

Zur Frühlingsbepflanzung von Kübeln werden oft altmodische Blumen mit Cottagegarten-Charme gewählt: gefüllte Tausendschönchen, Goldlack, Vergissmeinnicht und Zwiebelblüher. Dieses Projekt zeigt eine weniger nostalgische Alternative mit modernen Kübeln und Pflanzen in ruhigeren Farben. Besonders geeignet sind schlichte Kübel aus rostfreiem Metall wie Zink oder Aluminium. Weil Metall schlecht isoliert, müssen die Kübel ausgelegt werden, damit die Wurzeln nicht durch Hitze oder Kälte Schaden nehmen. Um die Bepflanzung später leicht erneuern zu können, wird nach der Isolierung ein Plastikgefäß eingesetzt. Terrazzo-Kübel in Schwarz, Weiß oder Grau oder schlichte Keramikkübel mit Metallicglasur sehen in Stadtgärten auch sehr gut aus. Eine andere moderne Gestaltungsalternative besteht darin, nur eine einzige Pflanzenart pro Kübel zu verwenden.

1 

3 

2 

4 

1 Den Kübel mit Luftblasenfolie oder Gewächshausvlies auslegen. Den Rand einschlagen und mit Klebeband fixieren. Das Abzugsloch nicht abdecken.

2 Eine ca. 8 cm hohe Schicht Kiesel als Dränage auf den Kübelboden geben.

3 Den Kübel zu zwei Dritteln mit einem hochwertigen Universalsubstrat füllen.

4 Drei Töpfe ungefüllte Anemonen (de Caen-Typ) oder gefüllte (St. Brigid-Typ) in die Mitte des Kübels pflanzen.

5 Mehrere Greiskrautpflanzen *(Senecio* 'Silver Dust') als kontrastreichen Hintergrund hinter die Anemonen setzen.

6 Am Rand Stiefmütterchen, beispielsweise die anhaltend blühende Sorbet-Serie, setzen. Alle Zwischenräume sorgfältig mit Substrat auffüllen.

7 In den Vordergrund Gelbblättriges Pfennigkraut *(Lysimachia nummularia* 'Aurea') setzen und über den Rand hängen lassen. Sehr lange Triebe mit der Schere kürzen.

8 Kleine Efeupflanzen oder Stecklinge einpflanzen. Hübsch sind Sorten mit weiß (siehe Foto) oder gelb panaschierten Blättern. Letzte Lücken mit Substrat füllen, dann gießen und an einen sonnigen oder halbschattigen Platz stellen.

Frühlingsblüher als Alternative zu Anemonen

Ideal sind niedrige Arten und Sorten, die früh und lange blühen, und denen schlechtes Wetter wenig ausmacht – zum Beispiel diese:

- *Muscari* (Traubenhyazinthe, dunkelblau)
- *Narcissus* (Narzissen, vor allem *Cyclamineus*-Typ), z.B.
- *N.* 'Dove Wings' (weiß)
- *N.* 'February Gold' (gelb)
- *N.* 'Jack Snipe' (gelb und weiß)
- *N.* 'Jenny' (cremeweiß)
- *N.* 'Jetfire' (gelb und orange)
- *Narcissus* 'Tête à Tête' (mehrere Blüten pro Zwiebel, gelb)
- *Tulipa* 'Red Riding Hood' (Greigii-Tulpe, scharlachrot)
- *Tulipa* 'Toronto' (mehrblütige Greigii-Tulpe, rosa)
- *Tulipa* 'Fusilier' (mehrblütige Tulpe, scharlachrot)

PROJEKT

Einen Kübel für den Schatten bepflanzen

Die meisten Terrassenpflanzen bevorzugen einen hellen Standort, aber leider liegen nicht alle Terrassen in der Sonne. Um einen Schattenplatz zu beleben, empfehlen sich Pflanzen mit interessanten Blättern, die mit wenig Sonne zufrieden sind, und nur vereinzelte Blühpflanzen. Zu den Blumen, die Schatten gut vertragen, gehören aufrechte und hängende Fuchsien, die meisten Begonienarten, Fleißige Lieschen, Lobelien, Stiefmütterchen und Hornveilchen. Sorgen Sie für Abwechslung, indem Sie Pflanzen mit unterschiedlichen Blättern und Wuchsformen kombinieren, etwa großblättrige Funkien und Bergenien, filigrane Farne und schattentolerante Gräser und Seggen. Ein halbes Fass ist groß genug für eine schöne Pflanzenauswahl. Besonders gut passt es in einen naturnahen oder ländlichen Garten.

Tipps, Werkzeuge, Material

Schwierigkeitsgrad

- Dies ist ein einfaches Projekt für Einsteiger. Grundkenntnisse über Pflanzen sind aber hilfreich.

Der richtige Zeitpunkt

- Nach dem letzten Frost bis zum Hochsommer.

Werkzeug

- Handschaufel.

Material

- Halbes Holzfass, Tonscherben, Kiesel, Universalsubstrat, Düngergranulat mit Langzeitwirkung, Funkie *(Hosta* 'Golden Tiara'), Rotschleierfarn *(Dryopteris erythrosora),* Kaukasus-Vergissmeinnicht *(Brunnera macrophylla* 'Jack Frost'), Japanisches Berggras *(Hakonechloa macra* 'Alboaurea'), Begonie *(Begonia* 'Peardrop').

Zeitaufwand

- Höchstens eine Stunde.

1 Vor allem bei großen Kübeln ist eine gute Dränage sehr wichtig. Die Abzugslöcher immer mit Tonscherben bedecken, damit sie nicht mit Pflanzsubstrat verstopfen können.

2 Dann mehrere Zentimeter dick Kiesel oder Splitt einfüllen. Diese Schicht lässt überschüssiges Gießwasser abfließen und verhindert, dass die Wurzeln faulen.

3 Auf den Kies das Substrat geben. Wenn es sehr fein ist, Rindenhäcksel oder anderes Strukturmaterial untermischen.

4 Um die Pflanzen langfristig mit Nährstoffen zu versorgen, mischen Sie ein Düngergranulat mit Langzeitwirkung unter das Substrat. Bitte gemäß Packungsanweisung dosieren.

5 Die Füllhöhe des Substrats prüfen. Zuerst die Funkie aus ihrem Topf nehmen. Die Sorte 'Golden Tiara' ist eine zierliche, kleinblütige Form, die sich gut für Kübel eignet.

6 Dann folgt der Rotschleierfarn, dessen junge Wedel ihren interessanten Rotton bis in den Sommer behalten.

7 Die herzförmigen, weiß marmorierten Blätter der *Brunnera* 'Jack Frost' kommen im Schatten besonders gut zur Geltung. Sie braucht die gleichen Bedingungen wie Funkien und Farne.

8 Das Japanische Berggras *(Hakonechloa macra* 'Albo-aurea') so einfügen,

5

6

7

8

9

dass die schmalen, weichen Blätter über den Kübelrand hängen.

9 Als Farbtupfer, der gut mit den Tönen der anderen Pflanzen harmoniert, wird eine Begonie mit apricotfarbenen Blüten eingesetzt. Diese Sorte mit hängendem Wuchs trägt männliche gefüllte Blüten und beiderseits von diesen unscheinbarere, ungefüllte weibliche. Aus den weiblichen Blüten entwickeln sich »geflügelte« Samenstände, die ausgeknipst werden sollten, um die Bildung neuer Blüten anzuregen.

Feuchtigkeit bewahren

Bevor Sie Pflanzen in Kübel setzen, sollten Sie sie mitsamt ihren Töpfen in einen Eimer Wasser tauchen, damit sich die Wurzelballen vollsaugen können. Den fertig bepflanzten Kübel gründlich bewässern, um das Substrat zwischen die Wurzelballen zu schwemmen. Eventuell muss noch etwas Substrat nachgefüllt werden. Zum Schluss eine 2–3 cm dicke Schicht Rindenmulch auflegen. Es verringert die Verdunstung von Feuchtigkeit und verhindert, dass beim Gießen oder bei starkem Regen Substrat aus dem Kübel geschwemmt wird. Man kann auch mit farbigem Zierkies, Kieseln oder Schiefersplitt mulchen.

PROJEKT

Eine Hängeampel bepflanzen

Tipps, Werkzeuge, Material

Schwierigkeitsgrad

- Dieses Projekt kann jeder bewältigen.

Der richtige Zeitpunkt

- Nach dem letzten Frost bis zum Hochsommer.

Werkzeug

- Schaufel, Gießkanne, Eimer.

Material

- Ampelkorb (Hanging Basket, 36 cm Ø), standfester Kübel oder halbgefüllter Eimer, Gelkristalle, Substrat für Kübelpflanzen, Elfenspiegel *(Nemesia* 'Claudette'), Pelargonie *(Pelargonium zonale)*, Fleißiges Lieschen *(Impatiens* – New Guinea-Hybriden), Verbene *(Verbena* 'Tapien Pink'), Efeu *(Hedera helix)*, Salbei *(Salvia officinalis* 'Tricolor').

Zeitaufwand

- Höchstens eine Stunde zum Bepflanzen der Ampel, bei Verwendung von Gelkristallen insgesamt 3 Stunden.

Eine kahle Wand sieht mit einer Hängeampel gleich viel freundlicher aus. Traditionelle Ampelkörbe werden mit aufrechten, hängenden und rankenden Blumen bepflanzt, um eine ausgewogene Form zu erhalten. Mit guter Pflege, reichlich Wasser und Dünger können sie im Lauf des Sommers zu üppigen Prachtexemplaren heranwachsen. Achten Sie auf Blattläuse an den Triebspitzen und bekämpfen Sie die Schädlinge sofort. Mehltau, der durch seinen Namen treffend beschrieben wird, kann bei starker Hitze und Trockenheit auftreten. Erkrankte Pflanzenteile abschneiden, reichlich gießen, düngen und die Ampel an einen kühleren Platz hängen. Für dieses Projekt wurden Pflanzen ausgesucht, deren Farben gut harmonieren und deren Formen sich ergänzen. Natürlich können Sie auch andere Farben kombinieren.

1 Den Metallkorb auf einen schweren Tonkübel oder Eimer stellen, um die Hände frei zu haben. Eine Kette aushaken, die anderen beiseiteschieben.

2 Die gewölbte Kokosmatte einlegen. Sie hält das Substrat in dem Metallkorb und hilft, die Wurzeln feucht zu halten.

3 Etwas Universalsubstrat einfüllen. Jetzt sollten Sie auch Düngergranulat mit Langzeitwirkung zugeben, das die Pflanzen für einige Monate gut versorgt.

4 Den leicht hängenden Elfenspiegel hinten in den Korb setzen. Diese Pflanze blüht den ganzen Sommer über, braucht nicht ausgeputzt zu werden und übersteht an einem geschützten Platz sogar milde Winter.

5 Eine leuchtende Pelargonie hinzufügen.

6 Dann das Fleißige Lieschen an seinen Platz setzen. Zwischendurch Substrat in die Lücken füllen – das ist einfacher als zum Schluss.

7 Salbei in die vordere Mitte setzen. Das Küchenkraut verträgt Trockenheit recht gut, und die Sorte *Salvia officinalis* 'Tricolor' hat Blätter mit Flecken in Rosa und Cremeweiß, die gut zu den anderen Farben passen.

8 Einige Töpfe Hängeverbenen hinzufügen. In der Serie 'Tapien Pink' gibt es verschiedene Farben, die sich gut kombinieren lassen.

9 Zum Schluss mit dem panaschierten Efeu das Thema Cremeweiß aufgreifen. Die letzten Lücken im Substrat füllen, dann reichlich gießen. Wird die Ampel vor den letzten Nachtfrösten bepflanzt, sollte sie zuerst an einem geschützten Platz hängen. Die Ampel niemals austrocknen lassen.

OBEN: *Fast alle leichten Gefäße, etwa Küchensiebe, kann man an Ketten hängen und als Ampel zweckentfremden.*

PROJEKT

Einen Wandkorb bepflanzen

Wandkörbe aus schwarzem Schmiedeeisen passen gut zu älteren Häusern und Grundstücken mit Bauerngartenambiente. Sie haben einige Vorteile gegenüber Wandtöpfen aus Terrakotta. Erstens sind sie leichter, zweitens sind sie größer und haben eine praktischere Form, in der sich mehr verschiedene, abwechslungsreiche Pflanzen unterbringen lassen. Darum nehmen sie natürlich auch mehr Platz ein. Aber man kann sie sogar mit kleinen Sträuchern und anhaltend blühenden Stauden bepflanzen, selbstverständlich auch mit Einjährigen, blühenden Kletterpflanzen und kleinen Zwiebelblumen. Weil sie mit einer Füllung aus nasser Erde sehr schwer sind, müssen sie sorgfältig befestigt werden. Die Positionen der Schrauben mithilfe des noch leeren Korbs anzeichnen und vor dem Bohren mit der Wasserwaage kontrollieren, ob er gerade hängt.

Tipps, Werkzeuge, Material

Schwierigkeitsgrad

- Dieses einfache Projekt gelingt auch Einsteigern mühelos.

Der richtige Zeitpunkt

- Spätes Frühjahr bis Hochsommer.

Werkzeug

- Handschaufel, Bohrmaschine und Steinbohrer, Wasserwaage.

Material

- Wandkorb aus Schmiedeeisen oder plastikummanteltem Draht, Dübel und Schrauben zum Anbringen, vorgeformte Kokoseinlage, Substrat für Kübelpflanzen, Strauchveronika *(Hebe* 'Silver Queen'), Spindelstrauch *(Euonymus fortunei* 'Golden Harlequin'), Engelsgesicht *(Angelonia* 'Deep Plum'), Efeu *(Hedera helix,* gelb panaschierte Sorte).

Zeitaufwand

- 1–2 Stunden zum Anbringen des Korbs und zum Bepflanzen.

1

2

3

4

1 Den Korb auf einige Ziegel stellen oder anlehnen, um ihn gerade zu halten. Die Kokosmatte einlegen und sorgfältig in alle Ecken drücken. Die Fasern, aus denen die Matte besteht, sind ein Abfallprodukt bei der Verarbeitung von Kokosnüssen.

2 Etwas Substrat in den Korb geben. Um die Füllhöhe zu prüfen, stellen Sie die größten Pflanzen (noch in ihren Töpfen) auf das Substrat.

3 Die Pflanzen mit ihren Töpfen in einen Eimer Wasser tauchen, damit sich der Wurzelballen vollsaugen kann. Wenn keine Blasen mehr aufsteigen, die Pflanzen zum Abtropfen beiseitestellen. Zuerst die Strauchveronika in den Korb setzen. Es macht nichts, wenn sie etwas schief steht. Sie kann aufgerichtet werden, wenn weitere Pflanzen hinzukommen.

4 An beiden Enden je einen Spindelstrauch einsetzen. Durch die symmetrische Verteilung wird der Korb stabilisiert.

5 Einige Engelsgesicht-Pflanzen in den Vordergrund setzen. Die Blüten werden sich später zwischen die anderen Pflanzen schieben.

6 Einen Efeu mit langen Trieben und dicht belaubter Basis aus seinem Topf nehmen und die Einzelpflanzen mit den Händen vorsichtig zu einem Halbkreis oder einem geraden Streifen auseinanderziehen. So kann er vor andere Pflanzen gesetzt werden und bildet vorn einen lockeren Vorhang aus Trieben.

OBEN: *Große Wandkörbe sind schwer und müssen stabil befestigt werden.*

7 Den Efeu in die vordere Mitte setzen und die Triebe über den Rand hängen lassen. Später müssen sie eventuell gelegentlich eingekürzt werden.

8 Die letzten beiden Engelsgesichter einfügen und gegebenenfalls die größeren Pflanzen aufrichten. Gleichzeitig Substrat in die Lücken zwischen den Pflanzen füllen. Alle Pflanzen gut andrücken und ausgiebig gießen.

PROJEKT

Dekorative Flechtkunst mit lebendem Efeu

Viele Menschen meinen, dass die Gestaltung von Formschnittfiguren aus lebenden Pflanzen eine hohe Kunst sei. Dabei ist es gar nicht so schwierig, beispielsweise aus Buchsbaum Kugeln und andere geometrische Formen zu schneiden. Noch unkomplizierter sind Dekorationen aus Efeu, den man um vorgeformte Metallgestelle zieht. Wenn er mit der Zeit dichter wird und sein Gestell völlig bedeckt, ist der Unterschied zu traditionellen Formschnittfiguren sehr gering. Rankgestelle gibt es in verschiedensten Formen und Größen, von geometrischen Formen wie Kegeln und Spiralen bis zu Tierfiguren. Statt sie mit Efeu zu begrünen, kann man solche Gestelle auch neben Sträuchern wie Buchsbaum *(Buxus sempervirens)*, **Eibe** *(Taxus baccata)*, **Liguster** *(Ligustrum)* **oder Heckenkirsche** *(Lonicera nitida)* **in den Boden stecken und zur Orientierung beim Schnitt der Pflanzen verwenden.**

Tipps, Werkzeuge, Material

Schwierigkeitsgrad

- Ein Projekt für Anfänger, an das sich jeder wagen kann. Grundkenntnisse über Schnitt und Erziehung von Pflanzen sind hilfreich.

Der richtige Zeitpunkt

- Frühlingsmitte bis zum Frühherbst.

Werkzeug

- Handschaufel, Gießkanne.

Material

- Drei Töpfe mit je 6–8 bewurzelten Efeustecklingen mit langen Ranken, Formgestell aus verzinktem oder kunststoffummanteltem Draht (rostet nicht), Terrakottakübel, Tonscherben für das Abzugsloch, Universalsubstrat.

Zeitaufwand

- Höchstens eine Stunde zum Pflanzen und ersten Anbinden. Es dauert aber mehrere Wochen, bis das Gestell ganz begrünt ist.

1 Dieses Gestell in konischer Form sieht in dem traditionellen, hohen Tongefäß auch für sich alleine schon attraktiv aus.

2 Das Abzugsloch im Kübelboden mit Tonscherben bedecken, damit es nicht mit Substrat verstopft. Überschüssiges Gieß- und Regenwasser muss abfließen können.

3 5 cm hoch Kiesel als Dränageschicht auf den Kübelboden geben.

4 Den Kübel zu zwei Dritteln mit hochwertigem Substrat füllen. Lassen Sie genug Platz, damit nach dem Pflanzen des Efeus noch ein Gießrand frei bleibt.

5 Den Efeu aus dem Topf nehmen und mit den Daumen die kreisförmig angeordneten Stecklinge zu einem Streifen auseinanderziehen. So lassen sie sich besser am Topfrand verteilen.

6 Den Efeu am Topfrand entlang pflanzen. Die meisten Triebe über den Rand hängen lassen, aber einige auch zur Mitte legen. Substrat auffüllen und vorsichtig mit den Fingern andrücken.

7 Das Formgestell in den Kübel stellen und die Füße ins Substrat drücken. Dabei einige Efeuranken zur Innenseite des Gestells ziehen.

8 Nun die Triebe einzeln von unten gerade oder diagonal aufwärts um das Gestell wickeln.

Efeufiguren pflegen

Reichlich gießen und den Kübel einige Tage an einen geschützten, schattigen Platz stellen, damit sich der Efeu erholen kann. Dann an einen helleren Platz auf der Terrasse bringen. Gießen und düngen, um das Wachstum anzuregen. Regelmäßig die Triebspitzen ausknipsen und die Triebe um das Gestell winden. Widerspenstige Triebe mit Draht fixieren. Wenn das Gestell komplett berankt ist, die Form ab und zu mit der Schere korrigieren. Bei starker Hitze besprühen, damit sich keine roten Spinnmilben ansiedeln.

OBEN: *Efeu kann man an zwei- und dreidimensionalen Gestellen ziehen. Wichtig ist, ihn regelmäßig zu gießen und zu düngen.*

PROJEKT

Ein dekoratives Vogelbad bauen

Bei diesem Projekt handelt es sich um den Bau eines eleganten Sockels für ein Vogelbad. Unser Modell ist mit einer Steineffektfarbe gestrichen, aber Sie können natürlich auch eine Farbe verwenden, die zu Ihrem Garten passt. Auf den Sockel wird eine Schale gestellt, die man in vielen Formen, Größen und Materialien kaufen kann. Wer möchte, variiert die Abmessungen des Sockels so, dass sie zu einem vorhandenen Vogelbad passen. Der Sockel ist eigentlich nur ein Kasten, also leicht zu bauen. Suchen Sie dazu Zierleisten aus, deren Proportionen gut zu Höhe und Breite des Sockels passen. Tupfen Sie zum Schluss stellenweise etwas Naturjoghurt auf den fertigen Sockel. Darauf siedeln sich bald Algen an, und der Sockel sieht aus wie antik.

Tipps, Werkzeuge, Material

SCHWIERIGKEITSGRAD

- Ein Projekt mittleren Schwierigkeitsgrads, für das handwerkliche Grundkenntnisse notwendig sind.

DER RICHTIGE ZEITPUNKT

- Jederzeit, wenn der Boden nicht zu nass oder schlammig ist.

WERKZEUG

- Säge, Gehrungslade und -säge, Bohrmaschine, Stecheisen, Schraubenzieher/Akkuschrauber, Wasserwaage, Streichmaß, Lineal, Bandmaß, Bleistift.

MATERIAL

- Kesseldruckimprägniertes Nadelholz, wasserfest verleimtes Sperrholz zum Verkleiden der Unterkonstruktion (siehe Stückliste gegenüber), Zierprofilleisten (evtl. Reste).

ZEITAUFWAND

- Planen Sie für den Bau des Sockels 1–2 Tage bzw. ein Wochenende ein.

1

3

2

4

1 Der Sockel sieht aus wie eine klassische Säule mit dekorativen Profilen am Fuß und am Kopf. Vier Kanthölzer halten die Teile der Hauptkonstruktion von innen. Die unteren Enden der Kanthölzer müssen sorgfältig mit Holzschutzmittel imprägniert werden.

2 Vier gleich große Platten aus wasserfest verleimtem Sperrholz werden an die Eckpfosten geleimt und geschraubt.

An den unteren Ecken die Pfosten ca. 6 mm hervorschauen lassen, damit das Sperrholz weniger Berührung mit dem feuchten Boden hat.

3 Alle vier Seiten mit Leim und einigen Schrauben verbinden. Der fertige Kasten hat eine quadratische Grundfläche, die Ecken sind rechtwinklig.

4 Die Schraubenköpfe versenken. Risse und Senklöcher mit wetterfester Spachtelmasse ausfüllen. Die Farbe spielt keine Rolle, weil der Sockel später gestrichen wird.

5 Die Spachtelmasse über Nacht trocknen lassen, dann schleifen. Falls nötig, weitere Risse und Fehler im Holz jetzt spachteln und glätten.

6 Die unteren Zierleisten auf Gehrung schneiden und am Kasten befestigen. Sie sollten recht breit sein. Reste von dekorativen Fußleisten sind hervorragend geeignet.

Stückliste

Bauteil:	Menge:	LÄNGE nach Aufmaß:	BREITE Fertigmaß:	STÄRKE Fertigmaß:
Innere Eckpfosten:	4	600 mm	50 mm	50 mm
Seitenteile:	4	600 mm	225 mm	12 mm
Untere Zierleiste:	4	300 mm	150 mm	18 mm
Obere Zierleiste:	4	300 mm	50 mm	18 mm
Deckplatte:	1	375 mm	315 mm	315 mm

Andere Schalen

Es gibt viele dekorative, flache Schalen, die man gut als Vogelbad verwenden kann. Auf einem edlen Sockel mit klassischer Optik sind sie ein schöner Blickfang, aber man kann sie auch einfach auf kleine Tonfüßchen stellen, die eigentlich für Blumenkübel gedacht sind.

OBEN: *Schalen aller Art eignen sich als Vogelbad. Wichtig ist, dass das Wasser für kleine Vögel nicht zu tief ist.*

7 Rückseiten und Kanten der Zierleisten mit Leim bestreichen, dann die Leisten mit Zwingen am Sockel festhalten, bis der Leim abgebunden hat.

8 Ein Ausschnitt in der Deckplatte gibt der Wasserschale Halt.

9 Leisten zwischen den oberen Seitenwänden befestigen und darauf die Deckplatte montieren.

10 Den Sockel streichen.

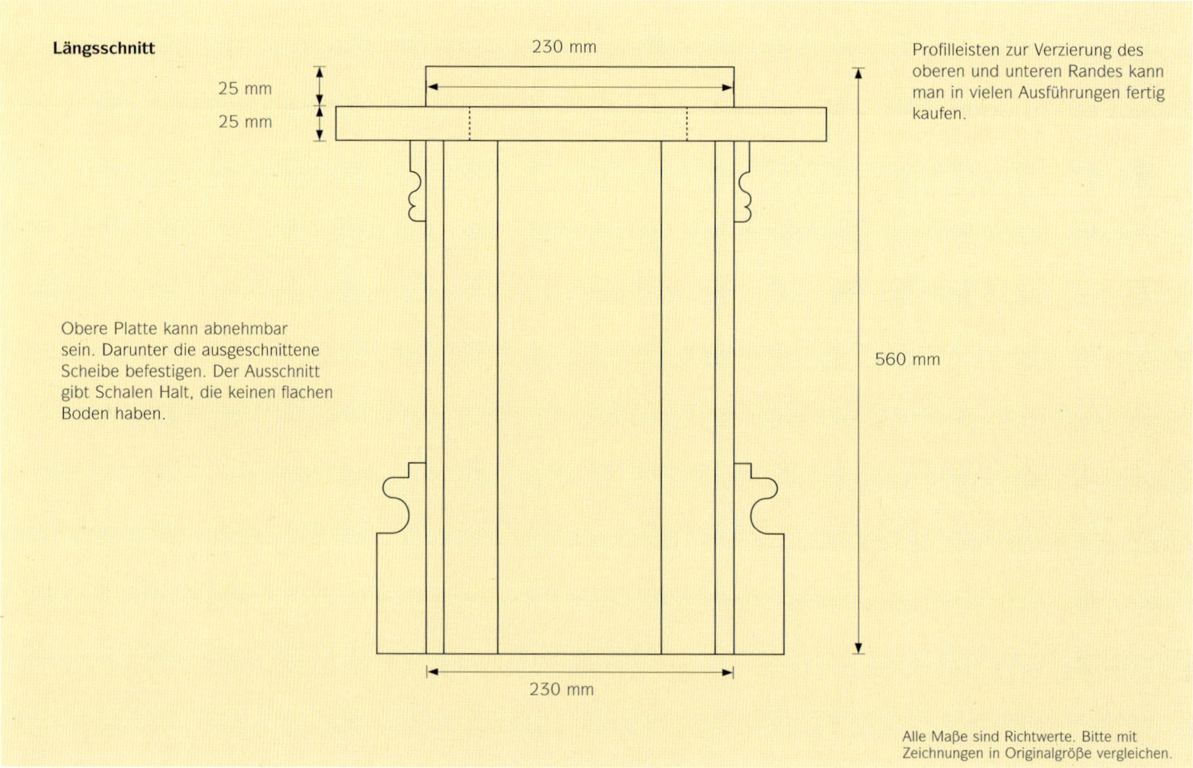

RECHTE SEITE: *Der fertige Sockel sieht aus der Distanz aus, als bestünde er aus Stein.*

PROJEKT

Einen traditionellen Taubenschlag bauen

Der Bau eines solchen sechseckigen Taubenschlags ist nicht einfach, denn die Winkel und Proportionen müssen exakt stimmen. Man kann das Haus aber beliebig vergrößern, sodass darin ein ganzer Taubenschwarm Platz findet. Dieses Modell hat einen Standfuß und ist mobil. Wer es dauerhaft im Boden verankern will, verlängert den Mittelpfosten um 40 cm. Die sechseckigen Formen müssen sehr genau zugeschnitten werden. Wer etwas unsicher ist, sollte sich zuerst Zeichnungen in Originalgröße anfertigen, von denen alle Maße, Winkel und Formen genau übertragen werden können. Bei einem Taubenhaus dieser Größe sind drei Segmente gerade richtig für die Vögel. Wer ein größeres Haus baut, kann es in mehrere Etagen und »Zimmer« unterteilen.

Tipps, Werkzeuge, Material

Schwierigkeitsgrad

- Ein anspruchsvolles Projekt. Sie sollten gute handwerkliche Kenntnisse besitzen.

Der richtige Zeitpunkt

- Jederzeit, wenn der Boden nicht zu nass oder schlammig ist.

Werkzeug

- Säge (möglichst elektrische Bandsäge), Drehbank, Bohrmaschine, Stecheisen, Senker, Schraubenschlüssel oder Knarre mit Sechskant-Nuss, Schraubenzieher/Akkuschrauber, Wasserwaage, Streichmaß, Lineal, Bandmaß, Bleistift.

Material

- Kesseldruckimprägniertes Nadelholz, wasserfest verleimtes Sperrholz (siehe Stückliste rechts unten), Schalbretter, verschiedene Latten- und Leistenreste, Sechskant-Holzschraube (100 mm lang).

Zeitaufwand

- 2–3 Tage bzw. ein Wochenende.

1 Zuerst zeichnen Sie die beiden Sechseckformen genau auf Sperrholz vor und sägen sie ganz exakt aus.

2 Die Mitte jedes Sechsecks markieren und um sie herum ein Quadrat für den Mittelpfosten anzeichnen. Die Quadrate ausschneiden. Sie sollen sauber (aber nicht zu eng) über den Pfosten passen.

3 Die Sperrholz-Sechsecke mit Leisten (38 mm x

55 mm) gleicher Länge zusammenfügen. Die Breitseiten der Leisten zeigen nach außen. Nach dem Fixieren die überstehenden Sperrholzspitzen absägen.

4 Die drei Innenwände aus Sperrholz zuschneiden und mit Leim und Nägeln befestigen.

5 Nun die Zahl der Einfluglöcher pro Abteil festlegen. Zwei sind ideal.

6 Die Außenverkleidung so anbringen, dass die Einfluglöcher abwechselnd oben und unten liegen. Die Nahtstellen können mit dünnen Leisten sauber verdeckt werden.

7 Das Haus wird mit vier Winkeln am Pfosten befestigt. Die Winkel aus Brettern (25 mm x 200 mm) zuschneiden. Die Form bestimmen Sie selbst.

8 Die Verzierung auf dem Dach wird gedrechselt. Zuerst ein Stück Kantholz (100 mm x 100 mm) sechseckig zusägen, dann in die Drehbank einspannen und verzieren.

Stückliste

Bauteil:	Menge:	LÄNGE nach Aufmaß:	BREITE Fertigmaß:	STÄRKE Fertigmaß:
Mittelpfosten:	1	2,4 m	75 mm	75 mm
Füße:	2	900 mm	75 mm	50 mm
Fußstreben:	4	600 mm	50 mm	50 mm
Sperrholz (halbe Standardplatte):	1	1,2 m	1,2 m	12 mm
Dachverzierung:	1	300 mm	100 mm	100 mm

9 Wenn Kasten und Dachverzierung am Mittelpfosten befestigt sind, folgt das Dach. Die Sechseckform des Hauses gibt den Verlauf der Dachlatten vor. Auf den Latten werden gestrichene Leisten befestigt, die als saubere Abschlusskanten der einzelnen Dachsegmente dienen.

10 Aus dem Verschnitt, der beim Sägen der Fluglöcher angefallen ist, können die Landeplattformen gebaut werden. Sie werden in Form gebracht, zusammengefügt und gestrichen, ehe sie am Haus montiert werden.

11 Ein frei stehender Taubenschlag braucht einen stabilen, ausgewogenen Fuß. Die beiden Kanthölzer in der Mitte mit einer Überblattung rechtwinklig kreuzen. Die Verbindung verleimen und an den Rändern verschrauben.

12 Den Fuß streichen. Dann mittig in die Unterseite mit dem Senker eine Vertiefung arbeiten, die groß genug für den Kopf einer

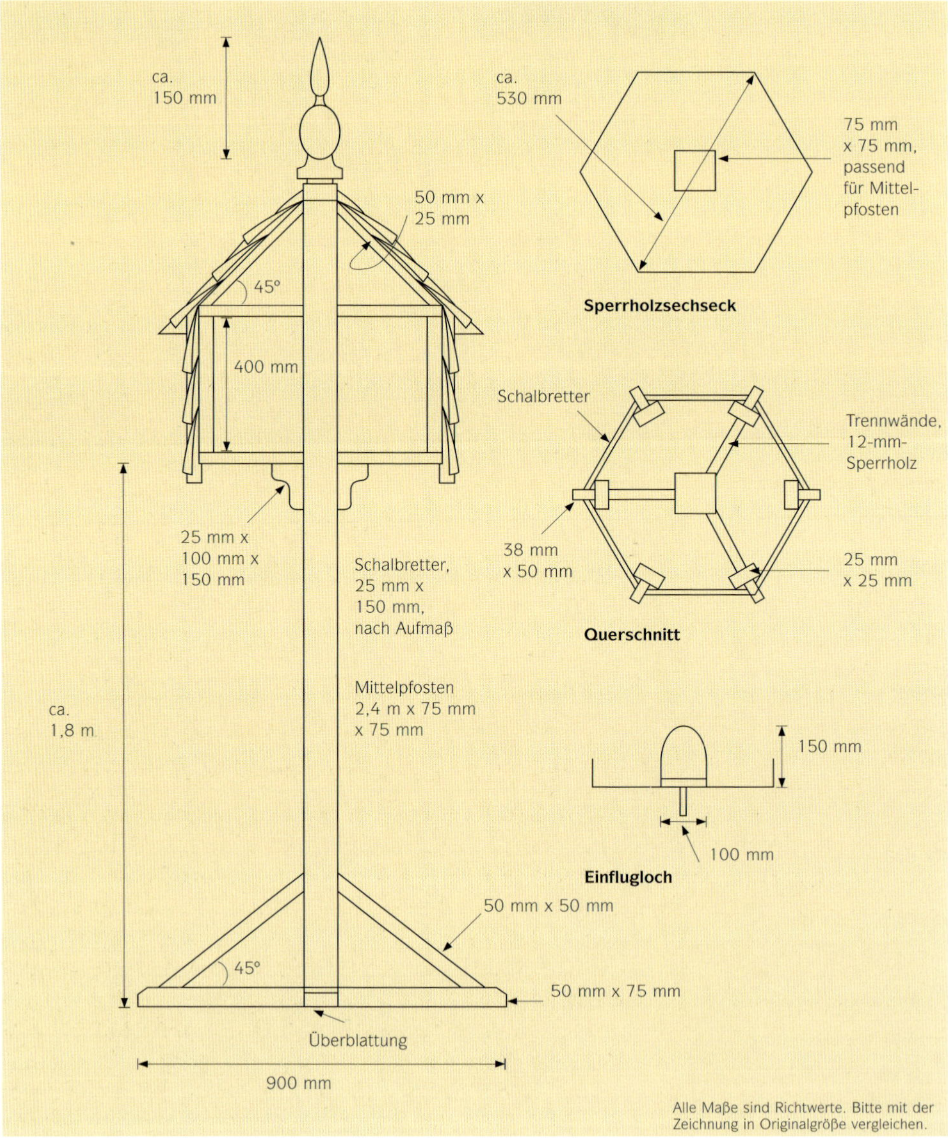

100-mm-Sechskant-Holzschraube und eine Unterlegscheibe ist.

13 Die Sechskant-Holzschraube wird von unten in den Mittelpfosten gedreht. Dafür ein Loch vorbohren, aber nicht zu groß: Die Schraube muss gut fassen, damit das Fußgestell stabil wird. Bei schwer gängigen Schrauben kann Schmieröl helfen.

14 Die Enden der Fußstreben im Winkel von 45° absägen. Die Streben streichen und montieren.

OBEN UND RECHTS: *Das fertige Taubenhaus steht auf dem Rasen, nur die Tauben fehlen noch. Man kann sie bei Züchtern oder Privatleuten kaufen, aber wenn man Vogelfutter auf die Plattformen vor den Einfluglöchern streut, finden sich oft Wildtauben ein.*

PROJEKT

Einen Grill aus Ziegeln oder Naturstein bauen

Ein Grill gehört einfach in einen gut ausgestatteten Garten. Sie haben die Wahl zwischen verschiedenen Modellen: vom simplen, improvisierten Grill bis zur Nobelvariante mit Flaschengas. Warum bauen Sie nicht einfach einen festen Grill gleich neben die Terrasse? Einfach geht das mit Ziegelsteinen, und gebrauchte Ziegel sind nicht einmal teuer. Wenn es in Ihrer Nähe keinen Händler für gebrauchte Baumaterialien gibt, fragen Sie einmal bei einem Abbruchunternehmen nach. Versuchen Sie, einen Farbton zu finden, der zu Ihrem Wohnhaus passt, oder nehmen Sie eine andere Farbe, die Ihnen gefällt. Wenn Sie keine betont rustikale Optik wünschen, sollten Sie gereinigte Ziegel in gleichmäßigen Formaten verarbeiten. Auch Kohlenwanne und Grillrost können aus recycelten Materialien bestehen. Dieses Projekt erfordert etwas Arbeit, doch die zahlt sich ganz sicher aus.

Tipps, Werkzeuge, Material

Schwierigkeitsgrad

- Für dieses Projekt mittleren Schwierigkeitsgrades sollten Sie über gute Handwerkskenntnisse verfügen.

Der richtige Zeitpunkt

- Jederzeit bei einigermaßen schönem Wetter, wenn der Boden nicht zu nass oder schlammig ist.

Werkzeug

- Breitmeißel, Maurerhammer, Kelle, Wasserwaage, Schaufel, Schubkarre. Ein Betonmischer ist nützlich, aber es geht auch ohne.

Material

- Ziegel und Mörtel. Je nach Größe des Grills brauchen Sie etwa 150 Ziegel oder mehr, außerdem Sand, einen oder zwei Säcke Zement und Schotter für das Fundament.

Zeitaufwand

- 2–3 Tage bzw. ein langes Wochenende.

1

1 Einen Grill kann man aus verschiedenen Materialien bauen: Naturstein, Betonblöcken oder Ziegeln. Gebrauchte Ziegel sind preiswert, sie sollten aber das gleiche Format haben. Die Farben können variieren.

2 Mörtelreste, die noch an den Ziegeln haften, müssen vor der Wiederverwertung entfernt werden. Mit einem Breitmeißel und einem Hammer geht das recht einfach.

3 Soll der Grill in ein Holzdeck integriert werden, legen Sie das Fundament, ehe das Deck belegt wird. Die Verschalung für das Fundament mit langen Nägeln an der Unterkonstruktion des Decks befestigen. Für einen frei stehenden Grill den Boden 15 cm tief ausheben.

4 Prüfen Sie, ob die Grube gerade und eben ist. Für das Fundament genügt ein magerer Zement aus 5 bis 6 Teilen Sand und einem Teil Zement. Die Ziegel nach Größe sortiert griffbereit legen. Alles Werkzeug bereithalten.

Grillen – aber sicher

Ein Grill kann gefährlich sein. Vor allem auf Kinder und Tiere muss geachtet werden. Wenn Ihr Grill fertig gemauert ist, beachten Sie bitte die folgenden Sicherheitshinweise.

- Niemals im Haus grillen.
- Nie den Grill unbeaufsichtigt lassen, vor allem, wenn Kinder oder Tiere in der Nähe sind.
- Einen Feuerlöscher oder Gartenschlauch bereithalten.
- Keine locker sitzende Kleidung tragen.
- Falls Kleidung Feuer fängt, sofort auf dem Boden wälzen.
- Grillbesteck mit langen Griffen und schwer entflammbare Handschuhe einsetzen.
- Den Grillrost regelmäßig säubern. Fettablagerungen beseitigen.
- Eine Spritzflasche mit Wasser bereitstellen, um hoch züngelnde Flammen sofort zu löschen.

Grillen auf Holzkohle

- Falls Sie Flüssig-Grillanzünder verwenden, die Kohlenwanne so lange abseits der Terrasse hinstellen.
- Niemals nach dem Anzünden weiteren Flüssig-Grillanzünder auf die Kohlen geben.
- Die benutzte Kohle im Grill völlig auskühlen lassen.
- Benutzte Kohle nie direkt in eine Plastikmülltonne schütten. In einen Metalleimer füllen und mit Wasser übergießen.

Grillen auf Gas

- Die Gasdüsen regelmäßig reinigen.
- Beim Anzünden des Grills immer den Deckel offen lassen.
- Niemals Gasflaschen im Wohnhaus oder in der Garage lagern.
- Den Zuleitungsschlauch regelmäßig auf Dichtigkeit prüfen.

5 Die ersten Reihen Mauersteine im Mörtelbett auf das Fundament setzen, auch die weiteren Reihen mit Mörtelfugen aufmauern. Regelmäßig mit der Wasserwaage prüfen, ob die Mauer senkrecht und waagerecht gerade ist.

6 Um versetzte Senkrechtfugen zu erhalten, müssen einige Steine halbiert werden. Dazu einen Breitmeißel ansetzen und einmal kräftig mit dem Hammer daraufschlagen.

7 Wer möchte, setzt als Abdeckung eine Reihe flacher Platten oder Fliesen

Tipps zum Grillen auf Holzkohle

Nachdem Sie sich so viel Mühe mit dem Bau des Grills gegeben haben, wollen Sie es sich natürlich gut schmecken lassen. Damit Koteletts und Würste gut gelingen, brauchen Sie eine solide Kohlenwanne und einen guten Grillrost.

Konstruktion

Ideal ist ein Grillaufsatz aus hochwertigem Stahl mit einer durablen Beschichtung. Eine Spritzlackierung hält nicht lange. Langlebiger ist eine Einbrennlackierung, die nicht verblasst oder abblättert und das Metall vor Rost schützt. Die Beinhalterungen und Auflagen für den Rost sollten angeschweißt sein, nicht geklebt. Und der Deckel, sofern vorhanden, sollte schwer sein und dicht schließen.

Grundausstattung

Kohlenwanne und Grillrost sollten aus Edelstahl oder vernickeltem Stahl bestehen. Beide Materialien rosten nicht und lassen sich mühelos reinigen. Achten Sie auf Griffe aus Holz oder Kunststoff, die nicht heiß werden.

Extras

Die Asche sollte sich leicht entfernen lassen. Manche Grills haben einen Hebel, der die Kohlenwanne kippt, sodass die Asche in einen herausnehmbaren Kasten fällt. Ein Thermometer zum Überwachen der Temperatur kann sinnvoll sein.

OBEN: *Zum Grillen brauchen Sie einen hochwertigen Grillrost, der höhenverstellbar sein sollte.*

8

10

9

11

darauf. Mit einem Klecks Mörtel extra halten sie besser.

8 Mauern Sie über die Höhe des eigentlichen Grills hinaus. Die schönsten Ziegel für den oberen, sichtbaren Bereich aufbewahren. Wer möchte, kann auch dekorative Zinnen mauern.

9 Zwischendurch die Fugen mit einem Rundholz (18 mm Ø) gleichmäßig nachstreichen. Danach überschüssigen Mörtel abbürsten.

10 Der Grill selbst kann aus Metallblech und -gitter bestehen. Einfacher ist es aber, einen fertigen Grill zu integrieren. Die Einhängehöhe des Grillrosts sollte sich möglichst verstellen lassen. Durch Veränderung des Abstands zwischen Grillgut und Kohle wird die Gartemperatur reguliert.

11 Damit eine dünnere, preiswerte Kohlenwanne länger hält und die Hitze besser speichert, kann man einige Streifen Stahlblech auf den Boden legen. Alternativ den Boden mit kleinen, flachen Steinen auslegen.

Praktisch und schön

Der einfache Steingrill, der hier vorgestellt wird, erfüllt alle wichtigen Funktionen, aber man kann ihn noch auf verschiedene Weise verschönern. Praktisch sind Holzregale wie auf dem Foto. Sie könnten auch Halterungen für Flaschen und Utensilien integrieren oder den Grill mit einem dekorativen Fries ganz individuell verzieren.

12 Wenn Grillrost und Kohlenwanne ganzjährig im Freien bleiben, sollten sie abgedeckt werden. Ein einfacher Kasten aus wasserfest verleimtem Sperrholz genügt als Schutz.

13 Zum Schluss den Kasten mit einer wetterfesten Farbe streichen. Rotbraun passt gut zu Ziegeln, aber es kann auch jeder andere Farbton sein.

RECHTS: *Der fertige Grill mit seiner Schutzhaube. Wenn Sie die Haube aus Holz bauen, legen Sie sie erst auf, wenn die Glut völlig erloschen ist. Sonst besteht Gefahr, dass die Haube Feuer fängt.*

RECHTE SEITE: *Der fertige Grill ohne seine Schutzhaube. Ein Grill auf einem Holzdeck sieht gut aus und ist praktisch. Man muss aber darauf achten, dass keine glühenden Kohlen auf die Holzdielen fallen.*

PROJEKT

Eine Sonnenuhr bauen

Diese Sonnenuhr aus Holz ist nicht schwer, sodass man sie problemlos umstellen kann, wenn beispielsweise der Rasen gemäht wird. Wenn die Zwölf-Uhr-Markierung genau nach Norden zeigt, können Sie bei Sonnenschein die Uhrzeit relativ genau ablesen – allerdings nur im Winter. Wenn in Deutschland die Uhren auf Sommerzeit stehen, muss die Ein-Uhr-Markierung der Sonnenuhr nach Norden zeigen, damit sie »richtig geht«. Die Genauigkeit einer Sonnenuhr steht und fällt mit den Abständen zwischen den Zahlen und dem Winkel des Zeigers. Nähere Informationen dazu können Sie in einschlägigen Büchern nachlesen. Wer ein bisschen im Internet recherchiert, wird auch Vorlagen zum Download finden, die man ausdrucken und vergrößern kann.

Tipps, Werkzeuge, Material

Schwierigkeitsgrad

- Mittlerer Schwierigkeitsgrad. Sie sollten einige Handwerkskenntnisse besitzen.

Der richtige Zeitpunkt

- Jederzeit, wenn der Boden nicht zu nass oder schlammig ist.

Werkzeug

- Säge, Bandsäge, Stichsäge, Oberfräse, Bohrmaschine, verschiedene scharfe Stecheisen, Schraubenzieher/Akku-schrauber, Wasserwaage, Streichmaß, Lineal, Bandmaß, Bleistift.

Material

- Kesseldruckimprägniertes Nadelholz, Sperrholz, Schalbretter zur Verkleidung des Rahmens, Reste von Leisten und Latten für den Rahmen. Eine Scheibe aus Eichenholz oder anderem haltbarem Material für das Ziffernblatt.

Zeitaufwand

- 2–3 Tage bzw. ein Wochenende.

1

2

3

1 Zuerst zeichnen Sie einen großen Kreis auf eine glatte Holzplatte. Geeignet ist jedes Material, das langfristig den Witterungseinflüssen widerstehen kann.

2 Der Zeiger muss exakt in Verlängerung der Zwölf-Uhr-Linie stehen. Anhand der Schablone eine 6 mm breite und 12 mm tiefe Kerbe arbeiten, die etwas kürzer als die Unterkante des Zeigers ist.

3 Mit einer Bandsäge, Stichsäge oder von Hand die Scheibe akkurat aussägen, Kanten und Oberfläche glätten.

4 Die Schablone für die Stundenmarkierungen auf das Ziffernblatt kleben. Die Mittellinien der Stundenmarkierungen mit einem Cutter anritzen. In der Schablone sollte auch die Position des Zeigers eingezeichnet sein.

5 Mit Schnitzmessern oder einem breiten, geraden Stecheisen die Stundenmarkierungslinien ausstemmen. Damit die Striche akkurat ausfallen, zuerst einen Schnitt in der Mitte ansetzen, dann von beiden Seiten im Winkel von ca. 60° stemmen und das lose Holz entfernen.

6 Römische Zahlen aus Papier ausschneiden oder selbst zeichnen und an die Enden der Stundenmarkierungen kleben. Die Ziffern nun ebenso wie die Stundenmarkierungen in die Platte schnitzen. Das lose Holz entfernen.

Hingucker und »Ausrufezeichen«

Aufrechte Gartenelemente – und vor allem Sonnenuhren – werden seit Jahrhunderten von Gartengestaltern als Blickfang und Attraktion eingesetzt, beispielsweise am Ende einer langen Sichtflucht. Das ist gerade im Fall einer Sonnenuhr auch sinnvoll, weil in direkter Nähe möglichst keine Elemente vorhanden sein sollten, deren Schatten auf sie fällt. Besonders effektvoll sieht eine Sonnenuhr aus, wenn sie auf einem langen, schmalen Weg steht, der gepflastert oder auch gemäht sein kann. Durch die Position und den einladend wirkenden Zugang fällt die Sonnenuhr besonders schön ins Auge.

RECHTS: *Die klassische Sonnenuhr auf der Steinsäule ist gar nicht groß, kommt aber durch ihre Position gut zur Geltung.*

7 Damit sich die geschnittzten Linien und Zahlen gut hervorheben, werden sie mit einem dünnen Pinsel und dunkler Farbe nachgemalt. Wenn die Farbe trocken ist, schleifen Sie die Reste der Papierschablonen und Übergemaltes sauber ab.

8 Wenn der Zeiger zugeschnitten und eingepasst ist, wird er exakt senkrecht und in Verlängerung der Zwölf-Uhr-Markierung angebracht. Zum Befestigen ist Zweikomponenten-Epoxidharzkleber die beste Wahl. Den Zeiger mit Klebeband fixieren, bis der Klebstoff ausgehärtet ist.

9 Die Rahmenteile für den pyramidenförmigen Sockel auf den Boden legen. Das obere Ende der Pyramide muss kleiner sein als das Ziffernblatt.

10 Die oberen und unteren Winkel anzeichnen, dann die Latten auf Länge schneiden. Es ist hilfreich, den Rahmen in Originalgröße zu skizzieren und die Maße von der Zeichnung zu übertragen.

Variationen

Sonnenuhren gibt es in allen Formen und Abmessungen, und auch beim Material ist die Vielfalt groß. Als Abwandlung zum hier beschriebenen Projekt könnten Sie anstelle der Pyramide mit der Verkleidung aus Schalbrettern einen Sockel mit glatten Seiten bauen (wie beim Vogelbad auf den Seiten 250–253) und mit einem Mosaik aus Fliesenbruch verzieren. Wie man ein Mosaik verlegt, wird auf den Seiten 82–85 genauer beschrieben.

11 Zuerst zwei Seitenteile bauen. Einige Tropfen Leim und ein paar Schrauben geben ihnen genug Halt. Mit den letzten vier Streben werden die Seitenteile verbunden.

12 Leisten zur Betonung der Kanten werden rechtwinklig auf die Ecken gesetzt. Damit sie sich besser montieren lassen, werden die Ecken der Rahmenhölzer abgehobelt.

Querschnitt durch den Unterbau

Die Ecken der Rahmenhölzer abhobeln, dann die Leisten aufsetzen.

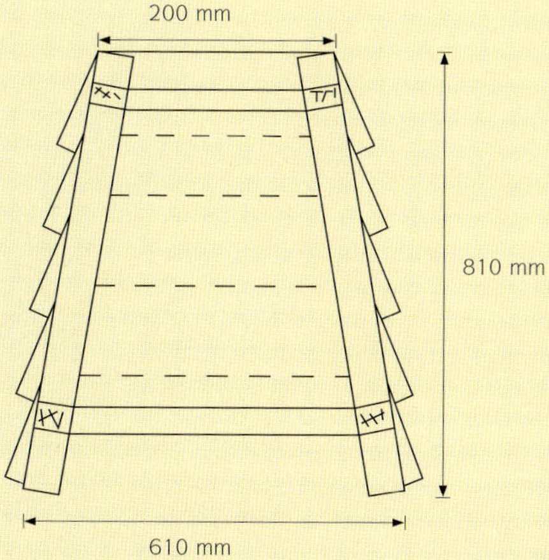

Ziffernblatt und Zeiger

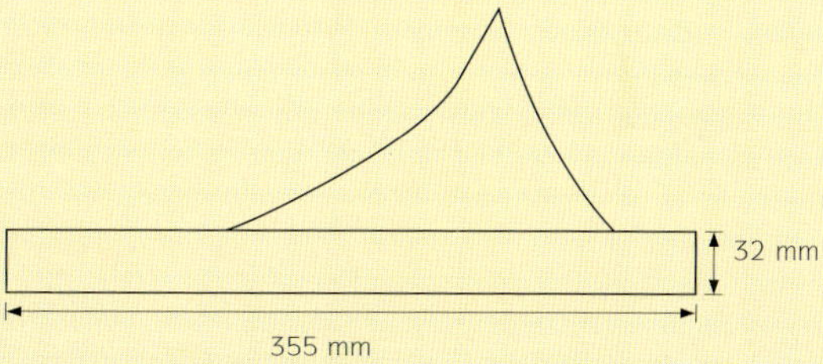

Vorlagen für Aufteilung des Ziffernblatts und Position des Zeigers finden Sie im Internet oder in der Bibliothek.

Alle Maße sind Richtwerte. Bitte mit Zeichnungen in Originalgröße vergleichen.

13 Die Kantenleisten mit Leim und drei oder vier Schrauben befestigen. Ihre oberen Enden müssen im gleichen Winkel abgeschrägt werden wie die Rahmenleisten, damit sie bündig abschließen.

14 Von unten nach oben die Schalbretter anbringen. Auf gleichmäßige Überlappungen der einzelnen Lagen achten.

15 Wenn der Pyramidensockel gestrichen werden soll, erledigen Sie das am besten, ehe Sie das Ziffernblatt darauf montieren.

OBEN: *Die Genauigkeit der Sonnenuhr hängt von der Position des Zeigers ab, dessen Schatten auf dem Ziffernblatt die Uhrzeit anzeigt. Er muss genau in Verlängerung der Zwölf-Uhr-Linie stehen.*

RECHTE SEITE: *Die fertige Sonnenuhr muss an einem sonnigen Platz stehen, auf den keine Schatten fallen.*

Pflanzenkrankheiten und Schädlinge

Jeder Garten braucht regelmäßige Pflege. Und der Nachteil von Gebäuden und Dekorationen besteht darin, dass auch sie von Zeit zu Zeit repariert und renoviert werden müssen. Viele Probleme lassen sich vermeiden, wenn man als Baumaterial grundsätzlich kesseldruckimprägniertes Holz verwendet, wie bei den meisten Projekten empfohlen wird. Früher oder später müssen Sie aber einige Renovierungsarbeiten angehen.

Auch die Pflanzen im Garten sind nicht unverwüstlich. Gelegentlich können Probleme auftreten. Viele lassen sich durch die Wahl eines geeigneten Standorts und eine gesunde Mischung vieler verschiedener Pflanzenarten vermeiden. Manche Gefahren sollten Sie aber erkennen und rechtzeitig eingreifen.

OBEN: *Der Totenuhrkäfer ist ein Holzschädling, der in vielen Klimazonen und Lagen auftritt. Er muss unbedingt sofort bekämpft werden.*

UNTEN: *Viele Projekte in diesem Buch werden aus Holz gefertigt. Für sie ist der Holzwurm eine ernsthafte Bedrohung.*

Probleme an Gartengebäuden

Für die meisten Objekte in diesem Buch wird kesseldruckimprägniertes Nadelholz verarbeitet, das lange hält, wenn es beim Bau korrekt behandelt wurde und später gelegentlich etwas Pflege bekommt. Gelegentlich werden Sie einen grünlichen oder weißlichen Pilzbelag auf der Oberfläche des Holzes entdecken, der sich aber meist entfernen lässt. Sie brauchen nur das Holz gründlich abzuseifen und danach ein Unkrautvernichtungsmittel aufzutragen.

Alle Holzbauten in diesem Buch halten länger, wenn sie regelmäßig mit Farbe, Lasur oder Klarlack gestrichen werden. Dadurch verringert sich auch das Risiko des Befalls mit Holzwurm, Totenuhrkäfer oder anderen Holzschädlingen. Wer dennoch einen Holzwurm entdeckt, sollte das befallene Stück sofort austauschen oder mit einem Spezialmittel behandeln, das man in Baumärkten und Gartencentern bekommt.

Allen in diesem Buch vorgestellten Projekten tut etwas Pflege gut. Gepflasterte Flächen wollen regelmäßig gereinigt werden. Besonders schnell und gründlich geht das mit einem Hochdruckreiniger. Ab und zu müssen Fugen ausgebessert oder lose Steine fixiert werden. Rasen und Bodendecker werden regelmäßig gemäht oder zurückgeschnitten, ab und zu gedüngt und häufig gegossen.

Top-10 Schädlinge

- Blattläuse – in Scharen.
- Blattwanzen – Saftsauger.
- Gefurchter Dickmaulrüssler – Fraßschäden an Blättern.
- Larven der Hausmutter – sehen aus wie fette Maden.
- Minierfliegen – fressen Tunnel ins Blattgewebe.
- Rote Spinnmilben – winzige Saftsauger, töten Pflanzen ab.
- Schildläuse – Saftsauger. Per Hand von den Pflanzen entfernen.
- Schmier-/Wollläuse – Sauger.
- Schnecken – gefräßig.
- Weiße Fliege – im Gewächshaus.

Top-10 Krankheiten

- Blattfleckenkrankheiten – Blätter verfärben sich.
- Blütenendfäule – befällt Früchte, Baumblüten und junge Triebe.
- Botrytis – als Grauschimmel bekannt. Lässt Pflanzen faulen.
- Chlorose – Farbverlust.
- Mehltau – sehr verbreitet.
- Rost – Pilzkrankheit, zeigt sich durch rostfarbene Flecken.
- Rotpustelkrankheit – befällt Gehölze.
- Rußtau – schwarzer Pilzbelag auf den Blättern.
- Welke – tödliche Infektion.

OBEN: *Blattläuse treten invasionsartig auf und befallen viele Pflanzenarten.*

Pflanzenschädlinge und Krankheiten

Probleme, durch die Qualität, Wachstum und Ertrag der Pflanzen leiden, lassen sich nicht ganz vermeiden. Das liegt teilweise daran, dass viele Zierpflanzen nicht in unseren Breiten heimisch sind und ihre arttypischen Empfindlichkeiten hier verstärkt werden. Unter den Schädlingen gibt es einige, die nur bestimmte Pflanzen befallen, wie das Lilienhähnchen oder der Spargelkäfer. Andere sind nicht so wählerisch und machen sich über unterschiedliche Pflanzen her, beispielsweise Schnecken oder der Gefurchte Dickmaulrüssler. Beide sind leider recht verbreitet.

Die meisten Pflanzenkrankheiten werden durch Pilze oder Viren verursacht. Pilzbefall steht oft in Zusammenhang mit der Witterung. Vor allem bei feuchter Wärme werden die Sporen leicht durch Insekten oder Spritzwasser (Regen oder Gießwasser) übertragen. Viren können ebenfalls von Insekten verbreitet werden. Hitze, Wind oder Staunässe können vielen Pflanzen schaden und manche sogar abtöten. Ein Boden von schlechter Qualität mit geringem Nährstoffgehalt wirkt sich negativ auf Wachstum und Gesundheit der Pflanzen aus.

Unkraut kann Standortprobleme verstärken, weil es mit den Gartenpflanzen um Nährstoffe, Wasser, Licht und Platz konkurriert.

Viele Probleme lassen sich vermeiden, wenn man auf eine große Artenvielfalt achtet und sich etwas Zeit für regelmäßige Pflege nimmt. Schädlinge und Krankheiten treten oft als Folge von Vernachlässigung auf, lassen sich also leicht vermeiden. Zu chemischen Spritzmitteln sollten Sie nur greifen, wenn es keine andere Möglichkeit mehr gibt.

UNTEN: *Der Gefurchte Dickmaulrüssler frisst viele Pflanzenarten und kann erheblichen Schaden anrichten. Beim ersten Anzeichen der Schädlinge sollte gehandelt werden.*

Pflege-Checkliste

Wenn Sie sich die Mühe gemacht haben, einige Projekte aus diesem Buch nachzubauen, möchten Sie sicherlich auch gern wissen, wie man sie richtig pflegt, damit sie lange halten und gute Dienste leisten. Alle Naturmaterialien im Garten sind rund ums Jahr wechselnden und ganz unterschiedlichen Witterungseinflüssen ausgesetzt. Wer mehrere Dinge zu pflegen hat, sollte sich einen Fahrplan erstellen, um jederzeit nachschauen zu können, was wann zu tun ist. Auf dieser Seite finden Sie einige grundsätzliche Hinweise, nähere Einzelheiten können Sie auch bei einzelnen Projekten nachlesen. Viele nützliche Informationen über die Pflege verschiedener Materialien finden Sie auch in kostenlosen Broschüren aus dem Baumarkt oder im Internet.

OBEN: *Holz im Außenbereich »arbeitet« unter dem Einfluss der Witterung. Darum sind gelegentlich kleine Instandhaltungsmaßnahmen nötig.*

UNTEN: *Wenn Sie einige Projekte aus diesem Buch nachgebaut haben, sollten Sie sie gut pflegen. Gönnen Sie Ihnen regelmäßig Farbe oder Holzschutz.*

Frühling

Im Frühling erwacht der Garten nach dem langen, kalten Winter allmählich wieder zum Leben. Die Pflanzen brauchen in dieser Zeit etwas Unterstützung. Jetzt sollten Sie sich an das erinnern, was auf den Schildchen stand, die beim Kauf in den Töpfen steckten. Am besten hebt man die Pflegeanleitungen gesammelt auf. Manche müssen jetzt ausgepflanzt werden, andere sollten sie anbinden, wieder andere umtopfen. Die Terrasse wird geschrubbt, die Beete gejätet, manche Pflanzen brauchen Dünger, andere müssen gegossen werden. Spätestens im Spätfrühling sollte der Rasen zum ersten Mal gemäht werden, einige Pflanzen werden ausgeschnitten oder gestutzt. Jetzt – bevor die Pflanzen allzu kräftig wachsen – ist auch die richtige Zeit, um Gartengebäude frisch zu streichen.

Sommer

Wenn das Wetter warm und sonnig ist, wirkt sich die trockene Wärme auf Holzkonstruktionen aus. Das Holz zieht sich zusammen, darum ist jetzt der richtige Zeitpunkt für Kontrollmaßnahmen und Pflege. Ziehen Sie lose Schrauben und Muttern nach und schlagen Sie Nägel, die sich gelockert haben, wieder fest ein. Allzu wuchsfreudige Pflanzen sollten Sie zurückschneiden, bevor sie zu schwer für ihre Rankhilfen werden. Jetzt werden auch Terrassen und Holzdecks geschrubbt.

Jetzt ist die richtige Zeit, um alte Blumenkübel und Kästen zu erneuern und um mit einer Drahtbürste Rost von Metallen zu entfernen. Welke Blüten regelmäßig abzupfen, damit die Blumen neue Blüten bilden. Bei sommerlicher Hitze und Windstille sollte das Teichwasser mit Sauerstoff angereichert werden, damit Pflanzen und Fische am Leben bleiben.

Herbst

Im Herbst bereiten Sie den Garten langsam auf den Winter vor. Harken Sie abgefallenes Laub regelmäßig zusammen und geben Sie es in einen separaten Komposter. Ersetzen Sie verwelkte Kübelpflanzen durch andere Gewächse, die über Winter attraktiv aussehen. Um kälteempfindliche Pflanzen sollten Sie eine dicke Mulchschicht verteilen oder einen Frostschutz errichten – und zwar vor den ersten Nachtfrösten. Jetzt wird auch das letzte Obst und Gemüse geerntet, das in Kübeln oder an neu gebauten Rankhilfen gewachsen ist.

OBEN: *Für manche Hölzer ist Lasur oder Holzschutzmittel günstig, für andere deckende Lackfarbe. Die regelmäßige Pflege sollten Sie auf keinen Fall vernachlässigen.*

Winter

In dieser Saison können viele Gartenbauten und -objekte Schaden nehmen. Stellen Sie kleinere Möbel und Dekorationen unter Dach oder decken Sie sie mit Planen ab. Kübel und Töpfe mit kälteempfindlichen Pflanzen holen Sie ins Haus, einige können auch im kalten Frühbeet überwintern. Tauen Sie Eis auf Teichen und Wasserbecken regelmäßig auf, sonst bilden sich unter der Eisdecke Faulgase, die Fische das Leben kosten können.

Winterschutz

Im Idealfall sollten Holzmöbel unter Dach überwintert werden. Wenn das nicht möglich ist, decken Sie sie mit Planen oder speziellen Hauben ab und streichen Sie sie im Frühling mit Holzschutzmittel.

Do's

- Stellen Sie einen Pflegeplan auf, damit Sie keine wichtigen Arbeiten vergessen.
- Holzkonstruktionen mit Farbe oder Holzschutz streichen.
- Fugen in Mauern und Pflaster regelmäßig ausbessern.
- Flechten und Algen von Ziegel- und Steinflächen entfernen – Rutschgefahr!
- Die Elektroinstallation im Garten regelmäßig überprüfen.
- Denken Sie an die Tiere. Im Winter brauchen manche Futter oder Unterschlupf.

Don'ts

- Kein Werkzeug im Freien liegen lassen: Es rostet und verkommt schnell.
- Holzkonstruktionen nicht sich selbst überlassen: Sie brechen irgendwann zusammen.
- Kein Gras unter Bäumen oder im Schatten von Gebäuden säen.
- Vergessen Sie bei allem Einsatz für die Bausubstanz nicht Ihre Pflanzen.
- Keine zu wüchsigen Bodendecker oder Kletterpflanzen verwenden, sonst sieht man ihre Bauwerke bald nicht mehr.

Abhärten Jungpflanzen, die im Haus oder Gewächshaus herangezogen wurden, müssen allmählich an die Witterungsverhältnisse im Freien gewöhnt werden, bevor sie an ihren endgültigen Platz im Beet gepflanzt werden können.

Abrichte, Dicktenhobel Werkzeugmaschine zum Hobeln von Brettern auf gleichmäßige Stärke.

Alkalisch Substanzen (z.B. auch Gartenboden) mit einem pH-Wert über 7.

Alpine Pflanzen Pflanzen, die im Hochgebirge heimisch sind und sich für einen Steingarten eignen. Diese Arten kommen mit wenig Erde und Nährstoffen aus und tolerieren auch Trockenheit, vertragen jedoch keine übermäßige Feuchtigkeit. »Alpinum« nennt man einen Gartenbereich mit solchen Pflanzen.

Angiospermen (Bedecktsamer) Zweikeimblättrige Pflanzen, deren Samen von einer Hülle umgeben sind. Dazu gehören die Laubbäume, aber auch Stauden und Einjährige.

Art (Spezies) In der biologischen Systematik die kleinste Einteilungskategorie, unterhalb der Gattung.

Ausläufer Lange Sprosse, an deren Enden sich Jungpflanzen entwickeln, z.B. bei Erdbeeren. Die Ausläuferbildung ist eine natürliche Form der ungeschlechtlichen Vermehrung.

Ausputzen Das Entfernen verwelkter Blüten, um die Samenbildung zu unterbinden und die Bildung weiterer Blüten anzuregen.

Basal An der Basis einer Struktur oder eines Organs, z.B. des Blatts oder Stiels.

Baum Eine mehrjährige, holzige Pflanze mit einem einzelnen Stamm, der sich im oberen Bereich zu einer Krone verzweigt.

Beere Fleischige Frucht, die einen oder mehrere Samen umgibt.

Befruchtung Bei der geschlechtlichen Fortpflanzung die Verschmelzung weiblicher und männlicher Keimzellen, die zur Bildung von Samen notwendig ist. Der Befruchtung geht bei Pflanzen die Bestäubung voraus, die häufig von Insekten erledigt wird, manchmal aber auch durch Wind, Wasser oder andere Tiere (z.B. Fledermäuse).

Belüften Mechanisches Auflockern des Bodens, um die Luftzirkulation zu verbessern.

Bereift Pflanzenteile, die einen pelzigen oder flaumigen, meist weißlichen oder silbrig-grauen Belag tragen.

Biologische Schädlingsbekämpfung Der Einsatz von Nützlingen (z.B. Nematoden oder Raubinsekten) zur Bekämpfung von Pflanzenschädlingen.

Blatt Pflanzenorgan, das hauptsächlich für die Fotosynthese zuständig ist.

Blüte Das Fortpflanzungsorgan einer Blühpflanze. Häufig auffällig gefärbt, um Insekten zur Bestäubung anzulocken.

Blütenstand Gruppe von Blüten, die in einer bestimmten Anordnung wachsen, z.B. Rispe, Traube, Dolde.

Bulbille Eine kleine Tochterknolle, die sich an der Seite einer Mutterknolle bildet.

Chlorophyll Das grüne Pigment in oberirdischen Pflanzenteilen, das die Pflanzen benötigen, um aus Sonnenlicht Energie zu gewinnen.

Chlorose Chlorophyllmangel, der sich durch Verblassen oder Gelbfärbung der Blätter äußert. Kann durch Mineralstoffmangel, Krankheit oder Lichtmangel verursacht werden.

Cordon Sonderform der Spaliererziehung von Pflanzen, bei der nur ein fruchttragender Trieb stehen bleibt.

Dünger Organische oder anorganische Produkte, die eingesetzt werden, um den Nährstoffgehalt von Gartenboden oder Pflanzsubstrat zu erhöhen oder die Fruchtbarkeit ausgelaugter Böden wieder herzustellen.

Einheimisch (= endemisch) Pflanze, die in einer bestimmten Region beheimatet ist.

Einjährige Eine Pflanze, die innerhalb einer Wachstumssaison keimt, wächst, blüht, Samen bildet und dann abstirbt.

Einkeimblättrig Pflanzen, aus deren Samen zuerst ein einzelnes Keimblatt erscheint, danach folgen die »echten« Blätter. Nadelbäume und Gräser gehören zu den Einkeimblättrigen.

Endständig Am Ende eines Sprosses oder Triebs stehend.

Entwipfeln Der radikale Rückschnitt einer Baumkrone, um das Wachstum einzudämmen. Wird häufig bei Weiden durchgeführt (Kopfweiden).

Epiphyt Eine Pflanze, die auf einer anderen wächst. Der Wirt wird durch den Epiphyten jedoch nicht geschädigt.

Familie In der biologischen Systematik eine Einteilung, die zwischen Ordnung und Gattung liegt.

Farne Eine Gruppe von Pflanzen, die keine Blüten bilden, sondern eine spezielle Art des Generationswechsels besitzen. Viele Farne haben gefiederte Wedel.

Flüssigdünger Konzentrierte Nährstofflösung, die zur Versorgung von Pflanzen in das Gießwasser gemischt wird.

Formschnitt Das systematische Beschneiden von Pflanzen, um sie in eine bestimmte Form zu trimmen, z.B. Kugel, Pyramide.

Fotosynthese Eine komplexe Abfolge chemischer Reaktionen, bei der Energie aus Sonnenlicht durch das Chlorophyll absorbiert wird. Dabei werden Kohlendioxid und Wasser in Zuckerstoffe und Sauerstoff umgewandelt.

Fuchsschwanz Traditionell eine Handsäge mit kurzem, breitem Sägeblatt ohne versteiften Rücken. Die relativ große Zahnung sägt auf Stoß. Elektrische Säbelsägen werden ebenfalls unter der Bezeichnung (Elektro-) Fuchsschwanz angeboten.

Furnier Dünne Schicht aus dekorativem Holz oder Kunststoff, die zum Aufwerten der Optik auf preiswertes Holz aufgeleimt wird.

Gartenform Bezeichnung für Pflanzen, die künstlich gezüchtet oder selektiert wurden.

Gattung In der biologischen Systematik eine Einteilung, die zwischen Familie und Art liegt.

Gymnospermen (Nacktsamer) Alle Nadelbäume. Ihr gemeinsames Merkmal ist, dass die Samen nicht von einer Hülle umgeben sind.

Habitus Das typische Erscheinungsbild einer Pflanze, das durch ihre Form und ihr Wuchsverhalten bestimmt wird.

Hartholz Bezeichnung für das Holz von Laubbäumen, die botanisch zur Gruppe der Angiospermen gehören.

Heimisch/endemisch Eine Pflanze, die in einem bestimmten Gebiet in freier Natur wächst.

Heizmatte Eine dünne Matte mit elektrisch betriebenen Heizschlangen. Wird unter Anzuchtkästen gelegt, um Keimung und Wurzelbildung zu beschleunigen.

Herbizid Chemisches Produkt, das zur Bekämpfung von Unkraut verwendet wird.

Hochblatt Ein Blatt, das oberhalb der Laubblätter steht, in Form oder Farbe aber eher aussieht wie ein Blütenblatt.

Hochstamm Ein Baum oder Strauch, der durch gezielten Schnitt einen klar definierten Stamm und eine belaubte Krone hat.

Holzfeuchte/Holzfeuchtigkeit Das Gewicht des im Holz enthaltenen Wassers, in Prozent beziffert. Es kann vorkommen, dass die Holzfeuchte mehr als 100 Prozent beträgt.

Holzverbindung Traditionelle Methode, zwei oder mehr Holzteile ohne Verwendung von Nägeln oder Schrauben dauerhaft miteinander zu verbinden, z.B. durch Keil- oder Fingerzinkung oder Überblattung.

Humus Verrottete organische Substanz, die sich im Boden oder in Pflanzsubstraten befindet oder diesen zugesetzt wird.

Hybride Pflanze, deren Eltern zwei verschiedenen Arten angehören. Kann durch Zucht oder auf natürliche Weise entstehen.

Hygroskopisch Die Eigenschaft von Holz, Wasser aufzunehmen und wieder abzugeben.

Immergrün Eine Pflanze, die den Großteil ihrer Blätter länger als eine Saison behält.

Insektizid Chemisches Produkt, das zur Bekämpfung von Insekten verwendet wird.

Internodium Der Teil des Sprosses, der zwischen zwei Knoten liegt.

Kalfatern Abdichten von Nähten zwischen Holzplanken, um sie wasserdicht zu machen, z.B. bei Schiffsrümpfen. Traditionell verwendet man dafür Hanf und Teer.

Kalkflieher Pflanzen, die keinen kalkhaltigen (alkalischen) Boden vertragen und ausschließlich auf sauren Böden (pH-Wert unter 7) gedeihen.

Kalkig Boden mit einem hohen Gehalt von Kalziumkarbonat (Kalk) oder Magnesiumkarbonat. Der pH-Wert liegt über 7, der Boden ist also alkalisch. Manche Pflanzen bevorzugen kalkige Böden, andere dagegen gedeihen darauf überhaupt nicht.

Kammertrocknung Ein technisches Verfahren, um Holz mehr Feuchtigkeit zu entziehen, als bei der Lufttrocknung möglich wäre. Im Handel wird auch die Bezeichnung KD (kiln dried) verwendet.

Kappen Sträucher oder Bäume knapp über dem Boden abschneiden, um den Neuaustrieb anzuregen. Üblich bei Hasel- und Weidensträuchern, früher zur Gewinnung langer, ein- oder zweijähriger Ruten für die Korbherstellung.

Kätzchen Ein Blütenstand aus Hochblättern und winzigen Blüten, meist länglich geformt, hängend.

KD Abkürzung für ‚Kiln dried' = kammergetrocknet. Holz, das mit diesem Verfahren behandelt wurde, ist nicht für alle Verwendungszwecke trocken genug.

Keimung Der Vorgang, bei dem sich aus einem Samen eine Jungpflanze entwickelt.

Kesseldruckimprägnierung Tränkung von Holz durch Unter- oder Überdruck mit Holzschutzmitteln, um seine Wetterbeständigkeit zu verbessern. Die Eindringtiefe ist abhängig von der Holzart. Nach ca. 6 Monaten in freier Witterung gehen etwa 35 % der Wirkstoffe verloren, darum muss regelmäßig nachbehandelt werden. Die Imprägnierungslösung wird oft grün eingefärbt, um sie sichtbar zu machen und die Unterscheidung von unbehandeltem Holz zu erleichtern. Im Handel werden die Bezeichnungen KDI oder KD verwendet.

Kletterpflanze Pflanze, die sich mithilfe von umgebildeten Trieben, Blättern, Wurzeln oder Blattstielen an anderen Pflanzen oder Konstruktionen in die Höhe zieht.

Knolle Eine umgebildete Knospe, die unterirdisch wächst.

Knospe Organ, das eine Blüte, ein Blatt oder einen Trieb im unausgereiften Stadium umhüllt.

Knoten Eine Verdickung am Spross, aus der Blätter, Blattknospen und Triebe wachsen.

Koniferen (wörtl. Zapfenträger) Nadelbäume. Die meisten, aber nicht alle, sind immergrün.

Kraut Im allgemeinen Sprachgebrauch eine Pflanze mit besonderer Wirkweise, die z.B. wegen ihrer Würz- oder Heilwirkung angebaut wird. Im botanischen Sinne jede krautige Pflanze (Staude).

Krautig Eine Pflanze, deren oberirdische Teile am Ende der Wachstumssaison absterben, aber zu Beginn der nächsten Saison erneut austreiben.

Kreuzung Pflanze, deren Eltern verschiedenen Arten oder Sorten angehören.

Kriechend Pflanzen, deren Triebe flach über dem Boden wachsen oder auf dem Boden aufliegen.

Kronblätter Die zumeist farbigen Blätter einer Blüte.

Kultivar Variante einer Art, die durch Zucht entstanden ist.

Lateraltrieb Seitentrieb. Ein Trieb, der seitlich vom Hauptspross abzweigt.

Laubabwerfend Bezeichnung für Pflanzen, die im Herbst ihre Blätter verlieren und im Frühling neu austreiben.

Lehm Fruchtbarer, aber schwerer Boden, der Wasser nur schlecht durchlässt, leicht verdichtet und bei Trockenheit sehr hart wird.

Leittrieb Der Haupttrieb einer Pflanze.

Lufttrocknung Holz muss vor der Verarbeitung eine Zeit lang trocknen, damit es weniger »arbeitet«. Soll ihm mehr Feuchtigkeit entzogen werden, als bei der Lufttrocknung möglich ist, muss zu technischen Mitteln gegriffen werden, z.B. zur Kammertrocknung. Im Handel wird auch die Bezeichnung AD

(= air dried) verwendet. *Siehe auch* Kammertrocknung.

Luftwurzel Eine Wurzel, die oberirdisch am Spross gebildet wird.

MDF-Platte Abkürzung für medium density fibreboard (mitteldichte Faserplatte), ein Plattenwerkstoff aus relativ feinen Holzfasern, der sich gut sägen, schleifen und fräsen lässt.

Mulch Material, das auf die Bodenoberfläche gestreut wird, um Unkrautwuchs zu unterdrücken, die Wasserverdunstung zu verringern oder dem Boden Nährstoffe zuzuführen. Als Mulch können organische Substanzen wie Rindenhäcksel, Holzhackschnitzel, Gartenkompost oder Rasenschnitt verwendet werden, aber auch anorganische wie Kies oder Splitt.

Nährstoffe Mineralien und Spurenelemente, die für gesundes Pflanzenwachstum notwendig sind.

Nektar Zuckerhaltige Flüssigkeit, die manche Pflanzen produzieren, um Insekten zur Bestäubung anzulocken.

Neutral Ein pH-Wert von 7, der weder sauer noch alkalisch ist.

Nuss Trockene Frucht, die einen einzelnen Samen umgibt.

Panaschierung Unregelmäßige, meist weißliche oder gelbe Verfärbung von Blättern, verursacht durch Mutation oder Krankheit. Als Zuchtform gewünscht.

Parasit Eine Pflanze (oder ein Tier), die auf einer anderen lebt und dieser Nährstoffe entzieht. Der Wirt wird durch einen Parasiten geschädigt.

Patina Glanz oder veränderte Färbung, die z.B. Möbelstücke oder Kübel im Lauf der Jahre durch Alterung, Pflege (oder manchmal auch Verwahrlosung) und Gebrauch annehmen.

Pestizid Chemische Substanz, die zur Bekämpfung von Pflanzenschädlingen eingesetzt wird. Üblich sind Streu- oder Spritzmittel. Rückstände von Pestiziden gelten als gesundheitsschädlich.

Pfahlwurzel Die nach unten wachsende, deutliche Hauptwurzel einer Pflanze, von der dünnere Wurzeln abzweigen.

pH-Wert Maßeinheit, die angibt, ob eine Substanz alkalisch oder sauer ist.

Pikieren Das Umpflanzen von Sämlingen oder Stecklingen in größere Einzeltöpfe.

Pilz Organismus, der keine Fotosynthese betreibt. Neben essbaren Pilzen gehören in diese Gruppe auch verschiedene Formen von Schimmel sowie Pilze, die Erkrankungen an Pflanzen verursachen können.

Pollen Kleine Körnchen, die die männlichen Keimzellen einer Pflanze enthalten.

Räuchern Das Abdunkeln von Eiche und anderen Hölzern durch Einsatz von Ammoniak.

Respiration Chemischer Vorgang, bei dem Sauerstoff aufgenommen wird. Kohlenhydrate werden aufgeschlossen und liefern Energie für die Pflanze. Kohlendioxid und Wasser werden von der Pflanze abgegeben.

Rhizom Ein unterirdisches Speicherorgan. Waagerechter, verzweigter oder fleischiger Spross, der auf dem Boden oder unterirdisch wächst.

Rispe Verzweigte Traube.

Rückensäge Handsäge mit dünnem Sägeblatt, das an der Oberkante (dem Rücken) versteift ist, um das Sägen gerader Schnitte zu erleichtern.

Saft Wässrige Flüssigkeit in den Leitgefäßen von Pflanzen.

Samenstand Meist trockene Frucht, die reifen Samen enthält.

Sämling/Keimling Eine Jungpflanze, die nach der Keimung aus einem Samen entsteht.

Sauer Substanzen (z.B. auch Gartenboden) mit einem pH-Wert unter 7.

Sauerstofflieferant Eine vollständig untergetaucht (unter der Wasseroberfläche) lebende Pflanze, die Wasser mit Sauerstoff anreichert.

Schluff Boden mit gutem Wasserhaltevermögen und mittlerem Nährstoffgehalt, der jedoch relativ leicht austrocknet und verdichtet wird.

Schwindung Wenn Holz trocknet, schrumpft (schwindet) es, weil sich durch den Feuchtigkeitsverlust die Zellgröße verringert.

Senker Auch Absenker. Ein Verfahren zur Vermehrung, bei dem ein Trieb auf dem Boden befestigt wird, bis er eigene Wurzeln gebildet hat. Erst dann wird er von der Mutterpflanze getrennt.

Solitärpflanze Eine Pflanze (evtl. mit Unterpflanzung), die allein an einem exponierten Platz steht, damit man sie aus verschiedenen Blickwinkeln betrachten kann. Solitärpflanzen werden üblicherweise als Blickfang eingesetzt.

Spalierobst Spezielle Schnitt- und Erziehungsform für Obstbäume, bei der die Äste paarweise vom Hauptstamm abzweigend an einer senkrechten Fläche (z.B. Wand oder Zaun) befestigt werden.

Splintholz Die wachsende Holzschicht eines Stamms, die sich direkt unter der Rinde befindet.

Sprühen Einnebeln von Pflanzen mit Wasser, um die Luftfeuchtigkeit in ihrer direkten Umgebung zu erhöhen.

Stamm Holziger Spross eines Baumes vom Boden bis zum ersten größeren Ast.

Staude Eine krautige Pflanze, die länger als eine oder zwei Wachstumsperioden lebt.

Staunässe Wenn das Wasser im Boden schlecht abfließen kann. Führt häufig zum Faulen der Wurzeln.

Steckling Ein Stück vom Spross, vom Blatt oder der Wurzel, das zur Vermehrung verwendet wird.

Steingarten Ein Bereich, in dem alpine (in den Bergen beheimatete) Pflanzen kultiviert werden.

Steril Eine Blüte, die keine Samen produzieren kann.

Strauch Laubabwerfende oder immergrüne Pflanze mit zahlreichen verholzten Trieben ohne Hauptstamm.

Sukkulente Eine Pflanze mit fleischigen Blättern und Trieben. Viele Sukkulenten sind in trockenen Gebieten heimisch.

Sumpfbeet Ein Bereich mit dauerfeuchtem Boden. Hier gedeihen nur Pflanzen, die Staunässe (dauerfeuchten Boden im Bereich ihrer Wurzeln) vertragen.

Teilung Vermehrung von Pflanzen (meist Stauden), indem man den

Wurzelballen in mehrere Stücke teilt und diese neu einpflanzt.

Terrestrisch Eine Pflanze, die im Boden wächst.

Tischler Ein Holzhandwerker, der traditionell auf den Bau von Möbeln spezialisiert ist.

Torf Humusreiche, verrottete organische Substanz mit gutem Wasserhaltevermögen und einem pH-Wert unter 6,5 (sauer).

Transpiration Die Verdunstung von Wasser durch die Blätter einer Pflanze.

Trauerwuchs Ein Baum, dessen Zweige zum Boden herabhängen.

Uferpflanze Eine Pflanze, die dauerfeuchten Boden benötigt, wie man ihn am Rand von Gewässern oder in Sumpfgebieten findet.

Umfallkrankheit Oberbegriff für verschiedene Pilzkrankheiten, die Sämlinge befallen und abtöten können.

Unkraut Unerwünschte Spontanvegetation mit meist aggressivem Wuchsverhalten, die mit Kulturpflanzen um Wasser, Nährstoffe oder Licht konkurriert oder sie verdrängt.

Varietät Natürlich vorkommende Variation einer Pflanze.

Vermehren Das Heranziehen von Pflanzennachwuchs durch Samen, Stecklinge usw.

Vertikutieren Mechanische Bearbeitung des Rasens, um Moos, Unkraut und verfilztes Gras zu entfernen.

Verwildert Eingeführte Pflanzen, die sich an einem Standort, an dem sie nicht heimisch sind, angesiedelt und vermehrt haben. Kann auch durch menschliches Zutun geschehen, beispielsweise Pflanzung von Zwiebelblumen in Rasenflächen, sodass sie sich dort vermehren.

Wachstumssaison Der Teil des Jahres, in dem das aktive Wachstum von Pflanzen stattfindet.

Wasserpflanze Eine Pflanze, die im Wasser wächst oder auf der Oberfläche schwimmt. Manche wurzeln im Grund (z.B. Seerosen), andere schwimmen frei im Wasser (z.B. Wasserhyazinthen).

Wedel Blatt eines Farns.

Winterhärte Der Grad der Kälte- bzw. Frostverträglichkeit einer Pflanze.

Wirtel Gruppe von drei oder mehr Blättern (oder anderen Pflanzenorganen), die am gleichen Punkt ansetzen.

Wuchern Aggressives Wuchsverhalten einer Pflanze, das andere Pflanzen beengt oder sogar verdrängt.

Wurzel Der Teil einer Pflanze, der sie im Boden verankert und Wasser und Nährstoffe aus dem Erdreich aufnimmt.

Wurzelballen Das Geflecht der Wurzeln mit der anhaftenden Erde.

Wurzelstock Auch Veredelungsunterlage. Gut angewachsene Pflanze, auf die ein Edelreis aufgebracht wird. Veredelt werden hauptsächlich Rosen und Obstbäume.

Zimmermann Ein Holzhandwerker, der traditionell auf Holzkonstruktionen spezialisiert ist, z.B. Dachstühle, aber auch Carports oder Holzgebäude.

Zweijährig Eine Pflanze, die im ersten Jahr keimt und wächst. Im zweiten Jahr blüht sie, bildet Samen und stirbt dann ab.

Zweikeimblättrig Pflanzen, aus deren Samen zuerst zwei Keimblätter erscheinen, erst dann folgen die »echten« Blätter. Die Samen dieser Pflanzen sind von einer Hülle umgeben. Die meisten Blumen sind zweikeimblättrig.

Zwergwüchsig Eine kleine oder langsam wachsende Pflanze.

Danksagung und Bildnachweis

Autoren und Verlag danken den folgenden Firmen für ihre Unterstützung bei der Produktion dieses Buches:
Den Mitarbeitern der Coolings Nurseries für die Unterstützung bei den Fotoaufnahmen und für die Bereitstellung von Werkzeug, Pflanzen und Geräten. Coolings Nurseries Ltd., Rushmore Hill, Knockholt, Kent, TN14 7NN, UK; Tel: 00 44 1959 532269; E-Mail: ushmorehill@coolings.co.uk; sowie Coolings Outdoor Inspirations, Main Road, Knockholt, Kent, TN14 7LJ, UK; Tel: 00 44 1959 534386; E-Mail: mainroad@coolings.co.uk; Website: www.coolings.co.uk; den Mitarbeitern von Silverland Stone für die Bereitstellung von Baumaterialien: Silverland Stone, Main Road, Knockholt, Sevenoaks, Kent, TN14 7LJ, UK; Tel: 00 44 1959 532244; E-Mail; enquiries@silverlandstone.co.uk; Forest Garden Ltd., für die Bereitstellung von Holz für die Projekte; Units 291 & 296 Hartlebury Trading Estate, Hartlebury, Worcestershire, DY10 4JB; Tel: 0844 248 9800; E-Mail; info@forestgarden.co.uk; Website: www.forest-garden.co.uk.

Der Herausgeber dankt den folgenden Personen und Institutionen für die Bereitstellung von Bildmaterial für dieses Buch: **BigStockPhoto.com**: Titelei 'Nahaufnahme Gartenboden' © Stephen Rees; S. 6; 'Vogelhäuser' © Regina Chayer; S. 7 'Fontänen' © John Wallace; S. 8 'Blumengarten' © Joseph Wentzel; S. 11 'Ramada' © Allison Brown; S. 12 'Buddha und Blumen' © John Sartin; S. 21 'Gartenweg' © Lisa Turay; S. 56 'Sukkulenten' © Ellen Henneke; S. 56 'Vogelhaus und Blumen' © Darren Baker; S. 57 'Zen-Garten' © Ramona D'Viola; S. 58 'Eidechse aus Kieseln' © Musat Christian; S. 59 'Nasse Steine' © Caroline Hedges; S. 88 'Zaun' © Anna Karwowska; S. 89 'Flöße' © Robert Hackett; S. 90 'Rote Wand mit Efeu' © Mark Stahl; S. 91 'Spalier und Weg' © Darryl Brooks; S. 95 'Rote Kletterrosen' © Bonnie Watton; S. 103 'Blumen am Zaun' © M L Triplett; S. 131; S. 146 'Essplatz im Freien' © Barbara Speckart; S. 147 'Hängematte' © Juan J. Gutierrez; S. 174 'Kinder im Garten' © Marzanna Syncerz; S. 174 'Kinderhand mit Gießkanne' © Darryl Sleath; S. 176 'Bären-Picknick' © Len Green; S. 176 'Schachspiel' © Lance Bellers; S. 177 'Spielhaus' © Rony Zmiri; S. 204 'Wasserfall' © Heng Kong Chen; S. 228 'Fahrrad im Garten' © Jiri Vaclavek; S. 228 'Geheimer Garten' © Tracy Hebden; S. 234 'Wohnbereich im Freien' © Brenda A Smith; S. 232 'Hängeampel' © David Huges; S. 236 'Essplatz im Freien' © David Hilcher; S. 236 'Gartenstühle' © Jyothi Joshi; S. 236 'Außenbeleuchtung im Dunkeln' © John Casey; S. 268 'Sonnenuhr' © Steve Mann; Garden World Images**:** Seiten 6 (o, u); 8 (l); 9 (o, u); 10; 11; 12 (u); 13 (ol, ur); 14; 15 (o, M, u); 16 (o, u); 17 (o, u); 18 (o, u); 19 (o, u); 20 (o); 22; 23 (ol, oM, or, uM, ur); 24 (o, u); 25 (ol, or, ul, ur); 26 (o, u); 27 (u); 28 (ul, ur); 29 (or, u); 30 (o, u); 31 (o, u); 32 (M, u); 33 (ol, or); 34 (o, u); 35 (o, u); 36; 37(o, M, u); 39 (ur); 52 (ur); 53; 54 (o, M, ul); 55 (ol, or, ur); 58 (u); 59 (o); 63 (u); 65 (u); 67 (ul); 69; 78 (ur); 79; 83 (or); 87 (o, Ml, Mr); 88 (u); 89 (o, ul); 90 (Mr, u); 91 (u); 93 (ur); 102 (ur); 114 (M, u); 116 (u); 117 (l, or, ur); 118 (o, u); 119 (o); 120; 121 (ol, or); 126 (or); 142 (ur); 144 (M, u); 146 (o, ul); 147 (o); 148 (o, u); 149 (o, u); 170 (ul); 173 (ol); 175 (u); 203 (M, ul); 205 (o, M, u); 206 (o); 207 (o, u); 218 (u); 223; 225 (ul); 229 (ol, r); 230 (o, u); 231 (o, u); 232 (Ml, Mr, ul, ur); 233 (o, Ml, Mr, ul, ur); 234 (o); 235 (ol, or, u); 237 (ol, or); 245 (u); 249 (u); Hozelock p.28 (or); 29; **Peter Bishop:** Seiten 42–43; 70–75; 92–114; 122–136; 138–143; 150–152; 154–162; 164–170; 178–194; 196–201; 252–269; **Chris und Jenny Hendy:** Seiten 238–251; **Focus Publishing:** Seiten 44–45; 62–63; 66–68; 76–78; **Tim Sandall** Seiten 2; 21; 27 (o); 38–41; 46–52; 60–61; 64–65; 73; 77; 80–85; 105; 109; 111; 127; 131; 133; 137(u); 153; 163; 167; 171; 174 (M); 175 (o); 179 (u); 189; 195; 208–222; 224–227; 239; 251; 287; **Stock Xchange:** Seiten 1; 4; 7 (o, ul); 32; 33 (ul; ur); 43 (M, ur); 51 (o, ur); 55 (M); 67 (ur); 68 (or, Mr, ur); 71(ul, ur); 75 (u); 76 (l); 81 (ur); 83 (ol); 86 (o, M, u); 87 (u); 93 (ur); 97 (ur); 100 (ul); 102 (or); 107 (ur); 109 (r); 113 (u); 115; 116 (o, M); 119 (u); 125 (u); 126 (ur); 127; 137 (ol, or); 141 (ul, ur); 144 (o); 145 (l, or); 161 (or, ur); 170 (or); 172 (o, M, u); 173 (or, u, ur); 177 (o); 199 (ur); 202 (o, M, u); 203 (o, ur); 204 (o); 206 (u); 207 (M); 210 (ur); 214 (M, uM, ur); 221 (or, oM, ur); 222 (or, ul, ur); 225 (uM, ur); 227 (u); 228(o); 236 (ur); 270 (o, u); 271 (o, u); 272 (o, u); 273 (o, u); 277; 280; 284; StockXpertcom: Seiten 81 (ul); 90 (ol); 121 (u); 218 (or).

o = oben, u = unten, M = Mitte, l = links, r = rechts